KENT HUGHES

LAS
DISCIPLINAS
DE UN HOMBRE
PIADOSO

KENT HUGHES

LAS DISCIPLINAS DE UN HOMBRE PIADOSO

Editorial
PATMOS

LAS DISCIPLINAS DE UN HOMBRE PIADOSO
©2015 Segunda edición por Editorial Patmos
Miami, Florida, EE. UU.

2000 ejemplares

Todos los derechos reservados

Originalmente publicado en inglés con el título
Disciplines of a Godly Man
Publicado por Crossway Books, Wheaton, Illinois
©1991, 2001 R. Kent Hughes

ISBN: 978-1-58-802757-3
Impreso en Brasil

ÍNDICE

Reconocimientos   7

INTRODUCCION
1. La disciplina para la santidad   11

LAS RELACIONES
2. La disciplina de la pureza   23
3. La disciplina del matrimonio   35
4. La disciplina de la paternidad   49
5. La disciplina de la amistad   61

EL ALMA
6. La disciplina de la mente   75
7. La disciplina de la vida devocional   87
8. La disciplina de la oración   99
9. La disciplina de la adoración   115

EL CARÁCTER
10. La disciplina de la integridad   129
11. La disciplina de la lengua   143
12. La disciplina del trabajo   155

EL MINISTERIO
13. La disciplina de la iglesia   167
14. La disciplina del liderazgo   177
15. La disciplina del dar   189
16. La disciplina de testificar   199
17. La disciplina del servicio   211

LA DISCIPLINA
18. La gracia de la disciplina   223

RECURSOS
A James y Deby Fellowes testifican de su fe   233
B El calendario M'Cheyne de lecturas bíblicas diarias   239
C Proverbios selectos en cuanto al use de la lengua   251
D Salmos de alabanza apropiados para la adoración personal 255

NOTAS   257

RECONOCIMIENTOS

Deseo dar las gracias a mi secretaria, Sharon Fritz, por su cuidado y excelente destreza al escribir a máquina las múltiples revisiones del manuscrito; a Hebert Carlburg, por su corrección semanal de las pruebas y por sus numerosas sugerencias para mejorar el trabajo; a George Grant, por su hábil revisión final a pesar de sus numerosas ocupaciones en la remota Inglaterra; a Ted Griffin, editor gerente de Crossway Books, por su penetrante juicio que ha hecho comprensible lo incomprensible; y a mi esposa, Barbara, que posee la amable sabiduría de detectar lo que esta fuera de lugar e ir al grano con la eterna pregunta, propia de Santiago: "Y eso, de qué sirve?"

Dedico este libro a mis hijos
Brian Thomas Hoch,
James Jefferson Simpson,
Richard Kent Hughes II
y William Carey Hughes.

INTRODUCCIÓN

1

Disciplina para la Santidad

En cierta ocasión, al comienzo del verano, antes de entrar al séptimo grado de la escuela básica, mientras transitaba por un campo de béisbol, utilicé una raqueta de tenis por primera vez …¡y quedé prendado! No transcurrió mucho tiempo antes que, a mis diez años de edad, me convirtiera en un holgazán, solo pendiente del tenis. Mi pasión por este deporte se volvió tan intensa que al tener una pelota de tenis en mis manos mi primer impulso era acercármela a la nariz para olerla. El aspirar la fragancia a goma al abrir una lata de pelotas nuevas se convirtió para mí en algo embriagador. El golpe tras golpe a la pelota y el persistente sonido de una pelota suavemente golpeada, especialmente en la quietud de los primeros momentos de la mañana, era algo grato. Mis recuerdos de ese verano y del siguiente, son los de canchas de tenis negras bajo un sol abrasador; de pies irritados; de sudor salobre; de largos tragos de deliciosa agua tibia tomados de una lata de pelotas vacía; de las breves sombras del mediodía dirigiéndose hacia el este seguidas de las luces de la cancha, y de los siempre presentes y horripilantes murciélagos nocturnos bombardeando en picada nuestros voleos altos y tendidos de la pelota de tenis.

Ese otoño decidí convertirme en un jugador de tenis y gasté todos mis ahorros secretamente atesorados en una de esas antiguas raquetas de tenis Davis Imperial hermosamente enchapadas, un tesoro con el que hasta dormía. ¡Y vaya si era disciplinado! Jugaba todos los días después de regresar del colegio (salvo durante la temporada de baloncesto) y todos los fines de semana. Cuando llegaba la primavera iba en mi bicicleta a la cancha donde practicaba el equipo de la escuela secundaria local a impacientemente los veía jugar hasta que finalmente accedían a dejarme jugar con ellos. Las dos vacaciones de verano siguientes tome clases de tenis, participé en algunos torneos y practicaba de seis a ocho horas diarias, regresando a casa solo después que apagaban las luces.

Y me volví un buen jugador, tan bueno en realidad, que a los doce y medio años de edad, siendo estudiante de primer año de secundaria y pesando unos cincuenta y cinco kilos, ya era acompañante del equipo de tenis de mi colegio californiano de tres mil estudiantes.

Pero no solo jugaba bien, sino que también aprendí que la disciplina personal era la clave indispensable para lograr cualquier cosa en esta vida. Desde entonces comprendí que en la disciplina está la clave de lo que llamamos genio.

EJEMPLOS

Los que han visto jugar a Mike Singletary, (el eterno campeón de la liga profesional de fútbol americano, ganador en dos oportunidades del premio como Mejor Jugador Defensivo del Año, y que es miembro de los Cachorros de Chicago, Equipo Campeón del XXV Super Bowl) y han observado la intensidad que hay en sus ojos abiertos al máximo, así como sus lanzamientos violentos y demoledores, por lo general se muestran sorprendidos cuando lo conocen personalmente. Mike no es un gigantón imponente. Mide escasamente un metro ochenta y pesa, quizás unos cien kilos. ¿De dónde viene su grandeza? De su disciplina. Mike Singletary es un estudiante disciplinado del juego, tan bueno como el mejor que haya existido jamás. En su biografía, Calling the Shots [Decidiendo to que ocurrirá], el dice que al ver videos de fútbol observa una misma jugada de cincuenta a sesenta veces, y que le toma tres horas ver la mitad de un juego de fútbol ¡que tiene solo de veinte a treinta cogidas de balón![1] Porque observa a cada jugador; porque mentalmente sabe qué hará el contrario, tomando en cuenta todos sus movimientos y el tiempo que queda de juego; porque lee la mente del contrario por su postura, Mike por lo general se dirige hacia el destino previamente trazado antes que el juego se desarrolle. El legendario éxito de Mike Singletary es un testimonio de su admirable vida disciplinada.

Estamos acostumbrados a pensar que Ernesto Hemingway era un borracho a indisciplinado genial que consumió una botella de whisky diariamente durante los últimos veinte años de existencia, pero no obstante la muse de la inspiración estaba con él. Hemingway era realmente un alcohólico impulsado por pasiones complejas.[2] Pero cuando se trataba de escribir, ¡era la quintaesencia de la disciplina! Sus primeros escritos se caracterizaron por un obsesivo perfeccionismo literario, esforzándose por desarrollar un estilo propio, dedicando largas horas a pulir una oración o buscando la mot juste, la palabra precisa. Es bien sabido que Hemingway escribió diecisiete veces el final de su novela Adiós a las armas, tratando de que fuera perfecto. Esto es característico de los grandes escritores. Dylan Thomas hizo más de doscientas versiones a mano (!) de su poema Fern Hill (Colina de helechos).³ Y Hemingway, aun al final de sus días, cuando cosechaba los estragos del estilo de vida que había llevado, mientras escribía en su Finca Vigía, de Cuba, se paraba diariamente frente a un destartalado escritorio, calzado con mocasines que le quedaban grandes, sobre loses amarillentas de arcilla, desde las seis y media de la mañana hasta mediodía, anotando cuidadosamente su producción del día sobre una tabla. Su producción diaria promedio era de apenas dos paginas; es decir, unas quinientas palabras.⁴ Fue la disciplina, la sólida disciplina literaria de Ernesto Hemingway, lo que transformó la manera de expresarse de sus compatriotas norteamericanos y de todo el mundo angloparlante.

La multitud de bocetos de Miguel Ángel, de Leonardo de Vencí y del Tintoreto, la disciplina cualitativa de su trabajo, prepararon el camino pare la calidad universal de sus obras. Nos maravillamos de la perfección anatómica de las pinturas de Leonardo, pero nos olvidamos que él en una ocasión dibujó un millar de manos.⁵ Y en el siglo pasado, Matisse, al referirse a su destreza con el pincel, dijo que la dificultad de muchos que deseaban ser pintores es que pasaban la mayor parte del tiempo persiguiendo a las modelos en vez de estar pintándolas.⁶ ¡De nuevo el factor disciplina!

En este siglo se ha proclamado a Winston Churchill, con justicia, el mejor orador contemporáneo, y pocos que hayan escuchado sus elocuentes discursos opinarían lo contrario. Y aun menos sospecharían que él era todo, menos alguien particularmente "dotado". Más lo cierto es que Churchill tenía un ceceo confuso que lo hacía blanco de muchas bromas, que dio como resultado su incapacidad de ser espontáneo al hablar en público. No obstante, se hizo famoso por sus discursos y por sus aparentes comentarios improvisados.

¡La verdad es que Churchill lo escribía todo y luego practicaba lo que iba a decir! Hasta hacia una coreografía de las pausas y fingía torpezas para buscar después la frase adecuada. Los márgenes de sus manuscritos contenían notas anticipando los "¡viva!", "¡muy bien!", "¡viva! prolongado" y hasta "ovación de pie". Después de haber hecho esto, se paraba frente al espejo y practicaba interminablemente, ensayando sus respuestas y sus expresiones faciales. F. E. Smith dijo:"Winston ha pasado los mejores años de su vida escribiendo discursos improvisados."

¿Fue Churchill alguien particularmente dotado? Puede ser. ¡Pero yo creo más bien que era un hombre disciplinado y trabajador!

Y lo mismo ocurre en cualquier otro aspecto de la vida.

Tomás Edison logró inventar la luz incandescente después de fracasar un millar de veces.

Jascha Heifitz, el más grande violinista de este siglo, comenzó a tocar el instrumento a la edad de tres años y desde muy joven se dedicó a practicar cuatro horas diarias, hasta su muerte a los setenta y cinco anos - a pesar de haber sido ya desde hacía largo tiempo el mejor del mundo acumulando alrededor de ciento dos mil horas de práctica durante toda su vida. Sin duda alguna que Heifitz dio su "¡muy bien!" a la respuesta de Paderewski ante el comentario lisonjero de una mujer acerca de su genio: "Señora, antes de ser un genio trabajé como un esclavo."

Nunca llegaremos a nada en la vida sin disciplina, ya se trate de las artes, de los negocios, del deporte o de los estudios; y esto es doblemente cierto en cuanto a los asuntos espirituales. En las demás esferas podemos pretender tener algunos talentos naturales. Un deportista puede haber nacido con un cuerpo fuerte, un músico con un tono perfecto, o un pintor con un talento especial para la perspectiva. ¡Pero nadie puede pretender tener un talento espiritual natural! En realidad, todos vinimos al mundo en la misma situación de carencia en cuanto a lo espiritual. Nadie busca a Dios naturalmente; nadie es intrínsecamente justo; nadie hace instintivamente el bien (Cf. Romanos 3:9-18). Por consiguiente, como hijos de la gracia, nuestra disciplina espiritual lo es todo, ¡todo!

Repito ...¡la disciplina lo es todo!

PABLO Y LA DISCIPLINA

Siendo así, la exhortación de Pablo a Timoteo en cuanto a la disciplina espiritual que aparece en 1 Timoteo 4:7 "ejercítate pare la piedad" - es no solo de importancia trascendental sino edemas de urgente necesidad personal. Hay otros pasajes de la Biblia que hablan de la disciplina, pero éste es el gran texto clásico de las Escrituras. La palabra "ejercítate" se origina del vocablo griego gumnos, que significa "desnudo", y es la palabra de la cual se derive nuestra palabra española gimnasio. En las antiguas competencias atléticas griegas, los participantes competían sin ropas, para no tener ninguna carga o estorbo. Por consiguiente, la palabra "ejercítate" tenía originalmente el sentido literal de "ejercítate desnudo".8 En la época del Nuevo Testamento se refería al ejercicio y al entrenamiento en general, pero aun entonces era, y sigue siendo, una palabra con olor a gimnasio, el esfuerzo de un buen entrenamiento. "Entrénate con un propósito de santidad" da a entender el sentido de lo que Pablo está diciendo.

ESFUERZO ESPIRITUAL

En otras palabras, Pablo está pidiendo que haya iesfuerzo espiritual! De la misma manera que los atletas se liberaban de todo y competían gumnos - libres de todo lo que pudiera significarles un peso –también nosotros debemos deshacernos de todo estorbo, de toda relación, de todo hábito y de toda inclinación que nos estorbe la santidad. El escritor de Hebreos lo expone así: "Por tanto, nosotros también, teniendo en derredor nuestro tan grande nube de testigos, despojémonos de todo peso y del pecado que nos asedia, y corramos con paciencia la carrera que tenemos por delante" (Hebreos 12:1). Nunca llegaremos espiritualmente a ningún lado sin el despojo consciente de las cosas que nos impiden avanzar. ¿Qué cosas lo están hundiendo a usted bajo un peso? El llamado a la disciplina exige que se despoje de ellas. ¿Es usted lo bastante hombre como pare hacerlo?

El llamado a ejercitarnos pare la piedad sugiere también dirigir todas nuestras energías hacia la santidad. Pablo lo ilustra en otra parte, al decir: "Todo aquel que lucha, de todo se abstiene ...Así que, yo de esta manera corro, no como a la ventura; de esta manera peleo, no como quien golpea el aire, sino que golpeo mi cuerpo, y lo pongo en servidumbre" (1 Corintios 9:25-27). ¡Eso implica esforzarse con intensidad y energía! Debemos notar particularmente que en una frase posterior en el contexto de la orden de Pablo de "ejercítate pare la piedad", él hace un comentario sobre el mandamiento y las palabras interpuestas, diciendo que "por esto mismo trabajamos y sufrimos" (1 Timoteo 4:10a). "Trabajamos" significa "esfuerzo fatigoso", y "sufrimos" es la palabra griega de la cual proviene "agonizar". El esfuerzo fatigoso y la agonía son necesarios si uno desea ser santo.

Cuando uno se entrena seriamente, se somete voluntariamente a horas de disciplina y aun de dolor pare ganar el premio: comer diez kilómetros comenzando con cien metros en plena forma. ¡La vida cristiana victoriosa es un asunto agotador!

¡Sin intrepidez no hay madurez! ¡Sin disciplina no hay discipulado! ¡Sin esfuerzo no hay santificación!

¿POR QUE LA DISCIPLINA?

Comprendiendo esto, abordaremos ahora las razones que he tenido pare escribir este libro, las cuales son dos:

En primer lugar, en el mundo y en la iglesia de hoy, la vida cristiana disciplinada es la excepción, no la regla. Esto vale tanto para los hombres como para las mujeres y los clérigos profesionales. No podemos justificarnos diciendo que eso siempre ha sido así, porque no es verdad! En cuanto a la razón de que así sea, pueden ofrecerse varias causas de sentido común, tales como la deficiente enseñanza en cuanto al tema o a la apatía espiritual personal. Pero subyacente a gran parte del rechazo consciente de la disciplina espiritual, está el terror al legalismo. Para muchos, la disciplina espiritual significa ponerse uno de nuevo bajo la ley, con una serie de reglas draconianas que nadie puede cumplir, y que engendran frustración y muerte espiritual.

Pero nada puede estar más alejado de la verdad, si uno comprende lo que son la disciplina y el legalismo. La diferencia es de motivación: el legalismo se centra en la persona, mientras que la disciplina se centra en Dios. El corazón legalista dice: "Haré esto para ganar méritos para con Dios." El corazón disciplinado dice: "Haré esto porque amo a Dios y quiero agradarle." ¡Existe una diferencia infinita entre la motivación del legalismo y la motivación de la disciplina! Pablo lo sabía implícitamente y combatió sin cuartel a los legalistas en toda Asia Menor, sin ceder un ápice. Y ahora exclama: "Ejercítate (disciplínate) para la piedad (santidad)." Si confundimos el legalismo con la disciplina, lo hacemos a riesgo de nuestra propia alma.

La segunda razón para este libro es que los hombres son mucho menos disciplinados espiritualmente que la mujeres. Un estudio reciente llevado a cabo por la Iglesia Metodista Unida reveló que el ochenta y cinco por ciento de los suscriptores a su importante revista devocional, EL aposento alto, son mujeres.

Por otra parte, las mismas estadísticas son cierta para su otro folleto devocional, Alive Now [Vivos ya], cuyo setenta y cinco por ciento de lectores son mujeres.9 Esto esta corroborado por el hecho de que la gran mayoría de los libros que se venden en las librerías cristianas son comprados por mujeres.10 ¡Eso significa sencillamente que las mujeres leen más literatura cristiana que los hombres!

También es cierto que la mujer se preocupa más por el bienestar espiritual de su esposo que a la inversa. La revista Today's Christian Woman [La mujer cristiana de hoy] ha descubierto que los artículos que tratan del desarrollo espiritual de los esposos son los más leídos.11 Todo está respaldado por estadísticas comprobables. Una encuesta de Gallup realizada en junio de 1990, reveló que el setenta y un por ciento de las mujeres encuestadas creían que la religión puede dar respuesta a los problemas modernos, mientras que solo el cincuenta y cinco por ciento de los hombres lo creían así.12 El culto típico de una iglesia time un cincuenta y nueve por ciento de mujeres, frente a un cuarenta y un por ciento de hombres." Además las mujeres casadas que van a la iglesia sin su esposo superan en una proporción de cuatro a uno al número de hombres que asisten sin su esposa.14

¿Cuál es la razón de eso? Con toda seguridad, el extendido credo de la autosuficiencia y del individualismo de los hombres tiene que ver con eso. Parte del problema también puede estar en que los hombres evitan cualquier cosa que implique relaciones (¡en lo cual, precisamente, consiste el cristianismo!). Pero no podemos admitir que las mujeres sean más espirituales por naturaleza, pues el desfile de grandes santos (tanto hombres como mujeres) a través de los siglos, así como de hombres espiritualmente ejemplares en nuestras iglesias de hoy, refutan claramente esta creencia. Sin embargo, la verdad es que los hombres de hoy necesitan de mucha más ayuda que las mujeres en cuanto a la edificación de una disciplina espiritual.

Lo que voy a decirle - de hombre a hombre - en este libro, sale de mi corazón y de mi estudio, durante mucho tiempo, de la Palabra de Dios. Al escribir esto me he imaginado estar de frente a mis propios hijos adultos, sentados conmigo a la mesa, tratando de decides lo que pienso en cuanto a las disciplinas fundamentales de la santidad. Este libro es fácil de manejar y comprender. La Iglesia necesita de verdaderos hombres, ¡y nosotros somos esos hombres!

UN LLAMADO CÓSMICO

Nada de lo que se diga puede exagerar la importancia de este llamado a la disciplina espiritual. Escuchemos nuevamente a Pablo en 1 Timoteo 4:7,8: "Ejercítate para la piedad; porque el ejercicio corporal para poco es provechoso, pero la piedad para todo aprovecha, pues tiene promesa de esta vida presente, y de la venidera."

El habernos disciplinado o no, hará una enorme diferencia en esta vida. Todos somos miembros los unos de los otros, y somos animados o desanimados por la vida interior de los demás. Algunos afectamos a los demás como una gozosa marea, pero otros somos como resacas al Cuerpo de Cristo. Si usted está casado, la presencia o la falta de disciplina espiritual pueden servir para santificar o para maldecir a sus hijos y a sus nietos. La disciplina espiritual, por consiguiente, tiene enormes promesas para esta vida presente.

En cuanto a la "vida venidera", la disciplina espiritual edifica la arquitectura perdurable del alma sobre el fundamento de Cristo: oro, plata y piedras preciosas que sobrevivirán a los fuegos del juicio y que permanecerán como un monumento a Cristo por toda la eternidad (cf. 1 Corintios 3:10-15).

Algunos podrán menospreciar la importancia de la disciplina espiritual en esta vida, ¡pero nadie lo hará en la eternidad! "La piedad para todo aprovecha, pues tiene promesa de esta vida presente, y de la venidera." El cristiano disciplinado da y recibe lo mejor de ambos mundos, tanto del presente como del mundo por venir.

La palabra disciplina puede suscitar en algunas mentes la idea de represión, sugiriendo que ella implica una vida restringida. ¡Pero nada puede estar más alejado de la realidad! La disciplina obsesiva y casi maniaca de Mike Singletary es lo que lo libera para que pueda jugar como una fiera en el campo de fútbol. La angustia de Hemingway en cuanto a las palabras precisas fue lo que lo liberó para que dejara una marca permanente sobre la lengua inglesa, sólo superada por Shakespeare. El sinfín de bocetos pintados por Miguel Ángel fue lo que lo liberó para crear los cielos de la Capilla Sixtina. La esmerada preparación de Churchill fue lo que lo liberó para dar sus grandes discursos "improvisados" y sus brillantes respuestas. El disciplinado trabajo agobiador de los grandes de la música fue lo que liberó el genio que había en ellos. Hermanos en Cristo, es la disciplina espiritual la que nos libera de la gravedad de este siglo presente y nos permite remontarnos a las alturas con los santos y los ángeles.

¿Nos esforzaremos por hacerlo? ¿Entraremos al gimnasio de la disciplina divina? ¿Nos zafaremos de las cosas que nos impiden avanzar? ¿Nos disciplinaremos mediante el poder del Espíritu Santo?

Los invito a entrar en el gimnasio de Dios en los capítulos que siguen, para un esfuerzo santificador, con algo de dolor, pero también con una gran recompensa.

¡Dios está buscando unos cuantos hombres que estén dispuestos!

Alimento para pensar

¿Qué es la disciplina espiritual, y por qué es tan importante? ¿Qué es lo que generalmente se interpone en nuestro camino? (ver Romanos 3:9-18) ¿Qué le puede causar la falta de disciplina en su vida?

Reflexione en 1 Timoteo 4:7, 8 ("Ejercítate en la piedad"). Aquí, ¿cuál es el significado literal de 'ejercítate'? En la práctica, paso a paso, ¿qué es lo que se supone que debo hacer?

¿Qué dice Hebreos 12:1 sobre esto? ¿Qué cosas le están impidiendo avanzar en su caminar con Dios? ¿Por qué sigue aferrado a ellos?

¿Hay un costo para la disciplina espiritual? Revisa 1 Corintios 9:25-27. ¿Qué podría costarle una disciplina mayor? ¿Está preparado para pagar el precio? ¿Por qué sí o por qué no?

"¡Sin masculinidad no hay madurez! ¡Sin disciplina no hay discipulado! ¡Sin sudor no hay santidad!" ¿Verdadero o no verdadero? ¿Cómo se siente, en lo profundo de su interior, con este desafío?

¿En qué se diferencia la disciplina espiritual del legalismo? ¿Cuál practica más a menudo? ¿Se necesita un cambio? Si eso es el caso, ¿qué puede hacer para que se dé?

La aplicación/respuesta

¿De qué habló Dios más específicamente, más poderosamente en este capítulo? ¡Háblale a Él acerca de eso en este momento!

¡Piensa en esto!

¿Podemos "llegan a ser realmente hombres de Dios disciplinados — un Mike Singletary o Winston Churchill espiritual? ¿No nos estamos exponiendo a una derrota? Conteste esto en sus propias palabras, sin utilizar los clichés evangélicos.

NO NO NECESITA sino encender el televisor durante algunos minutos

LAS RELACIONES

2

La Disciplina de la Pureza

UNO NO NECESITA para sentir la presión de la agobiante sexualidad de nuestros días. Y la mayor parte de la opresión es brutal. Un aburrido recorrido por los canales de televisión al mediodía muestra invariablemente a una pareja envuelta bajo las sábanas de la cama y mucha monotonía sensualista. Pero la presión se ha vuelto cada vez más ingeniosa, especialmente si su propósito es vender. La cámara toma un primer plano, en blanco y negro, de un rostro masculino, apasionado y anhelante, sobre el cual se superpone un destello ambarino, que luego se convierte en un encendido frasco de perfume Obsessión, de Calvin Klein, mientras el rostro pronuncia su deseo. Cuñas comerciales más recientes presentan imágenes cinematográficas con prosa de D.H. Lawrence y de Madame Bovary, de Flaubert, mientras ésta se pasea frente al dormitorio de su ilegítimo amante.[1] ¡El vaho viscoso de la sensualidad lo ha penetrado todo en nuestro mundo!

Sin embargo, aun con todo eso, muchos sensualistas quieren más. El profesor David A. J. Richard, de la Escuela de Derecho de la Universidad de Nueva York, que recomienda la libre circulación de pornografía cruda, sostiene que "la pornografía puede verse como el medio especial de la sexualidad, como una pornotopía; una concepción del deleite sensual en la celebración erótica del cuerpo, un concepto de la libertad fácil, sin consecuencias, una fantasía del desenfreno reiterativo permanente".[2] ¿Pornotopía? ¡Ya inventaron la palabra! Suena como una nueva atracción de Disney World. Autotopia ...Pornotopia ...Tierra de la Fantasía. "¡Absurdo!" pensamos –y lo es–, pero dolorosamente a los argumentos de Richard se les está dando hoy consideración seria. ¡No es de extrañar que vivamos en una cultura que exuda sensualidad por todos sus poros!

Y la Iglesia no ha escapado tampoco, pues muchos en la iglesia de hoy se han marchitado bajo el calor de la sensualidad. Hace poco tiempo Leadership magazine [Revista Liderazgo] realizó una encuesta entre un millar de pastores. Los pastores respondieron que doce por ciento de ellos habían cometido adulterio estando en el ministerio ¡uno de cada ocho pastores! - y veintitrés por ciento había hecho algo que ellos consideraban sexualmente impropio.³ Por otra parte, la revista Christianity Today [Cristianismo hoy] hizo una encuesta entre un millar de sus suscriptores que no eran pastores y descubrió que la cifra entre éstos era casi el doble: el veintitrés por ciento dijo que había tenido relaciones sexuales extramaritales y el cuarenta y cinco por ciento indicó que habían hecho algo que ellos consideraban sexualmente impropio.⁴ ¡Uno de cada cuatro hombres cristianos son infieles y casi la mitad de ellos se han comportado indecorosamente! Esto es muy grave si recordamos que los lectores de Christianity Today tienden a ser líderes laicos que han recibido una educación universitaria, ancianos de iglesias, diáconos, y superintendentes y maestros de escuelas dominicales. Y si esto está ocurriendo entre el liderazgo de la Iglesia, ¿cuánto más no estará pasando entre los miembros comunes de la congregación? ¡Sólo Dios sabe!

Esto nos lleva a una conclusión ineludible: la iglesia evangélica contemporánea es, en términos generales, "corintia" en esencia. Es una iglesia cocida a fuego lento en los jugos derretidos de su propia sensualidad, y por eso:

• No es extraño que la Iglesia haya perdido su interés por la santidad.
• No es extraño que sea tan remisa para disciplinar a sus miembros.
• No es extraño que el mundo le reste importancia como algo que está fuera de lugar.
• No es extraño que muchos de sus hijos la rechacen.
• No es extraño que haya perdido su poder en muchos lugares, y que el Islam y otras falsas religiones estén logrando tantos convertidos.

La sensualidad es sobradamente el mayor obstáculo a la santidad entre los hombres hoy, y está haciendo estragos en la Iglesia. La santidad y la sensualidad se excluyen mutuamente y los que han caído en las garras de la sensualidad no podrán jamás elevarse a la santidad mientras se encuentren bajo su agotador dominio. Si vamos a "ejercitarnos para la piedad" (cf. 1 Timoteo 4:7) debemos comenzar con la disciplina de la pureza. ¡Tiene que haber algún celo santo, algún esfuerzo santo!

LAS LECCIONES SACADAS DE UN REY CAÍDO

¿A dónde debemos mirar en busca de ayuda? El ejemplo más aleccionador que encontramos en toda la Palabra de Dios es la experiencia del rey David, tal como aparece narrado en 2 Samuel 11.

Una vida en la cúspide
El relato comienza hablando de David en la cúspide de su brillante carrera, tan brillantemente encumbrado como el que más entre los grandes hombres de la historia bíblica. Desde su niñez, había sido un amante apasionado de Dios y poseía una enorme integridad de alma, como lo atestiguaron las palabras del profeta Samuel cuando lo ungió como rey: "El hombre mira lo que está delante de sus ojos, pero Jehová mira el corazón" (1 Samuel 16:7). A Dios le agradó lo que vio. ¡A Dios le agradó el corazón de David!

Su corazón era valeroso, como quedó evidenciado al enfrentarse a Goliat y responder a la temible retórica del gigante con unas cuantas palabras atrevidas, de su propia cosecha, y luego arremeter a fondo contra Goliat, dándole en medio de la cabeza.

David tenía una perfecta personalidad sanguínea, desbordante de alegría, entusiasmo y confianza, y rebosaba de un carisma irresistible. Era el poeta, el dulce salmista de Israel, tan en comunicación con Dios y consigo mismo que sus salmos siguen tocando hoy las fibras del corazón del hombre. Bajo su liderazgo todo Israel estaba unido. David difícilmente parecía ser un candidato para el fracaso moral. Pero el rey era vulnerable, ya que había debilidades definitivas en su conducta que lo dejaron a merced del fracaso.

Su insensibilización
En 2 Samuel 5, que recoge por primera vez la toma del poder por parte de David en Jerusalén, se menciona casi como una digresión que David tomó más concubinas y mujeres de Jerusalén, después que vino de Hebrón (v. 13). ¡Debemos notar, y notar bien, que el que David tomara más mujeres era pecado! Deuteronomio 17, que estableció las normas para los reyes hebreos, les ordenaba abstenerse de tres cosas: 1) tener muchos caballos, 2) tomar muchas mujeres, y 3) acumular mucha plata y oro (cf. vv. 14-17). David cumplió bien con lo primero y lo último, pero fracasó totalmente en cuanto a lo segundo por hacerse deliberadamente de un numeroso harén.

Debemos entender que en la vida de David se había enraizado una progresiva insensibilización al pecado, con el consiguiente descenso de santidad. La colección de esposas de David, aunque era "legal" y no se consideraba adulterio en la cultura de su época, sin embargo, era pecado. Los excesos concupiscentes del rey David lo insensibilizaron al llamamiento santo de Dios en su vida, como también al peligro y a las consecuencias de la caída. En resumen, la aceptación por parte de David de la sensualidad socialmente permitida, lo insensibilizó al llamado de Dios y lo convirtió en presa fácil del pecado funesto de su vida.

Es la sensualidad "legal" y la condescendencia con lo culturalmente aceptable lo que nos llevará a la ruina. Las prolongadas horas de mirar indiscriminadamente la televisión, es uno de los grandes culpables de esta insensibilización. La supuesta conversación masculina, de doble sentido, con chistes soeces y risa por las cosas que debieran sonrojarnos, es otro de los instrumentos perniciosos. La mundanalidad común ha reblandecido astutamente a los hombres cristianos, como lo corroboran las estadísticas. El hombre cristiano que sucumbe a la insensibilización de la mundanalidad aceptada, se prepara para una caída.

Su relajación en cuanto la disciplina
El segundo error en la conducta de David que lo llevó al desastre, fue la relajación de los rigores y de la disciplina que siempre había sido parte de su vida activa. David se encontraba en la mitad de su vida, con aproximadamente cincuenta años de edad, y sus campañas militares habían tenido tanto éxito que no era necesario que él personalmente saliera a combatir. Por tanto, con toda razón le dio el trabajo de acabar con el enemigo a su competente general, Joab, y luego se fue a descansar. El problema era que la relajación se extendió a su vida moral. Es difícil mantener la disciplina interior cuando uno se relaja así. David se volvió inmediatamente vulnerable.

David no sospechaba que algo insólito iba a ocurrir ese aciago día primaveral. Él no se levantó y dijo: "¡Madre mía, que día tan hermoso; creo que voy a cometer un adulterio hoy!" Aprendamos la lección que hay aquí. Precisamente cuando pensamos estar totalmente a salvo, cuando sentimos que no hay ninguna necesidad de mantenernos alertas para continuar ocupándonos de nuestra integridad interior y para disciplinarnos en la santidad, ¡es cuando se presenta la tentación!

Su obsesión
Aconteció al año siguiente, en el tiempo que salen los reyes a la guerra, que David envió a Joab, y con él a sus siervos y a todo Israel, y destruyeron a los amonitas, y sitiaron a Rabá; pero David se quedó en Jerusalén. Y sucedió un día, al caer la tarde, que se levantó David de su lecho y se

paseaba sobre el terrado de la casa real; y vio desde el terrado a una mujer que se estaba bañando, la cual era muy hermosa. Envió David a preguntar por aquella mujer, y le dijeron: Aquella es Betsabé hija de Eliam, mujer de Urías heteo. (2 Samuel 11:1-3)

Había sido un día caluroso y caía la tarde. El rey se paseaba por el terrado del palacio para tomar un poco de aire fresco y para mirar a su ciudad al final de la tarde. Mientras miraba, sus ojos vieron la figura de una mujer extraordinariamente hermosa que se bañaba sin ningún pudor. En cuanto a lo hermoso que era, el hebreo es explícito: la mujer era "muy hermosa" (v. 2). Era joven, estaba en la flor de la vida, y las sombras del crepúsculo la hacían aun más seductora. El rey la miró ...y continuó mirándola. Después de la primera mirada David debió haber dirigido la vista en la otra dirección y debió haberse retirado a sus habitaciones, pero no lo hizo. Su mirada se convirtió en una mirada fija pecaminosa y después en una mirada ardiente y libidinosa. En ese momento, David se convirtió en un viejo verde y lujurioso, apoderándose de él una obsesión lasciva que tenía que satisfacer.

Dietrich Bonhoeffer observó de que, cuando la lujuria toma control de la persona, "en ese momento Dios ...deja de ser real ...Satanás no nos llena de odio contra Dios, sino que nos hace olvidar a Dios".[5] ¡Qué gran sabiduría hay en esta afirmación! Cuando estamos dominados por la lujuria, la realidad de Dios se desvanece. Cuanto más lascivo se volvió, tanto menos real se hizo Dios para él. No sólo disminuyó su conciencia de Dios, sino que también perdió conciencia de quién era él mismo, de su santo llamamiento, de su fragilidad y de las consecuencias inevitables del pecado. ¡Esto es lo que ocasiona la lujuria! Lo ha hecho millones de veces. Dios desaparece de la vista de los que han sido embotados por la lujuria.

La verdad exige que usted se haga unas cuantas preguntas muy serias: ¿Ha desaparecido Dios del panorama? ¿Lo vio alguna vez con colores brillantes, pero ahora su recuerdo se ha opacado como una vieja fotografía? ¿Tiene usted una obsesión inmoral que se ha convertido en lo único que usted puede ver? ¿Es su deseo sexual lo más auténtico que hay en su vida? Si es así, entonces usted está en un gran problema. Por tanto, necesita dar algunos pasos decisivos, como veremos más adelante.

Su racionalización

De su obsesión fatal, el rey David descendió al escalón siguiente: la racionalización. Cuando sus intenciones se hicieron evidentes a sus subalternos, uno de ellos trató de disuadirlo, diciéndole: "Es Betsabé, hija de Eliam, mujer de

Urías heteo." Pero David no iba a permitir quedar desairado, de modo que una fuerte racionalización se produjo en su mente, quizás tanta como la sugerida por J. Allan Peterson en su libro The Myth of the Greener Grass [El mito de que el césped más verde está en el patio ajeno]:

> Urías es un gran soldado, pero probablemente no es tan buen amante o esposo; es mucho mayor que ella, y estará fuera durante mucho tiempo. La joven necesita un poco de consuelo en su soledad. En esto puedo ayudarla. Nadie resultará perjudicado. No busco nada malo con eso. No es lujuria; sé lo que es eso. Es amor. Eso no es lo mismo que encontrar una prostituta en la calle. Dios sabe que es así. "Tráiganmela." [6]

Una mente controlada por la lujuria tiene una capacidad infinita para la racionalización.
- "¿Cómo puede ser malo algo que produce tanto placer?"
- "Dios quiere que sea feliz; estoy seguro de que Él jamás me negaría algo que sea indispensable para mi felicidad, ¡y esto lo es!"
- "El asunto aquí es de amor. Estoy obrando con amor, con el máximo amor."
- "En primer lugar, Dios jamás estuvo de acuerdo con mi matrimonio."
- "Los cristianos y sus estrechas actitudes condenatorias me tienen harto. Me están condenando. ¡Ustedes son mucho más pecadores que yo!"

Su degradación (adulterio, engaño, asesinato)

La progresiva insensibilización, relajación, obsesión y racionalización de David lo llevaron a uno de los fracasos más grandes de la historia, y a su degradación. "Y envió David mensajeros y la tomó; y vino a él, y durmió con ella. Luego ella se purificó de su inmundicia, y se volvió a su casa. Y concibió la mujer, y envió a hacerlo saber a David, diciendo: Estoy encinta (2 Samuel 11:4,5). David no se percató que había dado un paso en falso en el precipicio y que se estaba viniendo abajo; que la realidad vendría pronto, que llegaría rápidamente al fondo.

Todos estamos familiarizados con la ruin conducta de David, que lo convirtió en un asesino y en un taimado calculador, decidiendo la muerte de Urías para ocultar su pecado con Betsabé. Baste con decir que en esos momentos de la vida del rey ¡Urías, con todo y estar borracho, era mejor persona que David estando éste sobrio! (v. 13).

Un año después, David se arrepentiría tras la incisiva acusación del profeta Natán. Pero las tristes consecuencias no podría deshacerse. Como se ha señalado con frecuencia:

- Fue la violación del décimo mandamiento (codiciar la mujer de su prójimo) lo que llevó a David a cometer adulterio, violando así el séptimo mandamiento.
- Luego, a fin de robarle la mujer a su prójimo (violando, por tanto, el octavo mandamiento) cometió un asesinato y violó el sexto mandamiento.
- Violó el noveno mandamiento hablando falso testimonio contra su hermano.
- Todo esto trajo deshonra a sus padres, violando así el quinto mandamiento.

De esta manera, David violó todos los mandamientos que se refieren a amar al prójimo como a uno mismo (los mandamientos cinco al diez). Y al hacerlo, deshonró también a Dios, violando, en realidad, los primeros cuatro mandamientos.[7]

El reinado de David se fue en picada a partir de ese momento, a pesar de su encomiable arrepentimiento.
- Se le murió el bebé.
- Su bella hija, Tamar, fue violada por su medio hermano Amnón.
- Amnón fue asesinado por Absalón, hermano de padre y madre de Tamar.
- Absalón llegó a odiar tanto a su padre David por su bajeza moral que encabezó una rebelión contra él con el apoyo de Ahitofel, el ofendido abuelo de Betsabé.
- El reinado de David perdió la aprobación de Dios. Su trono jamás recobró su estabilidad pasada.

Debemos aceptar que David jamás habría dado más que una mirada fugaz a Betsabé si hubiera podido vislumbrar los desastrosos resultados de su pecado. Creo de todo corazón que serían muy pocos los hombres - si es que hubiera alguno que se apartarían de la Palabra de Dios si pudieran ver lo que eso les acarrearía.

La historia de la catastrófica caída del rey David ha sido dada por Dios y debe tomarse seriamente por la Iglesia en esta "época corintia" como una advertencia a la patología de los factores humanos que conducen al derrumbamiento moral:
- La insensibilización que se produce por la mundanalidad tradicional de la cultura.
- El síndrome fatal que se produce por la relajación moral de la disciplina.
- Los efectos ofuscantes de la obsesión sensualista.
- Y la racionalización con la que tratan de justificarse los que están dominados por la lujuria.

En el caso de David, el ciclo incluyó además adulterio, engaño, degradación familiar y decadencia nacional. La patología es evidente, como también lo son los terribles efectos de la sensualidad; y ambos tienen el propósito no sólo de enseñarnos, sino además de amedrentarnos ¡para que ahuyentemos de una buena vez la sensualidad de nosotros!

LA VOLUNTAD DE DIOS: LA PUREZA SEXUAL

A veces hay personas, que se consideran cristianas, que sencillamente no creen lo que estoy diciendo en cuanto a la pureza sexual. Consideran que tal enseñanza es victoriana y puritana. Victoriana no es. Pero enormemente puritana sí lo es, porque es sumamente bíblica. Para responderle a estas personas las dirijo al llamado más explícito en cuanto a la pureza sexual que conozco, que se encuentra en 1 Tesalonicenses 4:3-8:

> Pues la voluntad de Dios es vuestra santificación; que os apartéis de fornicación; que cada uno de vosotros sepa tener su propia esposa en santidad y honor; no en pasión de concupiscencia, como los gentiles que no conocen a Dios; que ninguno agravie ni engañe en nada a su hermano; porque el Señor es vengador de todo esto, como ya os hemos dicho y testificado. Pues no nos ha llamado Dios a inmundicia, sino a santificación. Así que, el que desecha esto, no desecha a hombre, sino a Dios, que también nos dio su Espíritu Santo.

Si la lectura de este pasaje no es lo bastante convincente en cuanto a la ética bíblica, debemos comprender que se basa en Levítico 19:2, donde Dios dice: "Santos seréis, porque santo soy yo Jehová vuestro Dios", un mandamiento dado dentro de un contexto de advertencias en contra de los extravíos sexuales. También deseo señalar que en 1 Tesalonicenses se nos llama a evitar la inmoralidad sexual y tres veces se nos pide ser "santos". Desechar esto es pecar contra el Espíritu Santo - la presencia viva de Dios - como claramente lo dice el pasaje citado.

Como dice el erudito en Nuevo Testamento, Leon Morris:

> El hombre que lleva a cabo un acto de impureza sexual no está únicamente violando un código moral humano, ni siquiera pecando sólo contra el Dios que en algún momento del pasado le dio el don del Espíritu Santo. Está pecando contra el Dios que está presente en ese momento; contra Aquel que continuamente da el Espíritu. Todo acto de impureza es un acto de aborrecimiento contra el don del Espíritu Santo dado por Dios desde el mismo momento que ese don es brindado ...Este pecado sólo es visto como lo que realmente es, cuando se ve como una preferencia por la impureza antes que por el Espíritu que es santo.[8]

Por consiguiente, para un cristiano rechazar esta enseñanza en cuanto a la pureza sexual es rechazar a Dios, ¡y esto puede indicar una fe falsa!

LA DISCIPLINA DE LA PUREZA

Si en realidad somos cristianos, es un imperativo que vivamos con pureza y santidad en medio de nuestra cultura corintia y "pornotópica". Debemos vivir más allá de las horripilantes estadísticas o la Iglesia se tornará cada vez más fuera de lugar e impotente, y nuestros hijos la abandonarán. La Iglesia no puede tener ningún tipo de poder si no es una iglesia pura.

Eso exige que vivamos la afirmación de Pablo: "Ejercítate para la piedad." Es decir, ¡debemos esforzarnos por la santidad!

Responsabilidad moral ante los demás

Nuestro entrenamiento comienza con algo tan importante como la disciplina de ser responsable moralmente ante los demás. Esto se hará con cualquiera que regularmente le pedirá a usted cuenta de su vida moral, haciéndole preguntas directas y francas. Si usted es casado, debe idealmente utilizar a su esposa para esto, pero también le sugiero que se busque a otro hombre, uno que no le dé cuartel en cuanto a asuntos sexuales. Usted necesita a alguien de su mismo sexo que comprenda su interioridad sexual, alguien con el cual usted pueda ser absolutamente sincero, a quien pueda confesarle lo que lo tienta y atrae. Usted necesita a alguien que lo ayude a vencer y a mantener su alma fiel a Dios. La responsabilidad moral recíproca es lo ideal. A este respecto pienso en cierto vendedor que mantiene regularmente responsabilidad moral a través del teléfono con otro vendedor cristiano, y aun busca la forma de hacer coincidir sus itinerarios para estar juntos en las ciudades a las que van al mismo tiempo.

La oración

Junto con esto, está la disciplina de la oración (hay más de esto en el capítulo 8). Ore diaria y concretamente por su pureza sexual personal. Me asombra que sean tan pocos los hombres que, teniendo interés por su vida, se ocupen de orar por esto. Pídales a su esposa y a sus amigos que oren por usted con respecto a esto y ore usted por los demás en este sentido. No espere que se lo pidan. Ore por la pureza sexual de sus amigos también. ¡Ellos lo necesitan, tanto como usted!

La memorización

Luego, llénese de la Palabra de Dios mediante la disciplina de la memorización. Nuestro Señor dio el ejemplo por excelencia al rechazar las tentaciones de Satanás, utilizando cuatro citas precisas de pasajes del Antiguo Testamento (Cf. Mateo 4:1-11). El salmista, por su parte, dijo: "¿Con qué limpiará el joven su camino? Con guardar tu palabra" (Salmo 119:9). "En mi corazón he guardado tus dichos, para no pecar contra ti" (119:11). Se estaba refiriendo, naturalmente, a toda la Palabra de Dios, no sólo a los pasajes que tienen que ver con la sexualidad. No obstante, he visto que la memorización disciplinada de 1 Tesalonicenses 4:3-8 cambia la vida de un hombre. (Otros pasajes provechosos son Job 31:1; Proverbios 6:27; Marcos 9:42ss; Efesios 5:3-7; 2 Timoteo 2:22; algunos de los cuales comentaré más tarde.)

La mente

La disciplina de la mente es, por supuesto, uno de los retos más formidables (tema que analizaremos más detalladamente en el capítulo 6). Las Escrituras presentan, por lo general, a la disciplina de la mente como la disciplina de los ojos. Es imposible que usted mantenga una mente pura si todo el tiempo no discrimina lo que ve en televisión. En una semana usted verá más asesinatos, adulterios y perversiones que todo lo leído por nuestros abuelos a largo de toda su existencia.

Aquí es donde se hace necesaria la acción más radical. Jesús dijo: "Y si tu ojo te fuere ocasión de caer, sácalo; mejor te es entrar en el reino de Dios con un ojo, que teniendo dos ojos ser echado al infierno" (Marcos 9:47). ¡Ningún hombre que permita que la podredumbre de ciertos canales de televisión, de videos para adultos y de las diversas revistas de pornografía inunde su hogar y su mente, escapará de la concupiscencia!

Job nos ha dejado orientación para los días que vivimos: "Este compromiso establecí con mis ojos: No mirar lujuriosamente a ninguna mujer" (Job 31:1, La Biblia al Día). ¿Cómo cree usted que viviría Job en nuestra cultura actual? Él entendió la sabiduría de Proverbios 6:27: "¿Tomará el hombre fuego en su seno sin que sus vestidos ardan?" El compromiso de Job prohibía una segunda mirada. Eso significa tratar a las mujeres con dignidad, mirándolas con respeto. Si la forma de vestir o el comportamiento de una mujer es perturbador, mírela a los ojos, no en ningún otro lugar; ¡y aléjese lo más rápidamente que pueda!

La mente abarca también la lengua (véase el capítulo 11 de este libro) porque, como Jesús dijo, "de la abundancia del corazón habla la boca" (Mateo 12:34). Pablo es más específico: "Pero fornicación y toda inmundicia, o avaricia, ni aun se nombre entre vosotros, como conviene a santos; ni palabras deshonestas, ni necedades, ni truhanerías, que no convienen, sino antes bien acciones de gracias" (Efesios 5:3,4). Significa que no debe haber humor sexual, ni chistes de mal gusto, ni vulgaridades, a los cuales están tan propensos muchos cristianos para probar que no están "fuera de onda".

Los límites[9]

Ponga límite alrededor de su vida, sobre todo si trabaja con mujeres. Evite la intimidad verbal con las mujeres, a no ser con su esposa. No le revele intimidades a otra mujer, ni la inunde con sus problemas personales. La intimidad es una gran necesidad en la vida de la mayoría de las personas, y hablar de asuntos personales, especialmente de los problemas propios, puede llenar la necesidad de intimidad que tiene la otra persona, despertando su deseo de más intimidad. Muchas relaciones extramaritales comenzaron de esa manera.

Hablando ahora a nivel práctico, no toque a las mujeres. No las trate con el afecto informal con que trata a las mujeres de su familia. Son muchos los desastres que comenzaron con un toque fraternal o paternal, que se convirtió después en un hombro comprensivo. Usted puede aun tener que correr el riesgo de ser erróneamente considerado como "distante" o "frío" por algunas mujeres.

Siempre que usted coma o viaje con alguna mujer, hágase acompañar por una tercera persona. Esto puede ser incómodo, pero brindará la oportunidad de explicar sus razones, lo cual, en la mayoría de los casos le ganará respeto en vez de censura. Muchas de sus colegas de trabajo se sentirán así más cómodas en su trato profesional con usted.

Nunca coquetee, ni siquiera en broma. El flirteo es intrínsecamente halagador. Usted puede pensar que resulta simpático, pero eso a menudo despierta en la mujer deseos no correspondidos.

La realidad

Sea realista en cuanto a su sexualidad. ¡No sucumba a la vana prédica gnóstica de que usted es un cristiano lleno del Espíritu Santo que "nunca haría cosa semejante". Recuerdo muy bien a un hombre que con suma indignación tronaba que él estaba a salvo del pecado sexual. ¡Pero cayó pocos meses después! Enfrente la verdad. ¡Así como cayó el rey David usted también puede caer!

El temor a Dios

Por último, está la disciplina del temor a Dios. Esto fue lo que ayudó a José a rechazar las tentaciones de la esposa de Potifar. "¿Cómo, pues, haría yo este grande mal, y pecaría contra Dios?" (Génesis 39:9). También le ayudó a huir. "Huye también de las pasiones juveniles, y sigue la justicia, la fe, el amor y la paz, con los que de corazón limpio invocan al Señor" (2 Timoteo 2:22).

La presión de nuestra cultura nos oprime con sus obsesiones y sus racionalizaciones sexuales, y muchos en la iglesia de Cristo han cedido bajo su peso, tal y como lo demuestran las estadísticas. Para no ser parte de esas estadísticas hay que esforzarse disciplinadamente. ¿Somos hombres de verdad? ¿Somos hombres de Dios? ¡Quiera Dios que así sea!

Alimento para pensar

"A la Iglesia evangélica contemporánea, se le considerada ampliamente, 'Corintia' hasta la médula. Está guisándose en los jugos derretidos de su propia sensualidad." ¿Está de acuerdo o no? ¿Qué con respecto a su propia iglesia? ¿Qué con respecto a su propia vida personal?

"En este tiempo [de la lujuria] Dios…Pierde toda realidad…. Satanás no nos llena con odio contra Dios, sino con un olvido de Dios" (Dietrich Bonhoeffer). ¿Haa encontrado que esto sea cierto en sus propias batallas con la tentación?

¿Cuál es la manera más efectiva para prevenir los deslices morales?

¿Será 1 Tesalonicenses 4:3-8 muy cerrada para considerarla como una atadura para los hombres cristianos de hoy? ¿Por qué sí o por qué no? Si no, ¿cómo podemos hacer para que este pasaje nos sirva para obtener la victoria en nuestra lucha por la pureza? ¿Qué tiene la santidad de Dios que ver con nuestra santidad? (ver Levítico19:2)

Acerca de la inmoralidad predominante de nuestra cultura, ¿cómo es posible que esperemos mantener nuestros pensamientos y conducta puros? ¿Es realmente necesaria la amonestación de mantener "límitesen nuestras relaciones con las mujeres en nuestra vida? ¿No es esto poner a las mujeres muy baja estima? ¿Y a nosotros mismos?

La aplicación/respuesta

¿De qué le habló Dios más específicamente, más poderosamente en este capítulo? ¡Háblale a Él acerca de eso en este momento!

¡Piensa en esto!

Haga una lista de por lo menos media docena de aplicaciones específicas y prácticas con respecto a la moral sexual de la experiencia de David en 2 Samuel 11.

3

La Disciplina del Matrimonio

POR LO GENERAL, tengo la mejor perspectiva en las ceremonias de casamiento cristianas, ya que estoy de pie a aproximadamente un metro de distancia de la feliz pareja. La piel de los novios brilla con la luminosidad ambarina despedida por la luz parpadeante de los cirios que alumbran detrás de mí. Lo veo todo: los ojos humedecidos, las manos temblorosas, los guiños furtivos, el mutuo ardor de sus almas; y escucho las palabras que sus padres repitieron una vez antes que ellos: "... para bien o para mal, en pobreza o en riqueza; en enfermedad o en salud..." Se están sometiendo a lo de más alcance en la vida, a los intereses, sentimientos y aspiraciones de la comunidad cristiana, a la vida misma.

A veces, en mi disfrute de la ceremonia, mi mente se pone a vagar e imagino la boda final cuando Cristo nos desposará oficialmente con Él, para volver de inmediato a la realidad de la parábola viviente que está frente a mis ojos. ¿Cómo le irá a esta pareja en su matrimonio con el paso de los años? ¿Venerará la esposa a su marido? ¿Amará él a la que ahora es su hermosa novia, como Cristo amó a la Iglesia y se entregó por ella? ¿La amará con un amor sublime y santificador? ¿La amará como se ama a sí mismo? Mi sincera oración es que así sea.

Así fue y sigue siendo en la vida de Robertson McQuilkin, el dilecto ex rector de la Universidad Bíblica de Columbia, y de su esposa Muriel, quien sufre de los estragos avanzados de la enfermedad de Alzheimer o demencia precoz. En marzo de 1990 el doctor McQuilkin presentó su renuncia mediante una carta, en estos términos:

> Mi querida esposa Muriel ha venido sufriendo un debilitamiento progresivo de su salud mental desde hace aproximadamente ocho años.

Hasta ahora había podido ocuparme tanto de sus necesidades cada vez mayores, como de mi responsabilidad de dirigir la Universidad Bíblica de Columbia. Pero recientemente resulta evidente que Muriel se siente alegre la mayor parte del tiempo que paso con ella, y casi nada feliz cuando me ausento. Pero no se trata sólo de que no se siente feliz, sino que se llena con el temor - y aun del terror - de que me ha perdido, y siempre va en busca de mí cuando salgo de la casa. Entonces puede llenarse de ira si no me encuentra. Por tanto, me resulta claro que ella necesita ahora de todo mi tiempo.

Quizá les ayude a comprender mi decisión el que repita lo que dije cuando anuncié mi renuncia en el culto de la capilla. Ya la decisión se había tomado, en cierta manera, hace cuarenta y dos años, cuando prometí cuidar de Muriel "en salud o en enfermedad ...hasta que la muerte nos separe". Así, pues, como lo anuncié a los estudiantes y a los profesores, como hombre de palabra, la integridad tiene que ver en mi decisión. Pero también un sentimiento de justicia. Ella ha cuidado de mí devota y abnegadamente todos estos años, de modo que si yo tuviera que cuidar de ella durante los próximos cuarenta años, ni aun así pagaría toda mi deuda. El cumplimiento del deber, sin embargo, puede requerir determinación y estoicismo. Pero hay más: amo a Muriel. Ella es para mí un motivo de felicidad por su inocente dependencia y confianza en mí; por el amor ferviente que me tiene; por sus destellos ocasionales de esa gracia de que tanto disfruté; por su espíritu feliz y por su fuerte resistencia ante su continua y angustiosa frustración. ¡Por tanto, no me siento obligado a cuidar de ella, sino que lo deseo! Es un gran honor poder ocuparme de una persona tan maravillosa.

El mes siguiente, mi esposa Bárbara y yo hicimos una breve visita a los McQuilkin, y pudimos observar la manera gentil y amorosa como el doctor McQuilkin se ocupaba de su esposa, quien entendía muy poco lo que estaba ocurriendo a su alrededor. El recuerdo de esa visita es de una belleza imperecedera.

¡Ese amor tan precioso, como el de Cristo, no es producto de la casualidad! Surgió de la determinación profunda hecha por un joven esposo que se propuso cuarenta y dos años atrás vivir bajo la autoridad de lo que la Palabra de Dios enseña en cuanto a cómo debe un hombre espiritual amar a su esposa, tal como aparece en Efesios 5. Son preceptos con los cuales debe estar familiarizado todo hombre cristiano; los cuales debe entender y, creo, hasta aprender de memoria, como yo mismo lo he hecho. Estas directrices constituyen la disciplina sobre la cual está asentado el matrimonio; son las columnas de un matrimonio que lucha por ser lo que realmente debe ser.

Para profundizar en cuanto a lo que es la responsabilidad del hombre piadoso, debemos fijar en nuestra mente la gran verdad que aparece al final del capítulo 5 de Efesios, en el versículo 31, en el que Pablo cita Génesis 2:24: Cuando un hombre deja a su padre y a su madre y se une a su mujer, "los dos serán una sola carne". Luego añade en el versículo 32: "Grande es este misterio; mas yo digo esto respecto a Cristo y de la iglesia." ¡Hay una unidad asombrosa en el matrimonio! La afirmación de que el hombre y la mujer son "una sola carne" indica algo de la profundidad psicológica y espiritual del matrimonio: un intercambio de almas.

El matrimonio idealmente da como resultado dos personas que son al mismo tiempo la misma persona ¡hasta donde es posible que dos personas lo sean! En el matrimonio, la pareja tiene el mismo Señor, la misma familia, los mismos hijos, el mismo futuro y el mismo destino final, una unidad sorprendente. Un vínculo asombroso se produjo en el momento que vi por primera vez a mis hijos recién nacidos y los sostuve en mis brazos. Ellos son parte de mi carne. Estoy íntimamente unido a mis hijos, entretejido con ellos. Sin embargo, no soy una sola carne con ellos. Soy una sola carne sólo con mi esposa. Esta, en mi opinión, es la razón por la cual las parejas de ancianos, a pesar de tener un aspecto físico muy diferente, terminan pareciéndose tanto entre sí, porque son "una sola carne". Ha habido un intercambio de almas, una apropiación recíproca de sus vidas.

Esto es, en realidad, un misterio que ilustra en parte la unión conyugal que hay entre Cristo y la Iglesia. Y esta es la razón por la cual el texto bíblico utiliza con frecuencia un lenguaje descriptivo cuando habla de Cristo y los esposos, y de la Iglesia y las esposas. Debemos, entonces, tener siempre frente a nosotros la misteriosa naturaleza de nuestra unión si queremos comprender las tres disciplinas del amor conyugal: la disciplina del amor abnegado, del amor santificador y del amor a uno mismo.

EL AMOR ABNEGADO

Las primeras palabras de Efesios en cuanto a la relación conyugal son un rotundo llamado a un amor radical y abnegado: "Maridos, amad a vuestras mujeres, así como Cristo amó a la iglesia, y se entregó a sí mismo por ella" (v. 25). Este llamado al amor marital era un brusco y directo viraje en cuanto al compromiso conyugal (o a la falta de él) de los hombres de esa época, tal como ocurre hoy día. Tomada en serio, ¡la forma franca de estas palabras, "amad a vuestras mujeres, así como Cristo amó a la iglesia, y se entregó a sí mismo por ella" es asombrosa! Y si se aceptan con sinceridad, el puñetazo que propina este llamado derribará a muchos hombres cristianos ...¡porque no dan la talla!

La muerte

La razón por la cual el puñetazo duele tanto, es porque constituye un llamado directo a *amar con la disposición a sacrificarse*, aun hasta la muerte. Reconociendo esto, Mike Mason, autor del libro clásico *The Mystery of Marriage* [El misterio de la unión conyugal], dice irónicamente que el amor conyugal es como la muerte: nos reclama en su totalidad. Estoy de acuerdo. Si uno no lo entiende así, entonces no sabe lo que es verdaderamente el amor conyugal. El amor marital lo reclama todo. Mason asemeja después al amor conyugal con un tiburón: "¿Y quién no se ha asustado, casi hasta morir, al ver a oscura sombra del amor deslizándose veloz y descomunal, como un tiburón interestelar, como una montaña inundada, a través de las aguas más profundas de nuestro ser, a través de profundidades que nunca antes supimos que teníamos?"[1]

El tener conciencia de lo que implica este llamado puede asustar al comienzo, pero es también algo hermoso, porque el hombre que se somete a un amor tal experimentará la gracia de la muerte al yo egoísta. El matrimonio es un llamado a morir, y el hombre que no muere por su esposa está muy lejos de conocer el amor al cual se le ha llamado. Los votos matrimoniales cristianos son el comienzo de una práctica de muerte vitalicia, de dar no sólo lo que uno tiene, *sino además todo lo que uno es*.

¿Es esto un terrible llamado al patíbulo? ¡De ninguna manera! No es más terrible que morir al yo personal y seguir a Cristo. En realidad, los que mueren tiernamente a sí mismos por amor a su esposa son los que experimentarán más gozo, se sentirán más satisfechos con su matrimonio y experimentarán una mayor dosis de amor. El llamado de Cristo al esposo cristiano no es un llamado a que se convierta en un "aguantalotodo", sino a morir. Como veremos más adelante, esto puede significar la muerte a nuestros derechos, a nuestro tiempo, a los placeres a que tenemos derecho, pero todas son muertes liberadoras. Esto es algo viril de verdad, muy masculino, porque se necesita ser todo un hombre para estar dispuesto a morir.

El sufrimiento

Cuando Cristo se dio a sí mismo por nosotros, no sólo murió sino que también sufrió. Y su sufrimiento no fue sólo el de la cruz, sino que fue y es un sufrimiento que surge de su identificación con su esposa, la Iglesia. Esta es la razón por la cual Pablo, que perseguía fanáticamente a la Iglesia, oyó repentinamente clamar a Jesús: "Saulo, Saulo, ¿por qué me persigues?" (Hechos 9:4). Cristo sufre por su esposa, y los esposos deben también sufrir por su esposa.

Cuando usted decide uncir su vida a otra vida, es candidato a un viaje frenético con enormes altibajos. De la misma manera que cuando uno ama realmente a Dios experimentará dificultades que no entiende un corazón que no ha aprendido a amar, igual ocurrirá en el matrimonio. Usted compartirá las injusticias, las crueldades y las decepciones que le dará su esposa. También experimentará sus malos ratos, su inseguridad y su desesperación. Claro que también experimentará una serie de placeres más allá del alcance de los que no han aprendido a amar. Transitará a través de algunos valles oscuros, ¡pero también se remontará a las estrellas!

La intercesión

La noche que Cristo se dio a sí mismo por nosotros, Juan 17 dice que oró en este orden: por sí mismo, por sus doce discípulos y por nosotros los que habríamos de creer después. Cuando terminó de orar por su futura esposa, fue a la cruz. Luego vinieron su *muerte*, su *resurrección*, su *ascensión* y su *entronización* a la diestra del Padre, donde constantemente *intercede* por nosotros. Por eso entendemos que el darnos a nosotros mismos por nuestra esposa implica la intercesión devota a su favor. ¿Ora usted por su esposa con algo más que "Señor, bendice a Margarita en todo lo que hace"? Si no lo hace, está pecando contra ella y contra Dios. La mayor parte de los hombres cristianos que dicen amar a su esposa jamás ofrecen más que un reconocimiento superficial a las necesidades de ella al dirigirse a Dios. Usted debe tener una lista de las necesidades no expresadas o manifiestas de su esposa para presentarlas vehemente a Dios, por amor a ella. ¡Orar por su mujer es la obligación conyugal de todo esposo cristiano!

El mandamiento llano y liso es: "Maridos, amad a vuestras mujeres, así como Cristo amó a la iglesia, y se entregó a sí mismo por ella" (Efesios 5:25). Tenemos el llamamiento divino de morir por nuestra esposa, llevar sus sufrimientos como si fueran nuestros e interceder por ella.

EL AMOR SANTIFICADOR

El matrimonio que está bajo el señorío de Jesucristo es una relación mutuamente santificadora que nos mueve hacia la santidad. La mayoría de nosotros, cuando nos casamos, somos como una casa con numerosos muebles, muchos de los cuales deben ser retirados para hacerle sitio a la nueva persona. El matrimonio ayuda a vaciar esas habitaciones. El verdadero amor conyugal revela habitaciones llenas de egoísmo, y cuando uno vacía esas habitaciones encuentra otras de egocentrismo. Más allá de éstas, al seguir con la limpieza de la casa, están las habitaciones de la autosuficiencia y de la testarudez. El matrimonio hizo realmente eso en mi favor: ¡Yo no tenía idea de lo egocéntrico que era hasta que me casé! George Gilder, en su muy comentado libro *Men and Marriage* [Los hombres y el matrimonio], incluso sostiene que el matrimonio es la única institución que domestica el arraigado salvajismo del hombre.[2] Con el paso de los años, un buen matrimonio puede hacernos mejor, volviéndonos casi irreconocibles. Hay, en realidad, una santificación recíproca en el matrimonio.

Pero el énfasis de las Escrituras está en la responsabilidad que tiene el esposo de amar a su esposa: "para santificarla, habiéndola purificado en el lavamiento del agua por la palabra, a fin de presentársela a sí mismo, una iglesia gloriosa, que no tuviera mancha ni arruga ni cosa semejante, sino que fuera santa y sin mancha" (vv. 26,27). Eso es lo que Cristo hará mediante nuestro divino connubio con Él, ya que a su regreso la Iglesia lavada y regenerada le será presentada en absoluta perfección. Esta será la reafirmación del más grande romance de todos los tiempos.

Mientras tanto, estas divinas nupcias son una parábola de lo que tiene que ser el efecto excelso del amante esposo sobre su esposa. El esposo tiene que ser un hombre amante de la Palabra de Dios, que lleva una vida de santidad, orando y sacrificando en favor de su esposa. Su auténtica espiritualidad estará dirigida a alentarla interiormente y hacia arriba, hacia la imagen de Cristo. El hombre que santifica a su esposa entiende que esta es su responsabilidad por decreto divino.

Olvidando por el momento la responsabilidad espiritual de nuestra esposa para con nosotros, ¿se da cuenta de que es su responsabilidad procurar la santificación de su esposa? Aun más, hablando sinceramente, ¿acepta que así sea? El matrimonio revelará algo en cuanto a su mujer que usted ya sabe: que su esposa es pecadora. El matrimonio lo revela todo: sus debilidades, sus peores inconsecuencias, las cosas que los demás nunca ven. *Amar a nuestra esposa no es amarla porque es santa sino porque es pecadora.* "Si la amamos por su santidad, no la amamos en absoluto",[3] dice Mason. Usted debe ver a su esposa como se ve a usted mismo, y la amará como se ama a usted mismo. Usted se dará cuenta de sus necesidades mutuas, y hurgará en la Palabra de Dios para oír de corazón y tratar, por su gracia, de obedecerla a fin de que su esposa se vea estimulada por su vida, convirtiéndose así en una esposa aun más hermosa para Cristo.

Esto hace surgir algunas preguntas serias: ¿Se asemeja mi esposa más a Cristo por estar casada conmigo? ¿O es ella como Cristo, a pesar de mí mismo?

¿Ha disminuido su semejanza a Cristo por mi causa? ¿La santifico o le sirvo de tropiezo? ¿Es ella una mejor mujer por estar casada conmigo? ¿Es una mejor amiga? ¿Es una mejor madre?

El llamado es claro: nuestro amor debe ser un amor santificador.

EL AMOR A UNO MISMO

La mitología griega cuenta la historia de un hermoso joven que no se había enamorado de nadie, hasta el día que vio su propio rostro reflejado en el agua y se enamoró de ese reflejo. Estaba tan enfermo de amor por sí mismo, que finalmente se consumió y murió, convirtiéndose en la flor que lleva su nombre: Narciso.[4] En realidad, ¡el amor narcisista no es nada bello! Sentimos repulsión por el narcisismo y hacemos todo lo posible por evitarlo.

Sin embargo, como algo increíble, en Efesios 5 se nos llama a un amor muy grande por nosotros mismos: "Así también los maridos deben amar a sus mujeres como a sus mismos cuerpos. El que ama a su mujer, a sí mismo se ama. Porque nadie aborreció jamás a su propia carne, sino que la sustenta y la cuida como también Cristo a la iglesia, porque somos miembros de su cuerpo, de su sangre y de sus huesos" (vv. 28-30). Este amor por nosotros mismos cuando amamos a nuestra esposa se base en la unidad de "una sola carne" de la que ya hemos hablado, del profundo intercambio de almas que se produce en el matrimonio que hasta puede hacernos parecer físicamente a nuestro cónyuge. Es el amor que el Lorenzo de Shakespeare alaba cuando le dice a Jessica que ella será puesta en "mi alma invariable".[5] ¡Nuestro amor conyugal es nuestra alma invariable!

Amar a nuestra esposa como a nuestro propio cuerpo es algo grande y maravilloso. Significa darle a ella la misma importancia, el mismo valor, "la misma majestad existencial que nos concedemos naturalmente a nosotros mismos".[6] Ella se vuelve tan concreta como lo soy yo para mí mismo. Ella es yo mismo.

¿Cómo amar a nuestra esposa como a nosotros mismos? ¿Cómo cuidar de ella como lo hacemos con nosotros mismos? La respuesta implica tres encarnaciones:

La primera es una encarnación física. El doctor Robert Seizer cuenta en su libro *Mortal Lessons: Notes in the Art of Surgery* [Lecciones mortales: Notas sobre el arte de la cirugía] la operación que realizó para extraer un tumor y la necesidad que tuvo de cortar un nervio facial, dejando la boca de una joven permanentemente torcida por la parálisis producida. Dice el doctor Seizer:

> Su joven esposo se encuentra en la habitación, de pie al otro lado de la cama y juntos parecen sentirse a gusto a la luz de la lámpara al caer la tarde, ignorantes y

aislados de mí en su intimidad. ¿Quiénes son este joven y esta boca torcida que he hecho - me pregunto -? ¿Quiénes son estos que se contemplan y se tocan con tanto interés y avidez? La joven pregunta: "¿Me quedará la boca así, para siempre?" "Sí - le digo -,porque el nervio fue cortado." Ella asiente con la cabeza y se queda en silencio. Pero el esposo sonríe. "Me gusta así - dice -. Te queda bonito." Luego...sin cohibiciones, se inclina para besar su boca torcida y yo, tan cerca, puedo ver como él tuerce sus labios para acomodarlos a los de ella, para demostrarle que su beso es posible todavía.[7]

Así es la manera como debemos amar. El cuerpo de nuestra esposa es nuestro cuerpo, su bienestar es nuestro bienestar, su atractivo es nuestro atractivo, y su preocupación es nuestra preocupación.

Una segunda manera de amar a nuestra esposa como a nuestro propio cuerpo consiste en la encarnación *emocional*. Son tantos los hombres que hacen tema de humor humillante las diferencias emocionales que hay entre hombres y mujeres. Desprecian la condición natural femenina, como si la dureza masculina fuera superior. Se dan cuenta de las diferencias que hay entre los sexos, pero no las toman en consideración y no tratan de comprender. ¡Ningún hombre puede decir que obedece a Dios si se comporta de esa manera! Es una masculinidad mal entendida la que piensa que poder comprender los sentimientos de otra persona es un rasgo femenino. En realidad, tal comprensión de las naturalezas complementarias que Dios les dio al hombre y a la mujer, es característico de todo hombre verdaderamente desarrollado y maduro.

Por último, por supuesto, debe haber encarnación *social*. Erma Bombeck dice jocosamente que hay muchos maridos machistas que piensan que su esposa debe pasar todo el día ocupándose de los juguetes de los niños o de los calcetines de la familia.

La mujer tiene, desde luego, muchos escenarios sociales aparte del hogar, tales como la oficina y la escuela. Recuerdo una beneficiosa encarnación que experimenté una vez que mi esposa se encontraba visitando a su hermana durante una semana, dejándome a cargo de nuestros cuatro hijos pequeños. En esos días me tocó preparar las comidas, cambiar un sinfín de pañales, vendar heridas, arbitrar en riñas, dar baños, ordenar el desorden y volver a arreglarlo todo de nuevo. Yo estaba ocupado *antes* de levantarme y *después* de acostarme. La experiencia me marcó de tal manera que en mi mente inventé un nuevo cuarto de cocina después de observar cómo se lavan los automóviles en las máquinas automáticas. Los pisos se inclinan hacia un inmenso desagüe ubicado en el centro del cuarto de cocina. De una de las paredes cuelga una manguera lista para pulverizar todo lo sucio puesto allí después de las comidas. Fue una encarnación que no estuve muy deseoso de repetir, pero como dice mi esposa, ¡me hizo bien!

Estamos llamados a amarnos a nosotros mismos por mandato divino. Eso significa amar a nuestra esposa como a nuestro propio cuerpo, a cuidar de ella como Cristo cuida de la Iglesia. El amar el cuerpo de nuestra esposa como amamos al nuestro exige una triple encarnación: física, afectiva y social. Debemos dedicar a nuestra esposa la misma energía, el mismo tiempo y la misma facultad creadora que nos dedicamos a nosotros mismos. Estamos llamados a amarnos con amor inquebrantable. Dichosa la esposa a quien se le ama así, y aun más dichoso el hombre que ama de tal manera, porque es como Cristo.

Es grande el desafío que nos presenta Efesios 5: Amor *abnegado* (¡el amor es como la muerte!), amor *santificador* (amor que eleva) y amor *a uno mismo* (amar a nuestra esposa es como amar nuestro propio cuerpo). Si esto nos llama a hacer algo, ese algo debe ser el esfuerzo por la santidad. Como dijo Walter Trobisch: "El matrimonio no es un logro acabado, sino un proceso dinámico entre dos personas, una relación que sufre cambios constantes, una relación que crece o se muere."[8]

El llamado que se nos hace a todos de amar a nuestra esposa como Cristo amó a la Iglesia exige ciertas disciplinas específicas.

COMPROMISO RESPONSABLE

Debemos comenzar con la disciplina del compromiso responsable. Con el paso de los años, me he vuelto más exigente en mis demandas a las parejas que desean que las case. Les digo que los votos matrimoniales son el compromiso voluntario de amar, independientemente de como uno se sienta. Les digo que es una tontería pensar que uno puede faltar a los votos sólo porque uno "sienta" que ya no está enamorado. Les hago ver que las Escrituras nos llaman a "vestirnos de amor" (Cf. Colosenses 3:14), y que a pesar de que ese amor puede ser considerado hipócrita, nunca es hipocresía vestirse de la gracia divina. Les digo que si tienen en mente el más mínimo pensamiento de que pueden divorciarse si la otra persona no es lo que esperaban, no realizaré la ceremonia de casamiento. La verdad es que los matrimonios que dependen de estar "enamorados" para mantenerse, terminan en fracaso. Los que recuerdan las ardientes promesas hechas en la ceremonia nupcial son los que triunfan. No hay nada mejor que pacto más compromiso responsable.

FIDELIDAD

Cuando un hombre se compromete consigo mismo a amar a su esposa, "como Cristo amó a la iglesia, y se entregó a sí mismo por ella", siempre le será fiel.

Una cosa con la cual la Iglesia puede contar siempre es con la fidelidad de su Esposo, Jesucristo. Y esto es algo con lo que puede contar la esposa cuyo esposo ame como Cristo. Jeremy Taylor, el notable predicador del siglo diecisiete, dijo lo siguiente en cuanto a la fidelidad conyugal en su sermón "The Marriage Ring or the Mysteriousness and Duties of Marriage" [La sociedad matrimonial o el misterio y las obligaciones del matrimonio]:

> Sobre todo ...que él (el esposo) conserve hacia ella una confianza sagrada y una pureza inmaculada, porque en esto consiste la sociedad matrimonial, que ata a dos corazones con una cinta eterna; es como la espada encendida del querubín puesto para guardar el paraíso ...La pureza es la garantía del amor, que protege a todos los misterios del matrimonio como se protegen los secretos de un templo. Bajo este cerrojo está depositada la seguridad de la familia, la unión de los afectos y el reparador de las roturas que se producen de cuando en cuando.[9]

Nuestra esposa debe poder confiar en nuestra fidelidad. Todo lo nuestro: nuestra mirada ...nuestras palabras ...nuestra agenda ...nuestro ardor debe decirle a ella: "Te soy fiel y lo seré siempre."

COMUNICACIÓN

Luego viene la disciplina de la comunicación. Hace poco se les preguntó a los lectores de una popular revista para mujeres lo siguiente: "Si usted pudiera cambiar algo de su marido, ¿qué cambiaría?" [10] El consenso abrumador fue que les gustaría que mejoraran su comunicación con ellas. También indicaron que, todavía mejor, les agradaría que sus esposos las *escucharan*. A este respecto, dice Eugene Peterson:

> El estereotipo es el del esposo escondido tras las páginas del periódico durante el desayuno, leyendo la información de una agencia noticiosa en cuanto al escándalo más reciente de un gobierno europeo, la puntuación de las competencias atléticas del día anterior, y las opiniones de un par de columnistas con los cuales él jamás se encontrará, en vez de escuchar la voz de la persona que ha acabado de compartir su misma cama, servido su café y freído sus huevos, a pesar de que escuchar esa voz viva presagia amor y esperanza, profundidad emocional y exploración intelectual mucho mayores que lo que él puede sacar de las informaciones del New York Times, de The Wall Street Journal y de The Christian Science Monitor, todos ellos combinados.[11]

La disciplina de la comunicación requiere que aparten tiempo regularmente para hablar - para hablar realmente, comunicando más que hechos, sentimientos - y que aprendan a hablar en metáforas y símiles, con frases que comiencen con: "Me parece que..." Eso significa que usted está escuchando. La publicación Harvard Business Review (Revista de temas económicos de la Universidad de Harvard) sugiere que todo ejecutivo dedique el sesenta y cinco por ciento de su tiempo a escuchar.[12] ¡Cuánto más el esposo inteligente!

ENCOMIO

Después recomiendo firmemente la disciplina del encomio. En cierta ocasión, Winston Churchill asistía a un banquete de etiqueta en Londres en el cual se les hizo la siguiente pregunta a los dignatarios presentes: "Si usted no fuera quien es, ¿quién quisiera ser?" Naturalmente, todo el mundo tenía curiosidad por saber lo que diría Churchill, que estaba sentado al lado de su amada esposa Clemmie. Después de todo, nadie esperaba que Churchill dijera que le gustaría haber sido César o Napoleón. Cuando finalmente le llegó el turno a Churchill, el anciano líder, el último en responder la pregunta, se levantó y dio su respuesta: "Si no hubiera sido quien soy, lo que más me habría gustado ser - y aquí hizo una pausa para tomar la mano de su esposa - es el segundo esposo de Lady Churchill."[13] Eso le resultó agradable a su esposa, pero él hablaba también en nombre de todos los que se sentían satisfechos con su matrimonio.

El compromiso responsable de exaltar a nuestra esposa es de suma importancia. Si cree que lo que su esposa hace es menos importante que lo que usted hace, está equivocado y tiene un problema muy grande. El felicitarla por sus atenciones y por lo que hace por usted cada día, debe ser algo común y corriente, como también debe ser el mostrarle siempre respeto siendo cortés con ella.

DEFERENCIA

Junto con esto, debe practicarse cuidadosamente la disciplina de la deferencia. Son muchos los hombres que jamás se privan de algún placer personal por amor a su esposa. Para ciertos hombres, el golf es sinónimo del Paraíso de Dante, pero la entrada a una tienda por departamentos es como las puertas del infierno del poeta italiano, con la siguiente inscripción: "Abandonad cualquier esperanza los que entréis aquí."[14] Pero si usted ama a su esposa, debe haber ocasiones en que usted se olvide de su deporte preferido porque aprecia los intereses de ella y porque simplemente la ama.

TIEMPO PARA EL ROMANCE

Por último, debo mencionar la disciplina de apartar tiempo para el romance. Hace algunos años, en el medio oeste de los Estados Unidos, un granjero y su esposa se encontraban acostados durante una tormenta cuando el embudo de un tornado repentinamente levantó el techo de la casa y la cama donde se hallaban. La esposa comenzó a dar chillidos de entusiasmo y el marido le dijo que no eran momentos para estar gritando. Ella le respondió que estaba tan feliz que no podía evitarlo. ¡Era la primera vez, en veinte años de casados, que habían salido de noche juntos!

En 1986 la revista *Psychology Today* [Psicología hoy] hizo una encuesta entre trescientas parejas a las que se les preguntó qué cosa las mantenía unidas. Uno de los principales factores que mantuvo la unión fue el tiempo que pasaban juntos.[15] Siendo así, asegúrese de mantener esta prioridad. Su calendario revela lo que es importante para usted, por tanto incluya el calendario de su esposa dentro del suyo. Aparte horas especiales en su calendario semanal para pasarlas juntos, a propósito. Sea creativo. ¡Cítela! Sorpréndala. Sea pródigo con ella.

¿Cuándo fue la última vez que se adelantó a abrirle la puerta a su esposa? ¿Cuándo le dijo: "Te amo"? ¿Cuándo la felicitó o le escribió una nota cariñosa? ¿Cuánto tiempo hace desde que le llevó flores y se "citó" con ella? ¿Cuándo le dio atención superespecial?

Muchas otras "disciplinas" pudieran mencionarse, la mayoría de las cuales se hallan implícitas en lo que hemos dicho; por ejemplo, la ternura, la sensibilidad, la paciencia. Pero lo más importante es proponérselo. Ante el ardor de un nuevo amor, el matrimonio parece tan fácil como caerse de un tronco que es arrastrado por la corriente, pero en realidad es tan fácil como mantenerse encima de él. Para que el matrimonio se mantenga hace falta atención, mucho talento y esfuerzo.

¿Está usted ocupándose de la segunda elección más importante de su vida (la primera es Dios)? ¿Ha tenido que esforzarse últimamente? Sin esfuerzo no hay progreso; sin sacrificio no hay beneficio.

Inclinémonos ante la Palabra de Dios: "Pórtense varonilmente y sean fuertes. Cualquier cosa que hagan, háganla con bondad y amor" (1 Corintios 16:13,14, La Biblia al Día). Disciplínese con el propósito de ser santo.

Alimento para pensar

¿Está de acuerdo con la analogía de Mike Mason entre el amor conyugal y la muerte? ¿Por qué sí o por qué no? ¿Qué demanda de usted el amor por su esposa? ¿Está dispuesto a pagar el precio?

¿Generalmente siente lo que tu esposa siente —sus alegrías y las penas. cuando está en los picos de la montaña y cuando está en los valles profundos? ¿Qué puede hacer para dejarla saber que usted quiere "conectarse" con ella emocional y espiritualmente?

"Orar es el trabajo conyugal de un esposo cristiano." ¿Está de acuerdo? ¿Con qué frecuencia ora por su esposa? ¿Y con ella? ¿Qué puede hacer para que esto sea más como un hábito?

¿Qué está haciendo en la actualidad para ayudar a su esposa a acercarse más a Cristo? Has una lista de por lo menos seis cosas específicas que hará dentro de las próximas dos semanas para ayudar a su esposa a crecer espiritualmente.

¿Qué sucede con un matrimonio cuando el esposo no se quiere asimismo? ¿Bíblicamente, qué significa realmente amarse asimismo? ¿Cómo se mostrará tal actitud en la práctica?

¿Cómo aplica usted en su matrimonio Colosenses 3:14 y 1 Corintios 16:13, 14? Sea específico.

La aplicación/Respuesta

¿De qué le habló Dios más específicamente, más poderosamente en este capítulo? ¡Háblale a Él acerca de eso en este momento!

¡Piensa en esto!

Lea Efesios 5:22-33. Después, escriba unos cuantos párrafos sobre el significado espiritual del matrimonio cristiano. ¿Qué tiene que ver la sumisión de la esposa y el amor del esposo el uno con el otro? ¿Qué enseña a su matrimonio la relación de Cristo y su Iglesia?

4

LA DISCIPLINA DE LA PATERNIDAD

RECUERDO VIVAMENTE el día que nació nuestro primer hijo —el 10 de agosto de 1963– una noche sumamente calurosa del sur de California. Hacía tanto calor que había llevado a mi barrigona mujercita a la playa —a Huntington Beach, para ser preciso– a tomar un poco de fresco. Allí hice un hueco en la arena para que colocara su barriga, y nos estiramos bajo el sol mientras la fresca brisa del Pacífico nos refrescaba, y sin darnos cuenta comenzamos a broncearnos.

Ya era la media tarde cuando partimos de regreso al calor y a la contaminación de Los Ángeles. Mientras viajábamos, quitamos el techo corredizo de nuestro Volkswagen y tontamente nos achicharramos un poco más. Muy pronto parecíamos unas langostas rojas.

Después de cenar, mientras estábamos acostados con la piel ardiendo sobre las calurosas sábanas de nuestra cama, le comenzaron a mi esposa los dolores de parto, y eso es casi todo lo que recordamos de nuestras quemaduras. Mi esposa estaba ocupada con otra clase de dolor y yo estaba tan nervioso que me olvidé del mío. Esa noche se produjo uno de los acontecimientos más importantes de nuestra vida: Dios nos dio nuestra primogénita, una hermosa niña a quien le dimos el nombre de Holly. Lo recuerdo todo, hasta el color de las paredes del hospital. Parece que apenas ocurrió ayer.

Hay otro acontecimiento que conservo en mi mente con parecida intensidad. El 23 de julio de 1986, veintitrés años más tarde, en otro hospital del lejano estado de Illinois, mi bebé Holly dio a luz a su primogénito, un hermoso chiquillo, Brian Emory, y su padre lo sostuvo en sus brazos con idéntica emoción.

Ambas experiencias fueron profundamente sobrenaturales, pues vi la creación de Dios: sangre, tierra, aire, viento y fuego. Aunque sólo fue una brevísima fracción en la inmensidad del tiempo, sentí una profunda identificación con el pasado y con el presente. También sentí la *gracia* divina, el torrente de la bondad de Dios derramándose sobre mí y sobre mi familia.

Hoy, ya abuelo de seis nietos (con la posibilidad de que vengan más), veo cada vez con mayor claridad que mi mayor tesoro, después de mi vida en Cristo, son los miembros de mi familia, y comparto la reacción universal de que si se produjera un incendio, sólo después de poner a salvo a mi familia trataría de salvar las fotografías, los álbumes de recortes, y las tarjetas y notas de cumpleaños.

Algún día, cuando todo se haya ido y ya no pueda ver, oír o hablar – en realidad, cuando ya no sea capaz de recordar sus nombres – los rostros de mis seres queridos estarán en mi alma.

Ahora que me encuentro en la mitad de mi vida, hallo cada vez mayor satisfacción en mi familia y en las familias de mis hijos. Todos mis hijos son cristianos consagrados y quieren que el Señor Jesucristo utilice sus vidas. Digo esto con toda humildad, porque a los padres generalmente se les culpa demasiado por los problemas de los hijos, y se les reconoce excesivamente cuando les salen buenos. Estoy consciente de que mis hijos son lo que son por la gracia de Dios, y también de que tanto para mí como para ellos aún queda camino por recorrer.

Con todos mis hijos mantengo una relación mutuamente satisfactoria. Son independientes de mí, pero desean mi compañía y mis consejos. Nos respetamos mutuamente. Me llaman y los llamo, y todos estamos pendientes de los días de asueto en que tenemos la oportunidad de poder estar juntos.

Le cuento todo eso porque, aunque no he sido un padre perfecto, he aprendido algunas cosas en la vida que debo transmitirle, de hombre a hombre, a usted que está en la mitad o en el comienzo de la paternidad.

El simple hecho de la paternidad lo ha dotado a usted de un poder aterrador en la vida de sus hijos, porque ellos sienten por usted un amor innato que Dios les ha dado. Hace poco, mientras leía el libro de Lance Morrow, *The Chief, A Memoir of Fathers and Sons* [El jefe, una biografía de padres e hijos] me encontré con una excelente expresión de eso:

> De tiempo en tiempo, había sentido por mi padre un anhelo que era casi físico, algo apasionado, pero anterior al sexo, algo infantil, profundo.

Esto es algo que me ha desconcertado y que hasta me ha hecho caer en la depresión. Es tan misterioso para mí saber exactamente lo que deseaba de mi padre. He visto ese anhelo en otros hombres, y ahora lo veo en mis propios hijos en su anhelo por mí. Creo que también lo he vislumbrado una o dos veces en los sentimientos de mi padre hacia su padre. Quizás se trate del vivo deseo de Telémaco,* el resto del niño que queda en el hombre, todavía ansioso de la heroica protección de su padre. Uno busca regresar, no al vientre materno …sino a algo diferente, al amparo del padre en el mundo. El niño quiere el magnetismo y el abrazo de su padre. Es un anhelo profundo, pero a veces algo triste, un rasgo masculino muy común que es al mismo tiempo vagamente poco viril. Lo que me sorprende es la irritación que a veces se apodera del hombre cuando está dominado por lo que es, en el fondo, una pasión no correspondida.[1]

¡Nuestros hijos varones nos anhelan por naturaleza! Quizás usted haya experimentado algo como esto: Acaba de dar una carrera y está sentado en el portal de su casa sudando copiosamente y oliendo muy mal. Entonces su hijo, o quizás un muchachito vecino, se sienta a su lado, se recuesta a usted y le dice: "Hueles bien."

Ese es el anhelo primitivo por nuestro padre. Y también el corazón de nuestros hijos se inclina por naturaleza a nuestro corazón con anhelos semejantes.

Lo terrible es que podemos, o bendecir a nuestros hijos, o maldecirlos con heridas no correspondidas que nunca parecen sanar. Nuestra sociedad está llena de millones de hijas que buscan conmovedoramente el afecto que su padre jamás les dio, y algunas de esas hijas se encuentran ya en el ocaso de la vida. En el otro extremo están los innumerables hijos varones que no tuvieron una relación saludable de identificación sexual con su padre y ahora están utilizando lo que les queda de vida en la búsqueda de su identidad sexual mediante perversiones e inmoralidad sexual.[2]

¡Como padre usted tiene ese poder tan grande! Y tendrá ese poder imponente hasta el día de su muerte, quiéralo o no, en su actitud hacia la autoridad, en su actitud hacia las mujeres y en cuanto a Dios y a la iglesia. ¡Qué responsabilidad tan imponente! Se trata, en realidad, de un poder de vida y muerte.

---

* Telémaco, mitológico hijo de Ulises y Penélope, cuando su padre no regresaba de la Guerra de Troya, fue a buscarlo. Al no encontrarlo, volvió a Itaca, una isla, donde vivían, y se enteró de que su padre había llegado el mismo día, pero a otro sitio de la isla.

Por esas razones vivimos en un tiempo de gran crisis social. Segmentos enteros de nuestra sociedad están huérfanos de liderazgo masculino. En el otro extremo de la balanza están los hombres fuertes que dan lo mejor de su liderazgo a su actividad profesional, pero que han fracasado en el liderazgo del hogar. ¡Nosotros somos los hombres llamados a ser diferentes! Y si el propósito de Dios no se cumple en los hijos del Señor, jamás se cumplirá.

Hay pocos lugares donde el esfuerzo santificado pueda dar tan buenos dividendos como en la paternidad. Si usted está dispuesto a esforzarse santamente, podrá ser buen padre. Si está dispuesto a esforzarse, verá abundantes bendiciones.

Afortunadamente, la Palabra de Dios nos proporciona un plan para el entrenamiento paternal, en una punzante oración: "Y vosotros, padres, no provoquéis a ira a vuestros hijos, sino criadlos en disciplina y amonestación del Señor" (Efesios 6:4). Este plan se puede recordar más fácilmente si se pone en forma negativa y en forma afirmativa. La forma negativa es: "Padres, no provoquéis a ira a vuestros hijos". La positiva es: "Sino criadlos en disciplina y amonestación del Señor."

LOS "NO" DE LA PATERNIDAD

El "no" está perfectamente claro, porque literalmente quiere decir "no provoquéis a ira a vuestros hijos para que éstos no hiervan de ira y resentimiento". La Biblia Latinoamericana capta muy bien la idea al decir: "Y ustedes, padres, no hagan de sus hijos unos rebeldes." La franqueza y sencillez de este "no" nos invita a pensar con sinceridad en las formas como llevamos a nuestros hijos a la exasperación.

Las críticas

En primer lugar están las críticas. Cada año, cuando en nuestra familia decoramos el árbol de navidad y coloco sobre el árbol una diminuta guirnalda roja y verde, adornada de cristal, pienso en el niñito que me la obsequió cuando yo era entrenador de fútbol. Su padre, que era un hombre sarcástico y burlón, solía ir de un lado a otro del terreno rebajando la actuación de su hijo con palabras tales como "cobarde" y "mujercita". Este hombre fue el único padre a quien en toda mi vida tuve que pedirle que se callara o que se marchara del campo. A veces pienso qué habrá sido de la vida de ese niño, ahora convertido en un hombre.

Winston Churchill tuvo a un padre semejante en Lord Randolph Churchill. A éste no le gustaba el aspecto de Winston, ni su voz, ni tampoco soportaba tenerlo cerca. Jamás lo felicitó, sólo lo criticaba. Los biógrafos de Churchill han sacado extractos de sus cartas donde éste ruega a ambos padres atención por parte de su padre: "Mejor habría sido que me hubieran colocado como aprendiz de albañilería ...habría sido natural ...y habría podido conocer a mi padre ..."[3]

Los padres que están siempre criticando a sus hijos los desmoralizan. La versión paralela de este "no" que aparece en Colosenses 3:21 indica que los hijos amargados por las quejas continuas y las burlas[4] "se desalientan", son como un caballo falto de ánimo. Uno puede verlo en la forma que camina el caballo, y también en la mirada y postura de un niño desanimado.

Las críticas se expresan de muchas maneras, no necesariamente verbales. Algunos padres por principio jamás alaban a sus hijos: "Cuando felicito a alguien lo hago con sinceridad"; pero sucede que jamás lo hacen. Hay quienes se limitan a una felicitación vaga y vacilante, como la que recibe el muchacho que ha hecho un gol en un juego de fútbol: "Eso estuvo muy bien, hijo, pero la próxima vez trata de hacerlo mejor."

A menudo no son las palabras, sino el tono de la voz o la falta de atención lo que lo dice todo. ¿Por qué algunos padres son tan criticones? Quizás se deba a la forma como ellos mismos fueron tratados por sus padres. O quizás sean criticones que lo disimulan muy bien en público, pero que no pueden controlar sus críticas en medio de la presión de las relaciones familiares. Para estos padres, la Palabra de Dios es como una flecha que va directo al corazón: "No exasperen a sus hijos con sus críticas."

La severidad excesiva

Algunos padres exasperan a sus hijos siendo demasiado severos y dominantes. Pero éstos necesitan recordar que criar hijos es como tener en la mano una pastilla de jabón húmeda: si se la agarra con mucha firmeza saldrá disparada de la mano, y si no se la agarra bien se deslizará y caerá. Por tanto, agarrar con suavidad, pero con firmeza, es lo que le permitirá a uno mantener el control.

Resulta imposible calcular los estragos causados durante tantos años por la severidad excesiva dentro de la comunidad cristiana evangélica. Como pastor he tenido que enterrar a personas que vivieron prácticamente todos los setenta años de su vida despotricando contra el severo legalismo con que fueron criadas, pastillas de jabón escapadas de la mano que nadie supo cómo recoger. Otros casos no fueron tan trágicos. Lo que hicieron fue renunciar al legalismo bíblico y teológico, pero aún siguieron luchando emocionalmente con el problema por el resto de su vida.

¿Por qué algunos padres son tan estrictos? Algunos lo son porque tratan de proteger a sus hijos de una cultura cada vez más ordinaria, y las medidas represivas parecen ser la mejor forma de lograrlo. Otros son sencillamente personas dominantes que utilizan normas, dinero, amigos o su influencia para controlar la vida de sus hijos. Para estos padres, la Biblia leída de modo legalista y fuera de contexto se convierte en una autorización para adueñarse y dominar a sus hijos. Y hay otros que interpretan mal su fe en términos de la ley antes que de la gracia. Algunos padres son excesivamente estrictos porque les preocupa la opinión de los demás: "¿Qué pensarán los demás si mi hijo va a ese lugar ...o usa esa ropa ...o es visto escuchando esa música?" No son pocos los hijos de pastores que se volvieron rebeldes porque sus padres los reprimieron para conformarlos a las expectativas de los creyentes. ¡Qué pecado tan grande contra nuestros hijos!

Entonces, lo que tenemos que hacer es más bien desempeñar nuestra función de padres sosteniendo firmemente a esas diminutas y desvalidas pastillas de jabón que son nuestros hijos, y a medida que crecen ir aflojando la mano inteligentemente. Como padres cuidadosos tenemos que decir "no" a muchas cosas. Por eso debemos tratar de decir "sí" lo más posible, y reservar los "no" para las situaciones verdaderamente importantes.

Debemos ser bíblicos en cuanto a nuestros "no", y a medida que nuestros hijos crezcan debemos estar preparados para analizar las normas según las perspectivas bíblicas. Debemos aprender a confiar en que Dios nos dirigirá en la crianza de nuestros hijos, reconociendo que ellos tendrán finalmente que aprender a tomar sus propias decisiones.

Padres, no exasperen a sus hijos siendo demasiado estrictos. Aprendan a agarrar la vida de sus hijos con la tierna presión de la mano de Dios y a moldearlos con su amor.

La irritabilidad

Lo hemos visto ¡y hasta quizás hecho! El padre llega a casa después de un día de presiones, preocupado, con el semblante arrugado. Su pequeño hijo de tres años llega corriendo hasta él, pero el papá está ocupado desahogándose con su esposa y le dice: "Un momento, Jaimito."

El niño tira de los pantalones del padre, pero no obtiene ninguna atención. Entonces el padre explota, lo levanta y le pega duro por "mal educado". Sólo el Señor sabe cuántos niños se desaniman por los "días difíciles" de sus padres.

La vida es a veces como la tira cómica en la que el jefe está de mal humor con su empleado. Éste, a su vez, llega a casa y está irritable con sus hijos; entonces, uno de éstos patea al perro; el perro sale corriendo a la calle y muerde a la primera persona que ve, ¡al jefe de su amo!

Nosotros, los padres, nunca debemos permitir que las presiones nos lleven a este triste ciclo ¡pues el costo es demasiado alto!

*Hay quienes dicen que a todos tratas bien,
pero que cuando estás en casa eres peor que la hiel.*

¡Sus hijos lo saben!

Las inconsecuencias

Pocas cosas exasperan tanto a un niño como las inconsecuencias de sus padres. Pobre del caballo montado por alguien que le da órdenes confusas, hundiéndole las espuelas a los lados y reteniéndolo con las riendas al mismo tiempo. Pero más pena da del niño al que un padre caprichoso le cambia las normas todo el tiempo y que está siempre irritado por los mensajes contradictorios que recibe.

Usted puede perdonarse a sí mismo diciendo: "¡Estoy demasiado ocupado... No soy una persona organizada ... Es que reacciono sin pensar!" Pero sus hijos no se lo perdonarán.

Sea consecuente: ¡Jamás haga a sus hijos promesas que no piensa cumplir! ¿Recuerda algo que nunca cumplió? ¿Aquel paseo a caballo? ¿Ir a la heladería o al estadio de béisbol? Usted puede haberlo olvidado, pero tiene a un niñito que lo seguirá recordando aun después de transcurridos ochenta años.

El favoritismo

Uno de los pecados más irritantes y condenables que puede cometer un padre contra sus hijos es el favoritismo. Y digo esto a pesar de ser el último en recomendar un trato indiscriminado para todos los hijos. Hay hijos que necesitan más disciplina, y otros que necesitan más independencia. Algunos necesitan más que otros que se les diga lo que tienen que hacer. Algunos necesitan de más demostraciones de afecto que otros. Pero ningún hijo debe ser tratado mejor que otro.

El favoritismo fue el odioso pecado de Isaac, quien prefirió a Esaú por sobre Jacob. Irónicamente, el favoritismo fue también el abominable pecado de Jacob, quien prefirió a José por sobre sus demás hijos. ¡De tales padres que muestran favoritismo, tales hijos despreciados! ¡Qué humillante para un hijo saberse menos preferido, menos amado!

El gran "no" de la paternidad es: "No provoquen a ira a sus hijos." La vida nos enseña que los "no" que se derivan de eso son los siguientes:

- No sean criticones.
- No sean demasiado estrictos.
- No sean irritables.
- No sean inconsecuentes.
- No muestren favoritismo.

LOS "SÍ" DE LA PATERNIDAD

Al "no" de la paternidad le sigue un "sí": "…sino criadlos en la disciplina y amonestación del Señor"; el cual, bien entendido, exige tres "sí": *ternura, disciplina y enseñanza*.

La ternura
Las palabra "criadlos" significa "nutrir o alimentar", como en Efesios 5:29, que contiene las mismas palabras griegas de cómo sustenta y cuida el hombre su propio cuerpo. Calvino traduce "criadlos" como "amadlos generosamente" y recalca que la idea de conjunto es que hablemos a nuestros hijos con amabilidad y simpatía. [5]

Cuando era un adolescente, el padre de mi mejor amigo era todo un hombre. Había servido durante treinta y dos años en la Guardia Costera como suboficial ayudante de contramaestre. Era un hombretón, y en su juventud se había enfrentado en boxeo a Joe Luis. Los oficiales se adelantaban a saludarlo cuando lo veían en la calle. Podía a veces ser rudo y revoltoso, ¿pero saben cómo llamaba a su hijo, que pesaba ciento veinte kilos? "David querido." Yo era para él "Kent querido", y que me llamara así no me preocupaba en absoluto. En realidad, me hacía sentir muy bien. Él no era de los que creía que "los hombres machos no muestran afecto". En realidad, todavía besa a su hijo adulto, que también es todo un hombre.

Los padres debemos ser tiernos. Los hombres nunca son tan varoniles como cuando son tiernos con sus hijos, ya sea sosteniendo a un bebé en sus brazos, mostrándole amor a su muchacho aún en edad escolar, o abrazando a sus hijos adolescentes o adultos.

He aquí una afirmación del filósofo cristiano Elton Trueblood, que amplifica el principio:

> Todo niño necesita saber que su padre y su madre se aman, independientemente de su relación con él. Es responsabilidad del padre hacer que su hijo sepa que él está profundamente enamorado de la madre del niño. No hay ninguna razón valedera para que las demostraciones de afecto se oculten o se hagan en secreto. ¡El niño que crece sabiendo que sus padres se aman tendrá una magnífica base para su propia estabilidad![6]

La ternura – tanto verbal como física – resulta natural para todo padre que somete a la Palabra de Dios. ¿Estamos dando la talla en esto?

La disciplina

Luego está la "disciplina". Esta es una palabra fuerte que significa "disciplina, aun mediante el castigo". Pilato utilizó la misma palabra cuando refiriéndose a Jesús dijo:"Le soltaré, pues, después de castigarle" (Lucas 23:16). La disciplina incluye, por supuesto, el castigo físico, de ser necesario. Significa que abarca todo lo necesario para ayudar a "instruir al niño en su camino" (Proverbios 22:6).

La tragedia es que son tantos los hombres que han dejado esta responsabilidad a la madre de sus hijos, y esto no sólo es una injusticia para con la madre, sino que además priva al niño de la seguridad y de la dignidad que surge de haber sido disciplinado por el padre.[7] ¿Deja usted la disciplina de sus hijos a su esposa? Si es así, eso constituye una lamentable violación de su responsabilidad familiar. ¡Usted no está obedeciendo la Palabra de Dios!

La enseñanza

Por último está la enseñanza o "amonestación". Esto significa enseñanza verbal o exhortación verbal. La palabra "amonestar" significa literalmente "colocar ante la mente". Esto, por lo general, significa confrontar y tiene que ver, por tanto, con el punto anterior de la disciplina. Esta es precisamente la razón por la cual el sacerdote Elí fracasó tan aparatosamente como padre en la educación de sus hijos. 1 Samuel 3:11-13 nos dice:

> Y Jehová dijo a Samuel: He aquí haré yo una cosa en Israel, que a quien la oyere le retiñirán ambos oídos. Y aquel día yo cumpliré contra Elí todas las cosas que he dicho sobre su casa, desde el principio hasta el fin. Y le mostraré que yo juzgaré su casa para siempre por la iniquidad que él sabe; porque sus hijos han blasfemado a Dios, y él no los ha estorbado.

La palabra griega "estorbar", de la Septuaginta (versión griega del Antiguo Testamento), tiene la misma raíz de la palabra "amonestación" de Efesios 6:4. Elí no se *enfrentó* a sus hijos, ni los *amonestó* por su pecado, y por eso fueron destruidos.

La amonestación clara y directa es necesaria para una buena educación. Si hemos de confesar de plano nuestra responsabilidad como padres, debemos:

- Participar verbalmente en la enseñanza de nuestros hijos.
- Hacer que participen regularmente en el culto familiar y que oren.
- Estar pendientes y responsabilizarnos junto con nuestra esposa en cuanto a todo lo que entre en su mente impresionable.

- Responsabilizarnos de ayudar a que su participación en la iglesia sea una experiencia significativa.
- Sobre todo, asegurarnos de que el libro abierto de nuestra vida - nuestro testimonio - muestre la realidad de nuestra enseñanza, pues lo que vean en nosotros será su mejor enseñanza.

En las postrimerías de su vida, a los ochenta y un años de edad, a Evangeline Booth, que todavía se desempeñaba como general del Ejército de Salvación, le preguntaron cuándo quiso por primera vez ser parte del Ejército de Salvación:

—Desde muy joven —respondió—. Veía todo el tiempo a mis padres (fundadores del Ejército de Salvación) trabajando para la gente y llevando sus cargas, día y noche. Ellos no tuvieron que decirme ni una palabra en qué consistía el cristianismo.'

Los "sí" de la paternidad -ternura, disciplina y enseñanza - exigen algo muy grande, como cierto médico muy ocupado comprobó. Este hombre se sentaba a la mesa con su familia, se encargaba de todos los gastos de la casa y decía lo que se debía hacer, pero sin realmente prestar atención a los problemas de la familia. Una tarde, mientras preparaba un artículo para una prestigiosa revista de medicina, su pequeño hijo entró silenciosamente al santuario prohibido que era la habitación de estudio de su padre.

— Papi — dijo el niño.

Sin decir una sola palabra, el médico abrió una gaveta del escritorio y le dio un caramelo.

Un poco después el niño volvió a decir:

— Papi.

Su padre, distraído, le alargó entonces un lápiz.

— Papi — insistió el niño.

El médico respondió a esto con un gruñido, dando a entender que sabía que el niño estaba allí, pero que no quería ser molestado.

— Papi — dijo una vez más el niño.

Enojado, el atareado médico dio media vuelta a su silla y dijo:

—¿Qué cosa es tan importante que insistes en interrumpirme? ¿No ves que estoy ocupado? Ya te ha dado un caramelo y un lápiz. Ahora, ¿qué más quieres?

—¡Papi, quiero estar contigo!

Los "sí" de la paternidad no se pueden ejercer por medio de los demás. Usted tiene que participar acostando usted mismo a sus hijos y orando por ellos y con ellos. Usted tiene que participar en sus juegos, en sus conferencias, en sus presentaciones teatrales y musicales, y en sus competencias deportivas.

Tiene que sacar tiempo para estar a solas con cada uno de sus hijos. Tiene que responsabilizarse de planificar fabulosas vacaciones familiares y de promover y fortalecer la solidaridad familiar.

Ahora que me encuentro en la mitad de la vida, a veces pienso con melancolía a dónde se escapó el tiempo entre los dos recuerdos imborrables que fueron el nacimiento de mi hija y el nacimiento de su hijo. Para ser sincero, algunos de estos años fueron lentos y difíciles, y en numerosas ocasiones pensé que jamás podría hacer frente a tantos problemas. Pero cuando esos grandes acontecimientos se recuerdan con el significado que tuvieron, no parece haber transcurrido nada de tiempo entre ellos. Por eso, cada vez que tengo la oportunidad de tener a un bebé en mis brazos, animo a sus padres a saborear cada momento y a no ejecutar de prisa la experiencia, pues en un abrir y cerrar de ojos el niño ya habrá crecido. El saber que disponemos de apenas un breve tiempo para criar a nuestros hijos, debe ser motivación más que suficiente para hacerlo de la mejor manera posible y para que la enseñanza de la Palabra de Dios en cuanto a la responsabilidad paternal vibre de importancia para nosotros.

El tiempo es la crisálida de la eternidad, pues no hay más tiempo que el presente. Estoy consciente de que todos atravesamos períodos de nuestra vida en los que disponemos de poco tiempo para dedicarnos a nuestra familias, es parte del ritmo natural de la vida. Pero el excesivo "atareo" no debe ser a propósito ¡como resulta tan a menudo! Debemos tener cuidado de no llenar nuestra agenda diciendo "sí" a cosas que significan "no" a nuestras familia. Precisamente ahora es el momento de sacar tiempo para ella. ¡No hay otro! ¿Lo hará? ¿Lo haré yo?

Debemos juzgar nuestro desempeño como padre. ¿Qué le dice su corazón al leer las preguntas que siguen a continuación? ¿Es usted un buen padre o un mal padre?

- ¿Está usted siempre criticando a sus hijos, o los estimula?
- ¿Es excesivamente estricto o razonablemente estricto? Es decir, ¿les permite gradualmente a sus hijos mayor libertad?
- ¿Es impaciente o irritable, o paciente y mesurado en su trato con sus hijos?
- ¿Es consecuente en cuanto a lo que espera de ellos?
- ¿Ha cumplido con lo que les ha prometido?
- ¿Muestra favoritismos?
- ¿Es tierno tanto con sus hijos como con sus hijas?
- ¿Participa en su disciplina?
- ¿Pasa tiempo con sus hijos, tanto en familia como individualmente?

¡Qué poder tan imponente el de nosotros los padres! Nuestros hijos desean el "magnetismo y el afecto" de sus padres. ¡El corazón de nuestros hijos está volcado hacia nosotros! Y nuestro Señor quiere que el nuestro esté volcado hacia el de ellos. Escuchamos esa verdad gloriosamente proclamada por el ángel Gabriel al anunciar que parte de la misión de Juan el Bautista de preparar al pueblo para el encuentro con el Señor había sido "hacer volver los corazones de los padres a los hijos" (Lucas 1:17). Ahora que Cristo ha venido, este es el resultado permanente de su obra salvadora. Cuando un hombre se entrega verdaderamente a Cristo, su corazón se vuelve hacia sus hijos.

Sométase a Cristo. Permita que Él vuelva el corazón de usted hacia sus hijos. Y pídale al Espíritu Santo el poder para poner en práctica la disciplina paternal. Esfuércese por el alma de sus hijos.

Alimento para pensar

¿Qué esperaba o quería de su padre? ¿Ha sucedido esto? ¿Por qué sí o por qué no? ¿Qué esperan o quieren sus hijos de usted? ¿Sucede esto? ¿Por qué sí o por qué no?

¿Está viviendo el "no" y el "sino" de Efesios 6:4?

Como padre, ¿es demasiado estricto o demasiado clemente? ¿Qué puede hacer, en la práctica, para llegar a ser más equilibrado en esta área?

¿Comete siempre el mismo error que Jacobo y José (favoritismo)? ¿Cómo puede dejar de hacer esto? ¿Qué debe tomar su lugar?

¿Qué enseña Proverbios 22:6 acerca de criar hijos? ¿Servirá todavía este principio de la Escritura en el mundo actual?

¿Qué error cometió el sacerdote Elí con relación a sus hijos? ¿Cómo le va en esta área? ¿Cómo puede mejorar?

La aplicación/Respuesta

¿De qué habló le Dios más específicamente, más poderosamente en este capítulo? ¡Háblale a Él acerca de eso en este momento!

¡Piensa en esto!

Has una lista de algunos de los atributos de su Padre Celestial, como están descritos en la Biblia. ¿Cuál de éstos debe ser imitado por usted como padre terrenal? Enumera las maneras específicas en que cada uno de éstos deba practicarse en su vida con sus niños. Después, comparte tus hallazgos con sus hijos e hijas.

5

LA DISCIPLINA DE LA AMISTAD

HA HABIDO un cambio interesante en la arquitectura de los suburbios. Muy lejos están los días en que todas las casas tenían grandes portales en el frente con fácil acceso a la puerta de entrada, lo que le permitía rápidamente a las personas conocer a las demás del vecindario.

Sin embargo, desde la década de los años noventa tenemos una arquitectura que expresa más nuestros valores actuales. Ahora la parte más destacada de una casa norteamericana típica parece ser el garaje para dos o tres automóviles. Las casas tienen en su interior enormes salas de baño con claraboyas y roperos gigantes más grandes que la habitación donde crecí. La arquitectura moderna diseña ahora salas de estar, comedores y cocinas más pequeñas porque la hospitalidad ya no es una prioridad. Las casas modernas exhiben patios más pequeños y es cada vez mayor el número de las que se hallan rodeadas de cercas altas.

El antiguo dicho de que "la casa de un hombre es su castillo" se está convirtiendo hoy en una realidad. La explanada del castillo es su césped de la entrada; el puente levadizo es su acceso a la calle; la compuerta de defensa es la puerta automática del garaje a través de la cual pasa con una heráldica electrónica. Una vez dentro, el hombre se quita su armadura y se posesiona de su castillo hasta el amanecer del día siguiente cuando se coloca nuevamente su armadura ejecutiva y, maletín en mano, se monta sobre su corcel –quizás un Mustang– presiona un botón y sale raudo a dar nuevas batallas.

Los hogares de hoy reflejan nuestros valores modernos de individualismo, aislamiento y privacidad.

Hay una cueva
en el aire detrás de mi cuerpo

Que nadie va a tocar un claustro,
Un silencio rodeando
A un capullo de fuego.[1]

¡Ya no es raro que uno no conozca ni siquiera a los vecinos! La familia norteamericana promedio se muda cuatro veces en toda su vida, aun cuando no lo determine su trabajo. Las personas cambian de residencia buscando ese evasivo "algo". Nos faltan raíces, continuidad y comunidad, todo lo cual quiere decir que la amistad, sobre todo la amistad profunda, está atravesando tiempos difíciles.

Esto es particularmente cierto en lo que se refiere a los hombres. Alan Loy McGinnis, autor del éxito de librería *La amistad: Factor decisivo en las relaciones humanas,* dice que los principales psicólogos y terapeutas norteamericanos calculan que sólo el diez por ciento de todos los hombres tienen realmente amigos.[1] Una investigación que duró diez años, hecha entre cinco mil hombres y mujeres, por Michael McGill, y publicada en 1985, lo corrobora. Dice el investigador:

> Decir que los hombres no tienen amigos íntimos puede sonar aparentemente muy duro ...Pero los datos indican que esto no está alejado de la realidad. Aun los amigos más íntimos (que son pocos) rara vez se aproximan a la profundidad de intimidad que una mujer tiene por lo general con muchas otras mujeres ...Los hombres no aprecian la amistad.[3]

¿Cuál es la razón de esto? nos preguntamos.

Todos sabemos que los hombres, por naturaleza, no se relacionan tanto como las mujeres. La amistad entre los hombres se centra típicamente en las actividades que realizan, mientras que la de las mujeres tiene que ver con la participación de sus sentimientos. Los hombres no revelan sus sentimientos o debilidades tan fácilmente como las mujeres. Ellos se preparan para el desempeño de alguna actividad y característicamente ven a sus amistades como a conocidos en vez de relaciones. Asimismo, los hombres temen ser considerados sospechosos de alguna conducta anormal si los demás se dan cuenta de que tienen una amistad íntima con otro hombre. Y hay, por supuesto, algunos que sufren del error machista de creer que "los hombres que son hombres de verdad no necesitan de los demás".

Desafortunadamente, los que piensan así se defraudan a sí mismos, a su esposa, a sus hijos y a la iglesia, porque jamás llegarán a ser lo que Dios quiso que fueran.

Esta manera de pensar no comprende la sabiduría de las Escrituras ni de la vida. Poco después de haber creado a Adán, Dios dijo: "No es bueno que el hombre esté solo" (Génesis 2:18). Aunque esto está relacionado directamente con la creación de Eva, es a la vez una afirmación ontológica fundamental en cuanto a la naturaleza del hombre, que es, quiéralo o no, un ser relacional, cuyo crecimiento y significado se encuentra en sus relaciones.

Cristo es nuestro ejemplo. Todo su ministerio estuvo centrado en su profunda amistad con los doce apóstoles, a los que llamó "amigos" (Juan 15:13-15), y también con el círculo íntimo de tres de ellos, con los cuales formó una amistad aún más profunda. Ante ellos descubrió los sentimientos más profundos de su corazón.

Ser cristiano es tener una relación con el Dios Trino por medio de Cristo y de su Cuerpo, la Iglesia. Dios llega a ser nuestro Padre, y nosotros nos convertimos en hermanos y hermanas por toda la eternidad. ¡Esto es relaciones! La advertencia "no dejen de reunirse, como algunos tienen por costumbre" (Hebreos 10:25) fue, y es, un llamado a las relaciones y a la amistad con los demás creyentes. Por lo tanto, la amistad no es algo opcional.

Si usted está casado, su esposa debe ser su amiga íntima; pero decir "mi esposa es mi mejor amiga" puede ser una forma de escabullirse. Usted necesita también de la amistad de hombres cristianos que tengan la comprensión, por ser de su mismo sexo, de los sinuosos pasadizos de su corazón, los cuales no sólo podrán aconsejarlo y orar por usted, sino también ante los cuales tendrá usted la responsabilidad moral de responder por su conducta, de ser necesario. Consideremos seguidamente un ejemplo excelente de esta clase de amistad.

UNA GRAN AMISTAD

Si alguna vez hubo un hombre "de verdad, verdad", ese fue Jonatán; y si ha habido un hombre que ha sentido la necesidad de un amigo, ese fue Jonatán. El dominio filisteo sobre Israel era tan absoluto en esos días, que no permitían que hubiera herreros en Israel por temor de que fabricaran espadas y lanzas para los israelitas. En realidad, en toda la nación había sólo dos espadas: la del rey Saúl y la de su hijo Jonatán.

Todo Israel se encontraba muerto de miedo, en un estado de depresión y desesperación; todos, salvo Jonatán. Éste veía las cosas de otra manera. Él creía que si era la voluntad de Dios, Israel se salvaría, aun con unos pocos. De manera que, mientras que otros miraban hacia abajo, él miraba hacia arriba y veía a un Dios grande y glorioso que podría liberarlos cuando lo considerara conveniente.

Armado de esta convicción y de su espada, Jonatán y su paje de armas atacaron solos un regimiento de filisteos. Sus impetuosas palabras lo dicen todo: "Ven, pasemos a la guarnición de estos incircuncisos; quizás haga algo Jehová por nosotros, pues no es difícil para Jehová salvar con muchos o con pocos" (1 Samuel 14:6).

Seguro de que Dios los entregaría en sus manos, Jonatán lanzó sin ayuda de nadie un ataque horripilante. Fue una embestida cuerpo a cuerpo, de hombre a hombre. La sangre se mezclaba con la tierra y el hueso vivo brillaba bajo el sol mientras Jonatán despedazaba y acuchillaba a atacante tras atacante, hasta que veinte filisteos quedaron esparcidos sobre una aterradora casi media hectárea de terreno. ¡El Jonatán cubierto de sangre era todo un hombre de pelo en pecho!

La proeza de Jonatán dio firmeza y determinación a su pueblo, y esto produjo una rebelión y un tiempo de optimismo para Israel. Pero con el subsiguiente pecado y rechazo de Saúl, Israel se vio aun peor que antes (capítulos 15-17), y Jonatán estaba más solo que nunca. Aun su gran corazón se vio afectado, ya que él también tembló frente a Goliat. No había nadie en Israel que tuviera sus mismos propósitos, pensaba, hasta que se encontró con David. No podía creer lo que oía cuando David decía al gigante:

> Tú vienes a mí con espada y lanza y jabalina, mas yo vengo a ti en el nombre de Jehová de los ejércitos, el Dios de los escuadrones de Israel, a quien tú has provocado. Jehová te entregará hoy en mi mano, y yo te venceré y te cortaré la cabeza …y toda la tierra sabrá que hay Dios en Israel. Y sabrá toda esta congregación que Jehová no salva con espada y con lanza; porque de Jehová es la batalla, y él os entregará en nuestras manos. (1 Samuel 17:45-47)

¡Entonces David corrió a toda velocidad hacia Goliat y le clavó una piedra de medio a medio en la frente! David, todo manchado de sangre, sostenía la voluminosa cabeza ensangrentada y hablaba tranquilamente con Saúl, el padre de Jonatán. Por fin, éste había encontrado a alguien cuyo corazón estaba sintonizado con el suyo: había encontrado *un amigo*.

Lo que siguió después fue el florecimiento de una profunda amistad viril, una de las amistades más alabadas por toda la literatura universal. Como tal, proporciona los elementos esenciales y la mejor enseñanza en cuanto a lo que caracteriza a una amistad auténtica.

La reciprocidad de la amistad

El primer elemento presente en la gran amistad que hubo entre David y Jonatán fue la reciprocidad de sus almas, como dice llanamente el relato: "Aconteció que cuando él hubo acabado de hablar con Saúl, el alma de

Jonatán quedó ligada con la de David" (1 Samuel 18:1). Literalmente dice que "el alma de Jonatán se fundió con el alma de David".[4] Jonatán se dio cuenta de que David veía la vida desde su misma perspectiva divina (de que Dios es soberano y hace lo que quiere, y toda la vida ha de vivirse para Él). Y cuando vio esto, su alma deliberadamente se abrazó fuertemente a la de David. ¡Había encontrado un hombre cuyo corazón latía con el suyo!

Esto es lo que normalmente ocurre cuando hay una amistad profunda. No es que los amigos estén siempre de acuerdo en todo, pues con frecuencia sucede precisamente lo contrario. Pero sí tienen la misma perspectiva y el mismo concepto de la vida. Esta es la razón por la cual la amistad entre cristianos supera todo lo que hay entre los no creyentes, porque esa amistad está fundada sobre una reciprocidad de almas que es sobrenatural. Es una amistad en la que el Espíritu Santo hace que las almas canten en coro el mismo pregón.

- Aceptan la misma autoridad.
- Conocen al mismo Dios.
- Marchan en igual dirección.
- Anhelan las mismas cosas.
- Sueñan los mismos sueños.
- Ansían las mismas experiencias de santidad y adoración.

El alma de Jonatán se fundió con la de David. Uno sabe cuando esto se produce, y es maravilloso.

El amor de la amistad

A la reciprocidad de sus almas siguió el amor, como lo indica la frase siguiente: "Y lo amó Jonatán (a David) como a sí mismo" (v. 1). Esta es una afirmación asombrosa por su inmediatez. Este amor no se desarrolló en un mes, ni en un día, ¡sino en un instante! Todo se debió a que la ardiente alma de David satisfizo la profunda necesidad que había en la de Jonatán: "¡Al fin he encontrado a alguien que es como yo!" En realidad, Jonatán amó a David como a sí mismo, y al hacerlo estaba amando a su prójimo como a sí mismo, cumpliendo así con la ley de Dios.

Este amor daría grandes dividendos, porque el amor sincero y generoso está dotado de un poder de atracción irresistible. David sería también atraído a este mismo amor, como veremos.

El compromiso de la amistad

La asombrosa reciprocidad de alma de Jonatán y la inmediatez de su amor fueron seguidos por un compromiso profundo: "E hicieron pacto Jonatán y David, porque él le amaba como a sí mismo. Y Jonatán se quitó el manto que llevaba, y se lo dio a David, y otras ropas suyas, hasta su espada, su arco y su talabarte" (vv. 3,4).

¡Qué escena espiritual tan sublime, el simbolismo de un alma noble! Jonatán, el hijo del rey, está de pie humildemente, vestido sólo con su ropa interior, mientras que el joven pastor se pone el manto y las armas del príncipe. La acción de Jonatán fue de honra, igualdad y vulnerabilidad. Llevar puesto el manto de un rey era un inmenso honor, como lo revela el pedido funesto de Amán de ponerse el manto del rey de Persia y desfilar por las calles (Cf. Ester 6:6-9). Al despojarse simbólicamente de sus vestiduras, Jonatán estaba aboliendo formalmente la condición de pastor de ovejas de David, y colocándolo lado a lado como su igual. El desprenderse de sus ropas y de sus armas era una demostración consciente de vulnerabilidad y un peligro real. Su gesto shakesperiano significaba: "Mi vida por la tuya", y Jonatán tenía toda la intención de que así fuera.

Pudiéramos preguntarnos: ¿Es una amistad tal en realidad posible fuera de las páginas sagradas de la Biblia? Después de todo, ambos hombres era unos gigantes espirituales. Pero consideremos lo que sucedió cuando una veinteañera, Anne Sullivan, llegó a Tuscumbia, Alabama, para dar clases privadas a una niña ciega y sorda, Helen Keller, que sólo podía emitir sonidos propios de animales y que con frecuencia sufría de accesos destructivos de furia. Durante varias semanas, Anne trató de abrirse paso en la mente de la niña, hasta el memorable 5 de abril de 1887 – un día que Helen Keller describió sesenta años más tarde – cuando la niña se encontraba sosteniendo un cubilete bajo el surtidor, mientras Anne bombeaba agua hacia él, utilizando su otra mano para deletrear una y otra vez: a-g-u-a. ¡Y Helen repentinamente entendió!

Esta diría más tarde: "Destello tras destello de comprensión volaba de su mano a la mía y, milagrosamente, surgió el afecto." [5]

Anne Sullivan dio casi toda su vida a Helen Keller. A la edad de diez años, Helen estaba escribiendo a personalidades de Europa en francés. Llegó a dominar cinco idiomas y exhibió dones mucho mayores que los de su maestra. No obstante, Anne Sullivan seguía consagrada a Helen, sentada al lado de su famosa alumna en Radcliffe College,★ deletreando en su mano cada palabra de la clase. El afecto y la dedicación de Anne Sullivan por Helen Keller jamás cambiaron. Le satisfacía ser su amiga y quien la alentaba, para verla convertida en una reina.

Las amistades más profundas tienen en común ese deseo de hacer que la otra persona se sienta como toda una soberana. Buscan y se regocijan por la exaltación y los logros de la otra persona. En tales amistades no hay hipocresía ni tampoco el deseo de manipular; tampoco hay celos o exclusivismos, sino simplemente el deseo del mayor bienestar de la otra persona. Dostoievski tenía esto en mente cuando escribió: "Amar a una persona significa verla tal como Dios quiso que fuera."

¿Tiene usted la gran fortuna de tener un amigo de tal profundidad? ¿Hace que sus amigos se sientan como verdaderos soberanos?

La lealtad de la amistad

Jonatán mantuvo siempre una acérrima lealtad a David a medida que la amistad entre ellos crecía. Esto es sumamente admirable, porque después de su primer arrebato de conmovedora fidelidad a David, su padre le recordó (¡indudablemente más de una vez!): "Porque todo el tiempo que el hijo de Isaí viviere sobre la tierra, ni tú estarás firme, ni tu reino" (1 Samuel 20:31). Sin embargo, cuando Saúl habló mal de David, leemos que "Jonatán habló bien de David" (19:4), y en una ocasión llegó a convencer a su padre de que hiciera el juramento de no causarle ningún daño a David (una promesa que no cumplió).

Para que una amistad sobreviva es indispensable que exista la lealtad. ¿Cuántas amistades que estuvieron una vez bien cimentadas no han desaparecido por expresiones de deslealtad? Pascal lo expresó mordazmente: "Afirmo como un hecho, que si todos los hombres supieran lo que cada uno dice de los demás, no habría cuatro amigos en todo el mundo." Usted jamás sabrá lo que es una amistad profunda a menos que existan lealtad y confianza mutuas.

El estímulo de la amistad

Las constantes huidas ocasionadas por la persecución de Saúl, produjo en David períodos de depresión. Por ejemplo, cuando éste libró a la población de Keila que estaba en poder de los filisteos, se enteró de que los habitantes del pueblo estaban tramando entregarlo a Saúl, lo cual lo llevó a huir a Hores, al desierto, descorazonado y terriblemente desanimado. Pero Jonatán vino en su rescate: "El príncipe Jonatán salió en busca de David y lo halló en Hores, y lo alentó en su fe en Dios" (1 Samuel 23:16, La Biblia al Día). ¡Qué amigo tan maravilloso! "En todo tiempo ama el amigo, y es como un hermano en tiempo de angustia" (Proverbios 17:17). El estímulo de Jonatán fue algo más que "no te preocupes, que todo saldrá bien". El versículo

---

* Radcliffe College es un instituto universitario de ciencias humanísticas para mujeres en Cambridge, Massachusetts, asociado a la Universidad de Harvard.

antes citado dice literalmente: "Fortaleció su mano en Dios." Jonatán le hizo recordar a David el gran plan que Dios tenía para él, y que había llevado a Jonatán a poner su confianza en el joven pastor de ovejas. Eso indudablemente incluía consejos, oración y mutua adoración a Dios.

El apóstol Pablo experimentó un consuelo parecido, de su amigo Tito: "Pero Dios, que alienta a los desalentados, nos alentó con la llegada de Tito …el corazón me saltó de gozo" (2 Corintios 7:6,7), La Biblia al Día). Esto es lo que yo llamo "El toque de Tito", el toque valioso de un amigo que nos anima.

Al apuntar los hermosos elementos que sirvieron de base a la profunda amistad que hubo entre David y Jonatán reciprocidad, amor, compromiso, lealtad y estímulo - hemos observados que éstos procedieron principalmente de Jonatán. Pero no fue así todo el tiempo, ya que una reiterada devoción mutua comenzó a caracterizar la amistad de estos dos hombres extraordinarios. La cúspide de su devoción fue la promesa recíproca de ocuparse de la familia del otro, en caso de que alguno de ellos muriera (cf. 1 Samuel 20:14-17). "Yo me ocuparé de los tuyos, y tú te ocuparás de los míos" se prometieron. Hermanaron sus vidas y la vida de sus respectivos hijos entre sí. Más tarde, al reafirmar su pacto, "David lloró más" (20:41,42). Por lo visto, la amistad de Jonatán había llevado a David a insospechadas alturas de lealtad.

La amistad entre dos hombres ha alcanzado el cielo cuando se hacen tales promesas mutuas. Guardo en mi memoria el sagrado momento en que el mejor amigo que tuve cuando niño, casado y con hijos, se encontró conmigo y con mi esposa en un viaje de vacaciones a las montañas de Colorado, y me dijo después de una cena, tarde en la noche: "Kent, si algo llegara a ocurrirte, Judy y yo nos ocuparemos de Bárbara y los niños."

Aquello fue algo sagrado, a lo cual correspondí con mucho gusto.

UNA PÉRDIDA DOLOROSA

David estaba destinado a ser rey, y él y Jonatán hicieron planes para mantenerse juntos durante el reinado de David. Pero esto no habría de cumplirse, ya que Jonatán y sus hermanos murieron con su padre en los montes de Gilboa a manos de los filisteos. David quedó destrozado por el dolor, y en su aflicción compuso una endecha ordenando que todos los hombres de Judá la aprendieran. El lamento termina con estas palabras:

> ¡Cómo han caído los valientes en medio de la batalla! ¡Jonatán, muerto en tus alturas! Angustia tengo por ti, hermano mío Jonatán, que me fuiste muy dulce. Más maravilloso me fue tu amor que el amor de las mujeres.

¡Cómo han caído los valientes, han perecido las armas de guerra! 2 Samuel 1:25-27

El que David sintiera que el amor de Jonatán le había sido "más maravilloso que el amor de las mujeres" no lo habría dicho ¡de haber tenido un matrimonio monógamo feliz! Sus palabras son un testimonio de lo pobre que había sido la relación con sus esposas, el resultado inevitable del pecado de tener muchas mujeres (cf. Deuteronomio 17:17). Sin embargo, no hay aquí el más leve indicio de homosexualidad, sino simplemente la exaltación de una profunda amistad, por la reciprocidad de alma, compromiso, lealtad y estímulo de Jonatán, elementos que David jamás volvería a hallar en ninguna otra relación.

La amistad entre David y Jonatán nos ofrece lo que puede y debe ser una amistad profunda. C. S. Lewis afirmó: "La amistad ... es el instrumento mediante el cual Dios revela a cada quién lo que hay de hermoso en los demás."[6] Esto es en realidad lo que la amistad entre David y Jonatán nos enseña. Revela lo hermosa que puede ser nuestra amistad en una profunda relación viril afincada en Dios, y establece el modelo de toda amistad profunda.

DISCIPLINAS DE LA AMISTAD

La amistad está atravesando hoy tiempos difíciles. Pocos hombres pueden contar con verdaderos amigos, mucho menos con amistades profundas. El individualismo, la autonomía, la privacidad y el aislamiento son las cosas que dan prestigio; no así la amistad profunda, fiel y sensible. Esto es una gran tragedia, tanto para uno mismo como para la familia y la iglesia, ya que es mediante las relaciones que Dios quiere que lleguemos a ser lo que Él quiere que seamos. Pero la amistades profundas y las amistades en general (las amistades íntimas, las buenas amistades y las amistades ocasionales) hay que hacerlas, si las valoramos como debiéramos, y si practicamos algunas disciplinas sencillas en cuanto a la amistad.

Oración
Debemos orar específicamente para que Dios nos ayude a efectuar los cambios internos que amplíen nuestra capacidad de tener amigos; y debemos orar por la oportunidad de cultivar amistades. Es posible que estas peticiones en cuanto a tener amigos no se produzcan con naturalidad en la mente de la mayoría de los hombres, pero son peticiones que Dios se complace en responder, como bien lo atestiguan tanto mi propia experiencia como la de otros hombres

cristianos. ¿Quiere usted tener buenos amigos? La lógica espiritual dice que lo primero que hay que hacer es orar por eso.

Amabilidad

Un sabio anciano granjero estaba trabajando junto a un camino cuando cierta familia que se mudaba a un pueblo vecino se detuvo para preguntarle si ese pueblo era "amable". El granjero dijo que él no sabría decirlo. Pero las personas lo presionaron para que diera una respuesta, y entonces les preguntó cómo era el pueblo de donde venían. Ellos dijeron que era terrible; que la gente era mal educada y de mente estrecha. Entonces el anciano granjero respondió: "Así son exactamente en este pueblo."

No importa cuál sea nuestro temperamento, necesitamos poner de nuestra parte si deseamos tener amigos. Necesitamos estar conscientemente alegres. Necesitamos hacer preguntas. Necesitamos colocarnos a nosotros mismos en situaciones que propicien el surgimiento de amistades. Si usted asiste con regularidad a la iglesia, pero no hace más que asistir al culto matutino dominical, se estará privando a usted mismo y a la iglesia de la amistad tan desesperadamente necesitada por todos. Debemos hacernos presentes en los lugares donde podamos hacer amistades: la clase de adultos de la Escuela Dominical de la iglesia; los estudios bíblicos de los hogares; los estudios bíblicos para hombres; los grupos de desayunos para hombres; los retiros de hombres; y, sobre todo, el servicio en algún ministerio de la iglesia. Las mujeres aventajan considerablemente a los hombres en todo esto. Por lo tanto, debemos aprender de ellas para tomar la iniciativa.

Esfuerzo

Pocas de las cosas realmente valiosas de la vida ocurren por simple casualidad. Cuando ellas suceden es porque, por lo general, hemos reconocido su valor y nos hemos propuesto lograrlas. Uno puede alcanzar prácticamente cualquier cosa que desee si se lo propone. Si usted necesita ganar un millón de dólares, que necesita con urgencia, es muy posible que lo logre. Si usted quiere obtener un doctorado y está dispuesto a pagar el precio, podrá lograrlo. Por lo general, alcanzamos lo que nos empeñamos en lograr. Lo mismo ocurre con las amistades. Los que tienen amigos es porque les dan importancia a los amigos. Esa es la razón por la cual las mujeres tienen más amistades que los hombres.

Afirmación

Si nos empeñamos en afirmar a los demás, tendremos amigos. Mark Twain dijo: "Puedo vivir hasta dos meses con un cumplido." ¡Tenía razón! Yo tengo un amigo que me envía una nota de aprecio cada dos o tres meses para afirmarme y para estimular mi constancia. Los cumplidos tienen el tremendo poder de alentar a las personas. Prodiguemos felicitaciones sinceras y tendremos amigos.

Saber escuchar
Aun más, si usted se empeña en saber escuchar tendrá amigos. El ingenioso dicho "la elocuencia es de la audiencia" no sólo es válido en lo que se refiere a la oratoria pública, sino además a la conversación en general. ¡Sepa escuchar y será considerado conversador "brillante"! Además, los demás se darán cuenta de que ellos son importantes para usted, lo cual es clave para tener amigos.

Aceptación
La vida está llena de pequeños rechazos - de sonrisas sarcásticas, de indirectas, de silencios embarazosos, de ambientes impersonales - por lo que muchos se mantienen siempre a la defensiva. pero si nos disciplinamos para ser personas receptivas, los demás notarán la vivacidad de nuestra mirada, el gesto amable al asentir con nuestro movimiento de cabeza, la actitud de nuestra voz, y sabrán que somos receptivos. Un alma receptiva y abierta a todos es como una morada abrigada y bien iluminada en una oscura y fría noche de invierno.

Hospitalidad
Cuando pensamos en el mandamiento bíblico de practicar la hospitalidad, automáticamente pensamos en un mandamiento para las mujeres: "Esto es algo en lo que mi esposa, o mi madre o mi hija debe distinguirse. ¡Mujeres, escuchen la voz de Dios!" Y éstas lo hacen, para buen provecho de su alma. Pero el mandamiento es para ambos sexos. Son los hombres quienes deben tomar la iniciativa de ser hospitalarios (véase 1 Pedro 4:9), estén o no casados, pues si lo hacen, no sólo habrán comenzado a formar amistades sino que además pueden, sin saberlo, estar hospedando ángeles (cf. Hebreos 13:2).

Debemos rechazar el consenso cultural que hay en contra de la hospitalidad y practicar la amistad si queremos ser lo que Dios quiere que seamos. La Palabra de Dios exige una hombría contracultural capaz de generar una amistad profunda.

Necesitamos esforzarnos de verdad por tener relaciones, rechazar la tentación de nuestra arquitectura moderna con sus explanadas, puentes levadizos y compuertas de defensa, y vencer la tecnología de la autonomía, la tentación alienante de nuestros aparatos de televisión y grabadores de videocasetes.

La mayoría de nosotros los hombres necesitamos vencer el aislamiento que hay en nuestro corazón, porque el cristianismo es una relación con Dios y con su pueblo. La verdad de Dios se aprende y se vive con mayor realismo mediante nuestras relaciones. ¡La amistad tiene la promesa de la gracia!

Alimento para pensar

¿Qué podemos aprender sobre la amistad, de acuerdo a las declaraciones de Cristo acerca de que nosotros somos Sus amigos (Juan 15:13-15)?

"Si usted es casado, su esposa debe ser su amiga más íntima" ¿Está realmente de acuerdo? ¿Cómo dicha amistad se ha de mostrar (aparte de sexualidad)... crecer... mantenerse a pesar del estrés de la relación?

¿Qué verdades de la amistad cristiana son evidentes en la relación entre David y Jonatán (1 Samuel 14 -18)? Enumere tantas como puedas.

¿Ha experimentado usted el "Toque de Tito" (2 Corintios 7:6, 7)? En sus propias palabras, ¿qué es el "Toque de Tito"? ¿Cómo puede llegar a ser más como Tito? ¿Por qué algunos hombres escogen no llegar a serlo?

¿Qué tiene que ver la oración con sus amistades? Dios no forzará a alguien a ser su amigo, ¿o sí? ¿Qué enseñan 1 Pedro 4:9 y Hebreos 13:2 acerca de la amistad? ¿Cómo puede aplicar estas Escrituras a su vida?

La aplicación/Respuesta

¿De qué le habló Dios más específicamente, más poderosamente en este capítulo? ¡Háblale a Él acerca de eso en este momento!

¡Piensa en esto!

Enumera aquéllos a quien considera amigos buenos o cercanos. Después de que cada nombre, di por qué ve a esa persona como un amigo. Después, haga un resumen de lo que busca en los amigos y por qué valora tales relaciones.

EL ALMA

6

La Disciplina de la Mente

LA COMPLEJA CAPACIDAD del cerebro humano es objeto de asombro científico cada vez mayor. Sus doce mil a catorce mil millones de células nerviosas o neuronas son apenas una pizca de su complejidad, ya que cada célula tiene millares de ramificaciones, de modo que cada neurona puede estar conectada a diez mil otras neuronas vecinas, cada una de las cuales está constantemente intercambiando información. Estas doce a catorce mil millones de células cerebrales, con todas sus conexiones, convierten a la mente humana en una computadora incomparable. Se ha comparado la actividad de la mente humana con un millar de centrales telefónicas, cada una de las ellas lo bastante gigantesca como para dar servicio a la ciudad de Nueva York, todas funcionando a máxima velocidad, tanto recibiendo como enviando preguntas y mensajes. Dicho de otra manera, ¡hay más equivalente electrónico en el cerebro de una sola persona que en todas las estaciones de radio y televisión de todo el mundo, puestas todas juntas!

Al cerebro humano no se le escapa nada. Puede dar y recibir la más mínima información, desde concebir a un universo donde el tiempo sufre una curvatura hasta crear la textura polifónica de una fuga de Bach, o transmitir y recibir un mensaje de Dios mismo, hazañas que ninguna computadora podrá jamás llevar a cabo.

La vasta potencialidad de la mente humana alcanza su cúspide en la posibilidad que tiene de poseer la mente de Cristo mediante el ministerio del Espíritu Santo, una posibilidad confirmada por el apóstol Pablo, cuando dijo: "Mas nosotros tenemos la mente de Cristo", una mente que se renueva permanentemente (el. 1 Corintios 2:16 y Romanos 12:2). Ninguna computadora podrá jamás conocer el corazón de Dios o hacer sus obras.

Pero el misterio que reside en nuestra cabeza tiene esa capacidad. En realidad, para esto fue creada la mente del hombre: para tener la mente de Cristo.

Esa potencialidad cósmica de la mente del cristiano permite abordar el terrible escándalo de la iglesia moderna: el de los cristianos sin la mente de Cristo, cristianos que no piensan cristianamente, una triste realidad que se comprueba más en los hombres cristianos que en las mujeres cristianas, como veremos más adelante.

Ciertas voces proféticas han estado dando la alarma desde hace ya algún tiempo, como la del ex secretario general de la Organización de las Naciones Unidas, Charles Malik, quien dijo al distinguido auditorio presente en la dedicación del Centro Billy Graham de la universidad cristiana Wheaton: "Créanme, amigos, que la mente de los hombres de hoy se encuentra en dificultades abismales, quizá como nunca antes. Cómo poner orden en la mente partiendo de los saludables principios cristianos, de los cuales se forma e informa, es uno de los …temas de máxima importancia a considerar."[1]

Harry Blamires, en su muy comentado libro *The Christian Mind* [La mente cristiana] afirma que, a pesar de que los cristianos adoran al Señor y oran como cristianos, no piensan como cristianos. "La mente cristiana ha sucumbido ante la corriente secular con un grado de debilidad y cobardía jamás igualado en toda la historia del cristianismo."[2] En otro libro comenta que nuestra generación está sufriendo de anorexia religiosa, es decir, de una falta de apetito en cuanto a crecer en Cristo.[3]

El meollo del asunto es éste: ese serio escándalo se origina por nuestra disposición cada vez menor de programar debidamente los asombrosos instrumentos que Dios nos ha concedido. Los cristianos dejan a sus doce mil millones de neuronas sin protección, sin reflexión y sin disciplina.

Cuando vamos a la Palabra de Dios, nos damos cuenta de que los escritores bíblicos entendieron el problema de manera menos técnica, aunque personalmente más beneficiosa. Dice el libro de Proverbios (4:23): "Sobre toda cosa guardada, guarda tu corazón; porque de él mana la vida." "Porque cual es su pensamiento en su corazón, tal es él" (23:7). Es decir, la Biblia nos dice con toda razón que lo que metemos determina lo que sale; que la programación determina la producción.

EL PROGRAMA DIVINO

Entre los escritores del Nuevo Testamento, nadie entendió mejor esto que el apóstol Pablo. En efecto, en su epístola a los filipenses, después de hablar de resguardar el corazón, les receta su programa personal con unas palabras sublimes: "Por lo demás, hermanos, todo lo que es verdadero, todo lo honesto, todo lo justo, todo lo puro, todo lo amable, todo lo que es de buen nombre; si hay virtud alguna, si algo digno de alabanza, en esto pensad" (Filipenses 4:8).

Cada uno de los ingredientes de Pablo es categóricamente positivo. Lo verdadero, lo honesto, lo justo, lo puro, lo amable, lo de buen nombre, le hacen frente al análisis negativo. Cada ingrediente era, y es, materia de decisión personal, y lo que decidamos es de extrema importancia. Todos tenemos la capacidad de escoger un programa de pensamiento que produzca una mente cristiana.

Simpatizo mucho con las personas cuyo pasado se ha caracterizado por una serie de decisiones equivocadas, porque entiendo que si a través de los años uno ha escogido lo impuro, lo ilusorio y lo negativo, resulta muy difícil cambiar. Pero como estudioso de la Biblia no me doy cuartel a mí mismo ni se lo doy a nadie que trate de justificar su forma de ser actual por lo que ha sido su pasado. Hermanos: como cristianos podemos tener una mente cristiana. Es algo que está a nuestro alcance, y es nuestra obligación.

Al considerar cómo debiera el programa de Pablo hacer efecto en nuestra mente, la clara autoridad de la verdad que contiene exige nuestro decidido rechazo a asimilar todo lo que sea negativo: "Por lo demás, hermanos, todo lo falso, todo lo deshonesto, todo lo injusto, todo lo impuro, todo lo aborrecible, todo lo del mal nombre; si hay algo pecaminoso o indigno de alabanza, en eso no penséis." No es que Pablo fuera un ingenuo optimista irremediable, pues conocía muy bien el lado oscuro de la experiencia humana - como lo demuestra el primer capítulo del libro de Romanos - sino que había ,decidido que tal contenido no habría de ser parte de su programación mental.

Por lo tanto, debemos dejar sentada esta verdad como fundamental a nuestro cristianismo: una mente cristiana exige la negación consciente; una mente cristiana es algo imposible sin la disciplina del rechazo al mal.

Charles Colson refiere la vez que se sentó a cenar con el presidente de una de las principales redes de televisión de los Estados Unidos. Sintiendo la extraordinaria oportunidad que tenía de ejercer influencia sobre este hombre, le manifestó el desagrado que millones de cristianos estadounidenses tenían por los programas de sus estaciones de televisión. Consciente de que los ejecutivos de televisión tienen un profundo interés en el beneficio económico, Colson le insinuó que sería un buen negocio para sus plantas transmitir programas sanos para la familia.

— Después de todo — dijo Colson — hay cincuenta millones de cristianos en este país.

Se había hecho el desafío, y cuenta Colson lo siguiente:

> El ejecutivo me miró con aire burlón, pero le aseguré que se trataba de cifras recientes de una encuesta Gallup.
> — Lo que usted está sugiriendo, señor Colson, es que transmitamos más programas como, por ejemplo, *Carros de fuego*?
> — ¡Sí! — exclamé —. Esa es una excelente película con un maravilloso mensaje cristiano.
> — Bien — me dijo —, la CBS la transmitió en horario estelar hace pocos meses. ¿Está usted al tanto de los puntos que obtuvo en el sondeo de popularidad?
> De inmediato me di cuenta de que me había metido en un problema.
> Luego me dijo que esa noche, otra cadena de televisión, la NBC, había transmitido a la misma hora *On Golden Pond* [Los años dorados]. La película ocupó el primer lugar de sintonía con el veinticinco por ciento de toda la audiencia del país. Muy de cerca, en segundo lugar, con el veintidós por ciento estuvo *My Mother's Secret Life* [La vida secreta de mi madre], la historia de una madre que trataba de ocultar su vida pasada como prostituta.
> Y en un distante tercer lugar –como gran fiasco económico– estaba la CBS con *Carros de fuego*, con un doce por ciento de los televidentes. En realidad, entre las sesenta y cinco películas y espectáculos de esa semana, Dallas ocupó el primer lugar y *Carros de fuego* la posición número cincuenta y siete.
> — Entonces — dijo el ejecutivo —, ¿dónde están sus cincuenta millones de cristianos, señor Colson?
> Muy buena pregunta. ¿Dónde estamos?
> Si sólo la mitad de los cincuenta millones de cristianos norteamericanos hubieran estado viendo la película con el mensaje cristiano en el momento de la encuesta, *Carros de fuego* habría ocupado el primer lugar del sondeo. Pero la verdad preocupante - como lo demuestran tanto la televisión secular como la cristiana - ¡es que las preferencias televisivas de los cristianos no son diferentes de las de quienes no lo son!
> Ya que la televisión es un negocio, ésta da a sus clientes –el público– lo que ellos desean ver. La televisión noes sino un espejo de lo que somos nosotros mismos.[4]

Significa, entonces, que la comunidad cristiana está alimentando su computador colectivo con lo mismo que el resto del mundo. Según A. C. Nielsen, los aparatos de televisión de la familia norteamericana promedio están encendidos durante siete horas y siete minutos al día, y el espectador promedio pasa cuatro horas y media viendo televisión.⁵ La estadística en cuanto a los hogares religiosos es de apenas media hora menos.⁶ Un reconocido experto en televisión, el profesor Neil Postman, de la Universidad de Nueva York, dice que entre las edades de seis y dieciocho años, el joven promedio norteamericano pasa de quince a dieciséis mil horas frente al aparato de televisión; mientras que invierte sólo trece mil horas en el colegio!⁷ Postman dice que durante los primeros veinte años de su vida, el joven norteamericano habrá visto un millón de anuncios comerciales, es decir, ¡un promedio de mil por semana!⁸

En cuanto a los efectos de la televisión, los resultados son vergonzosos:
• Reduce la capacidad de concentración.
• Disminuye la competencia verbal.
• Debilita la capacidad de abstracción.
• Homogeniza adultez y niñez.

Para atraer y retener a su auditorio, la industria de la televisión siente que debe exhibir los temas prohibidos de la cultura: adulterio, promiscuidad sexual, homosexualidad, incesto, violencia y sadismo.⁹ Como resultado de eso, las cosas más bajas se vuelven comunes y hasta moralmente de buen tono.

Hay un contraste claro entre estas cosas y los antecedentes personales de los ejecutivos de televisión, al hacer una comparación con el público televidente. Sólo el siete por ciento de estos ejecutivos asisten regularmente a una iglesia, frente a un cincuenta y cinco por ciento de los televidentes; el cuarenta y cuatro por ciento de los ejecutivos no tiene ninguna afiliación religiosa, mientras que sólo el diez por ciento de los espectadores no la tienen.¹⁰ De modo que negar que haya una acometida consciente contra la mente de los cristianos y sus valores tradicionales, es como creer que Saddam Hussein está construyendo "un mundo más dulce y apacible".

Estoy consciente de la sabia advertencia en cuanto a evitar utilizar expresiones tales como "todo", "todos" y "siempre" en lo que digo, ya que es peligroso hablar en términos absolutos. Pero en cuanto a esto no tengo más remedio que hacerlo: Es imposible que un cristiano que pase la mayor parte de la noche, mes tras mes, semana tras semana, y día tras día, mirando los programas de televisión de las principales redes del país, o viendo los programas de video de la actualidad, tenga una mente cristiana. ¡Esto siempre es así en cuanto a todos los cristianos en toda situación! Un programa mental bíblico no puede existir con la programación del mundo.

Si queremos tener mente cristiana, hay ciertas cosas que debemos expulsar de nuestra mente, y esto se extiende, además de la televisión, a lo que leemos, escuchamos o nos divierte.

¿Quiere un buen consejo? Deje de ver televisión. ¡Lo digo con toda sinceridad! El no ver televisión dejará tanto tiempo libre, que será prácticamente imposible no convertirse en una persona más consagrada y mejor cristiana. ¡Hasta jugar al póker con los amigos le resultará a usted más provechoso porque, por lo menos, se estará relacionando con seres humanos!

No estoy sugiriendo un nuevo legalismo que prohíbe ver televisión. (Hay muchas cosas valiosas que vale la pena ver. Además, si bien es cierto que el cristianismo es contracultural por naturaleza, no es anticultural.) Pero el llamado que hago a los cristianos es que tenga el control de su mente, de lo que entra y de lo que sale. Si usted no es capaz de controlar lo que ve y lee, quizá deba evitarlo. "Por tanto, si tu ojo derecho te es ocasión de caer, sácalo, y échalo de ti" dice Jesús (Mateo 5:29). Mi esposa y yo decidimos criar a nuestros hijos sin permitirles ver televisión, precisamente por esa razón, y no tenemos nada que lamentar. Lo que nosotros hicimos no es algo que todos pueden hacer, pero quizás usted sí.

El salmista nos ofrece un sabio consejo a los que vivimos en esta era de la televisión: "En la integridad de mi corazón andaré en medio de mi casa. No pondré delante de mí cosa injusta" (Salmo 101:2b,3a). Tenemos que permitirle a Cristo ser el Señor de nuestro tiempo estelar.

Algunos hombres necesitan una conversación íntima con su esposa para buscar en espíritu de oración la voluntad de Dios en cuanto a eso. Y los que viven solos, y que tienen muchos problemas con sus pensamientos, necesitan igualmente buscar la voluntad de Dios, y también a alguien ante quien responder moralmente. No nos resignemos a ser como muchos cristianos, ni a tener una iglesia que sea como las demás. Procuremos ser diferentes porque tenemos una mente cristiana.

UNA PROGRAMACIÓN DELIBERADA

En el texto que hemos estado considerando, Pablo recomienda que concentremos nuestra mente en lo verdadero, lo honesto, lo justo, lo puro, lo amable y lo de buen nombre, y finaliza con este encargo agobiante: "En esto *pensad*" (Filipenses 4:18, cursivas añadidas). La palabra que utiliza es *logidzamai*, de la cual se deriva el término matemático, que suena a término de la computación, *logaritmo*. Significa una "...contemplación deliberada y prolongada, como si uno estuviera meditando en un problema matemático".[11] Sirva de ejemplo la manera como trato la correspondencia que recibo. Para ser sincero, la mayor parte la tiro al cesto de la basura. Veo quién es el remitente para ver si se trata de una publicidad comercial, quizás abro el sobre, paso la vista sobre unas cuantas líneas, y lo tiro. Pero si se trata de un catálogo deportivo, digamos, por ejemplo, el Catálogo Orvis, éste recibe mi deliberada y prolongada contemplación, sobre todo las excelentes cañas de pescar de grafito. Debemos pensar en los maravillosos ingredientes que Dios desea poner en nuestras computadoras. Dios nos llama a través de su Palabra a una sólida y positiva disciplina de la mente.

Las Sagradas Escrituras

Eso sólo puede producirse mediante una profunda confrontación con la Palabra de Dios y una incesante inmersión en ella, acompañados de la iluminación del Espíritu Santo, una confrontación que está al alcance de todos los cristianos, tanto los que pueden leer bien o no.

El teniente general William K. Harrison fue el militar más condecorado de la Trigésima División de Infantería, considerada por el general Eisenhower la mejor división de infantería de la Segunda Guerra Mundial. El general Harrison fue el primer norteamericano que entró a Bélgica, al frente de las fuerzas aliadas. Este militar recibió todas las condecoraciones al valor, salvo la Medalla de Honor del Congreso, habiendo sido honrado con la Cruz de Plata por Servicios Distinguidos, la Estrella de Plata, la Estrella de Bronce al Valor y la Condecoración del Corazón Purpúreo (fue uno de los pocos generales heridos en batalla). Cuando comenzó la Guerra de Corea, el general Harrison sirvió como Jefe del Estado Mayor del Comando de las Naciones Unidas y, por su testimonio de conducta y dominio de sí mismo, fue finalmente el escogido por el presidente Eisenhower para encabezar las largas y tediosas negociaciones para ponerle fin a la guerra.

El general Harrison fue todo un soldado que llevó una vida activa y extremadamente dinámica, y fue al mismo tiempo un hombre admirable que amaba la Palabra de Dios. A la edad de veinte años, siendo cadete de la Academia de West Point, comenzó a leer todo el Antiguo Testamento, y cuatro veces el Nuevo Testamento, en un año, y siguió haciéndolo hasta el fin de sus días. Aun en los momentos más reñidos de la guerra mantuvo esta responsabilidad en cuanto a sus lecturas, recuperando el atraso cuando era relevado por dos o tres días para reponerse de los combates, de tal manera que cuando terminó la guerra sus lecturas estaban al día.

A la edad de noventa años, cuando su vista ya no le permitía continuar con su disciplina de lectura de las Sagradas Escrituras, el general Harrison había leído ¡setenta veces el Antiguo Testamento y doscientas ochenta veces el Nuevo! Por tanto, no es de extrañar que su santidad y sabiduría fueran proverbiales y que el Señor lo hubiera utilizado durante dieciocho fructíferos años en la dirección de la Confraternidad de Militares Cristianos de los Estados Unidos.[12]

La historia del general Harrison nos enseña dos cosas: En primer lugar, que es posible, aun para los que estemos más atareados, alimentarnos sistemáticamente con la Palabra de Dios. Nadie pudo estar más ocupado o llevar una vida más exigente que el general Harrison.

En segundo lugar, su vida es demostración de una mente programada con la Palabra de Dios. Quienes trabajaron más estrechamente con él dicen que cada una de las esferas de su vida (hogareña, espiritual y profesional) y la solución a cada uno de los grandes problemas que enfrentó, fueron inspiradas por las Sagradas Escrituras. La gente se maravillaba del conocimiento que tenia de la Biblia y de la capacidad de utilizarla para todas las esferas de su vida.

El general Harrison vivió la experiencia del salmista:

¡Oh, cuánto amo yo tu ley!
Todo el día es ella mi meditación.
Me has hecho más sabio que mis enemigos
con tus mandamientos,
porque siempre están conmigo.
Más que todos mis enseñadores he entendido,
porque he guardado tus mandamientos.

(Salmo 119:97-100)

Usted debe recordar esto: No se puede jamás tener una mente cristiana sin leer la Biblia con regularidad, porque no se puede recibir influencia profunda de lo que se desconoce. Si uno está saturado de la Palabra de Dios, la vida puede estar inspirada y dirigida por Dios: nuestras relaciones familiares, la crianza de los hijos, la profesión, las decisiones éticas, la vida moral interior. ¡La manera de tener una mente cristiana es a través de la Palabra de Dios!

Por otra parte, debemos tener cuidado de no crear un legalismo en cuanto a la lectura de la Biblia, dando por sentado que los buenos cristianos leen toda la Biblia en un año. La Biblia en ninguna parte exige esto. Algunos simplemente no saben leer bien, ni de prisa, y la lectura rápida tampoco es la solución. Como dijo Lucy a Carlitos: "Acabo de tomar un curso de lectura rápida, y anoche leí *La guerra y la paz* ¡en una hora! …El libro se refería a Rusia."

Mi hermano, que sufre de dislexia aguda, y que tuvo la desgracia de asistir a la escuela mucho antes que se supiera bastante acerca de los problemas del aprendizaje, sólo aprendió a leer medianamente bien para arreglárselas con su oficio. Hace poco se hizo creyente y, con su nueva motivación de conocer la Palabra de Dios, adquirió cintas grabadas de la Biblia. Su esposa también le lee, y cada año que pasa lee mejor.

Sin embargo, la mayoría de las personas se dará cuenta de que leer toda la Biblia en un año es la mejor práctica, ya que sólo hace falta leer cinco páginas diariamente y ofrece una meta anual alcanzable. Hermano: sea cual fuere su capacidad de leer, usted debe leer y estudiar con regularidad la Palabra de Dios. Si se niega a eso, usted estará en realidad "recortando a Dios" en su vida y jamás tendrá una mente completamente cristiana.

En la segunda sección de Recursos de este libro, usted encontrará un plan detallado para leer en un año toda la Biblia. Lo animo a aprovechar estas oportunidades.

La literatura cristiana

Además de leer la Palabra de Dios, los cristianos debemos leer buenos libros. El genial entrevistador radial Dennis Prager, un hombre que se preocupa por estar bien informado, dijo en una reciente entrevista:

> Una cosa que he notado en cuanto a los evangélicos es que no leen. No leen la Biblia, no leen a los grandes pensadores cristianos, nunca oyeron hablar de Tomás de Aquino. Si son presbiterianos, jamás han leído a los fundadores del presbiterianismo. Eso no lo entiendo; como judío, eso me deja confundido. El mandamiento de estudiar es tan profundo en el judaísmo que nos sumergimos en el estudio. Si Dios nos dio un cerebro, ¿no es para que lo utilicemos en su servicio? Cuando visito el hogar de algún cristiano evangélico y veo un total de treinta libros, la mayoría de ellos éxitos de librería, no lo entiendo. Tengo estantes llenos de libros cristianos, y eso que soy judío. ¿Por qué tengo en mi biblioteca más libros cristianos que el noventa y ocho por ciento de los cristianos evangélicos? Eso me resulta extraño.[13]

Eso es algo extraño, sobre todo cuando nuestra entrega a Cristo implica creer en cosas que van más allá de las cosas superficiales de la vida. Lastimosamente, el mayor porcentaje del público cristiano que no lee está constituido por hombres, quienes compran apenas el veinticinco por ciento de todos los libros cristianos.[14]

Negarnos a nosotros mismos la riqueza acumulada a través de los siglos que se encuentra en los escritos de los santos es aceptar conscientemente la anorexia espiritual; pues los grandes escritos cristianos sirven para enaltecer, dramatizar e iluminar para nosotros los grandes misterios vivificantes. Otros que nos han precedido han transitado por las sendas que nosotros deseamos andar. Ellos han dejado escritos los escollos de la vida y puesto avisos de emergencia a lo largo del camino. También nos han dejado relatos de goces espirituales, que nos llevarán hacia adelante, hacia arriba.

Cuando me preparaba para hablar y escribir acerca del tema de la mente, envié por correo un cuestionario a treinta líderes cristianos, entre los que se encontraban Charles Colson, James Dobson, Carl F. H. Henry, J.I. Packer, Warren Wiersbe y Calvin Miller. Recibí veintiséis respuestas. El cuestionario contenía las siguientes cuatro preguntas:

1. ¿Cuáles son los cinco libros, seculares o religiosos, que han tenido mayor impacto sobre su vida?
2. De los libros seculares o religiosos que han influido en usted, ¿cuál es su favorito?
3. ¿Cuál es su novela favorita?
4. ¿Cuál es su biografía favorita?

Los libros devocionales o teológicos más mencionados fueron *Cristianismo y nada más*, de C.S. Lewis; *En pos de lo supremo*, de Oswald Chambers; *Institución de la Religión Cristiana*, de Calvino; *La búsqueda de Dios*, de A.W. Tozer; y *De la imitación de Cristo*, de Tomás de Kempis. Las biografías más mencionadas fueron *El secreto espiritual de Hudson Taylor*, de Howard Taylor y su esposa; y *Shadow of the Almighty* [La sombra del Todopoderoso], de Elizabeth Elliot. Las novelas favoritas fueron *Ana Karenina* de Leon Tolstoi, y *Los hermanos Karamazou*, de Fedor Dostoievski (la cual, por ejemplo, fue la favorita de Charles Colson, Wayne Martindale, Harold Myra, J.I. Packer y Eugene Peterson). Estos títulos constituyen una lista excelente de la cual escoger, si usted aún no ha hecho ninguna lectura cristiana seria.

Usted necesita llenar su mente de cosas buenas. No le estoy sugiriendo que se vuelva un fanático de la lectura (George Will, por ejemplo, puede leer dos abultados libros por semana). Pero haría bien si se fija como meta leer dos o tres buenos libros al año.

¡Qué instrumento tan asombroso se encuentra en el aproximadamente kilo y medio de masa cerebral ubicada en nuestra cabeza, un instrumento con mayor capacidad que un millar de centrales telefónicas de la bulliciosa ciudad de Nueva York! La mente humana es superior a todas las computadoras del mundo reunidas, porque puede tener la mente de Cristo, pensar con la mente de Dios, sentir con su corazón y hacer sus obras. ¡Qué tragedia tan grande es, entonces, tener esta mente y tenerla redimida, y a pesar de eso no tener una mente cristiana!

Debemos proteger nuestra mente. Debemos negarnos a permitir que nuestro entorno cultural decida nuestro programa. Debemos decir no a la fealdad que invade a nuestros hogares.

Y debemos hacer un esfuerzo consciente por someternos al Programador Divino mediante la lectura de su Palabra. Tiene que haber un poco de esfuerzo santo. "Ejercítate para la piedad; porque el ejercicio corporal para poco es provechoso; pero la piedad para todo aprovecha, pues tiene promesa de esta vida presente, y de la venidera" (1 Timoteo 17b,8). Comprométase en oración a leer y estudiar la Palabra de Dios.

Además de eso, lea los grandes libros de los que han partido antes que usted.

En oración, tome su decisión ahora mismo.

Alimento para pensar

¿Qué le dice una comparación de Harry Blamires ("La mente del cristiano ha sucumbido a la corriente secular con un grado de debilidad y no obstante sin comparación en la historia cristiana") y lo que dice Proverbios 4:23? ¿Son en verdad importantes las cosas que pensamos?

¿Qué dice Filipenses 4:8 acerca de la vida difícil? ¿Deberíamos tomar un enfoque a la vida al estilo venga lo que venga y negar el estrés y el peso de la vida? Si no, entonces, ¿qué enseña este pasaje?

¿Qué nos dicen Mateo 5:29 y Salmos 101:2, 3 acerca de una mente disciplinada? ¿Es realmente posible vivir en la práctica estos versículos día a día? ¿Cómo?

¿Qué puede hacer la Palabra de Dios para ayudarnos en esta área (ver Salmo 119:97-100)? ¿Haces tú lo que estos versículos ordenan? ¿Por qué sí o por qué no?

¿Ha leído toda la Biblia en un año (o aún en dos o tres años)? ¿Hará un pacto con Dios para hacer esto ahora, y así familiarizarse más con toda la Escritura y para oír mejor la voz de Dios cuando le habla a través de Su Palabra?

Nombra por lo menos tres o cuatro libros cristianos que han hecho un gran impacto en su vida. Después haga una lista de por lo menos dos libros cristianos que ha pensado leer. ¿Para qué fecha leerá estos libros?

La aplicación/Respuesta

¿De qué le habló Dios más específicamente, más poderosamente en este capítulo? ¡Háblale a Él acerca de eso en este momento!

¡Piensa en esto!

¿En qué maneras sabe que necesita una mayor disciplina mental? ¿Cuáles son sus luchas más fuertes en esta área, quizás la lujuria sexual? ¿Autocompasión? ¿Vivir en el dolor pasado? ¿Orgullo? ¿Preocupación? ¿Otro? ¿Qué puede hacer, de una manera práctica y espiritual, para experimentar crecimiento hacia la integridad en estas áreas?

7

La Disciplina de la Vida Devocional

A MEDIDA QUE mi comprensión personal de la vida interior se ha ensanchado, he aprendido que, además de los bien conocidos llamados a la oración, hay dos grandes razones humanas por las cuales tenemos la obligación de orar.

La primera es por lo que la oración hace a nuestro carácter. La oración es como un tiempo de exposición ante Dios. Nuestra alma funciona como placas fotográficas donde la imagen brillante de Cristo es la luz, de modo que cuanto más expongamos nuestra vida al refulgente y candente sol de su vida de rectitud (digamos, por ejemplo, durante cinco, diez, quince, treinta minutos, o una hora al día), tanto más abrasará su imagen nuestro carácter, imprimiéndonos su amor, su compasión, su verdad, su integridad, su humildad. Como ya hemos visto, esto fue lo que sucedió con el general Harrison, quien mantuvo una vida devocional disciplinada por más de setenta años, razón por la cual la gente decía que cuando estaban frente a él se sentía claramente la presencia de Cristo.

La segunda razón semejante es que la oración inclina nuestra voluntad a la voluntad de Dios. E. Stanley Jones, el mundialmente célebre misionero y hombre de oración, lo explicó así:

> Si lanzo una cuerda desde el bote y me afinco a la orilla, y luego tiro de ella, ¿halo hacia la orilla, o me acerco a ella? La oración no es halar a Dios para que Él haga mi voluntad, sino poner en línea recta mi voluntad con la suya.[1]

¡Qué beneficios personales tan irresistibles significan el tiempo invertido en la presencia de Dios en oración! En este punto está la desolación espiritual de nuestros tiempos. Como dice Dallas Willard en su libro *The Spirit of the disciplines* [La vitalidad de las disciplinas]: "El 'secreto a voces' de muchas iglesias 'bíblicas' es que apenas un reducido porcentaje de los que hablan de la oración…oran realmente."[2] Esto es particularmente cierto en lo que se refiere a los hombres, para nuestro propio mal y vergüenza. Conforme a lo que demuestran las estadísticas Gallup, los hombres son considerablemente menos inclinados a orar que las mujeres.[3]

Mi propia experiencia al hablar con pastores y otros ministros coincide con esto, porque muchos de ellos reconocen ingenuamente que su vida de oración es indisciplinada y hasta minúscula. A veces he escuchado lo que equivale a un intento por encontrar un triste consuelo en la confesión mutua de fracaso: "No eres el único. Igual me sucede a mí."

¿Cuál es la razón por la que tantos hombres fallan en su vida devocional personal? En parte, por la misma razón por la que cada vez asistimos menos a la iglesia y leemos menos: porque no somos tan espiritualmente sensibles y abiertos como las mujeres. También, porque los hombres estamos más dominados por una ética del trabajo que nos absorbe todo el tiempo y que nos hace sentir como galaxias a años luz de distancia de la meditación y la oración. Pero la mayoría falla simplemente porque no ha aprendido a cultivar la disciplina de la vida espiritual interior.

La enseñanza sobre la vida devocional en este capítulo, así como en el siguiente, referente a la oración, le ayudará si se lo propone de veras - a desarollar una vida interior fructífera.

Para comenzar, es necesario hacer algunas advertencias. En primer lugar, la vida devocional y de oración no puede estar reducida a unas simples reglas. Estas esferas de acción espiritual son demasiado dinámicas y personales para no hacer de ellas una reducción simplista.

Debemos, asimismo, estar prevenidos para no pensar que, porque acostumbramos orar siguiendo cierto orden (meditación, confesión, adoración, sumisión y petición), hay siempre un orden fijo para la oración, porque no lo hay ni nunca lo ha habido. Las circunstancias de la vida requerirán a veces que nos lancemos, directamente, a hacer una petición con: "¡Señor, ayúdame!" Otras veces pasaremos el tiempo de oración casi completamente en confesión, o en meditación, o en adoración.

Como ya hemos examinado en el capítulo anterior, leer la Biblia es fundamental para el desarrollo de una mente cristiana. Todo cristiano debe leer sistemáticamente la Biblia de principio a fin, una vez al año si es posible, a fin de que su mente esté permanentemente programada con información bíblica.

Habiendo entendido esto, sigue otro paso: la *meditación*, lo cual implica hacer personal e interno segmentos de la Palabra de Dios.

LA MEDITACIÓN

Escuchar

La meditación comienza con el ejercicio devocional de escuchar la Palabra de Dios. Eugene Peterson señala que el Salmo 40:6 contiene una excelente metáfora en el texto hebreo original, que enseña gráficamente la necesidad de escuchar. Dice literalmente: "Oídos has cavado para mí."[4] Lamentablemente para nosotros, ninguna traducción al español ha conservado la metáfora, prefiriendo parafrasearla con frases tales como: "Has abierto mis oídos" (versión Reina-Valera), o "Me has abierto los oídos" (versión Dios Habla Hoy). Sin embargo, el texto hebreo conserva el rico detalle metafórico de "cavado", el cual sugiere, sin la ayuda divina, una cabeza humana sin oídos. Es decir, "un idiota; con ojos, boca y nariz, pero sin oídos".[5]

Esta interesante metáfora de "oídos has cavado para mí", se produce en el contexto de una bulliciosa actividad religiosa, sorda a la voz de Dios: "Sacrificio y ofrenda no te agrada ...holocausto y expiaciones no has demandado." El problema era que los compañeros religiosos del salmista habían leído cómo realizar los ritos del sacrificio, pero no habían entendido el mensaje. Dios había hablado, pero ellos no escucharon.

Entonces, ¿qué hace Dios? Toma un pico y una pala y perfora los lados del duro "granito craneano" haciendo unas aberturas a través de las cuales pueda hacer llegar su Palabra a la mente y al corazón. El resultado es oídos que escuchan y el que escucha responde: "He aquí, vengo, en el rollo del libro está escrito de mí; el hacer tu voluntad, Dios mío, me ha agradado, y tu ley está en medio de mi corazón" (vv. 7,8). ¡Las palabras de la Biblia no son sólo para leerse sino además deben ser escuchadas. ¡Son palabras destinadas al corazón!

La importancia de que tengamos nuestros oídos horadados y abiertos se expresa por los labios de Jesús: "El que tiene oído, oiga..." (Apocalipsis 2:7, 11, 17, 29; 3:6, 13, 22). Necesitamos leer la Palabra de Dios, pero también debemos orar que el Señor perfore nuestra cabeza de granito para que podamos escuchar verdaderamente su Palabra.

Susurrar

Cuando el salmista habla de meditar en la ley de Jehová de día y de noche (Salmo 1:2) utiliza una palabra que en hebreo significa "susurrar".[6] Esta expresión era utilizada para explicar los susurros de los reyes del Salmo 2:1 y para los murmullos de las palomas en Isaías 59:11. En realidad, San Agustín tradujo el Salmo 1:2 así: "En su ley susurra de día y de noche."[7] La meditación es intrínsecamente verbal. Esto significa que el salmista memorizaba la Palabra de Dios, porque uno no puede susurrar continuamente la Biblia sin memorizarla, y viceversa.

Personalmente aplicado, esto nos dice que junto con nuestra lectura sistemática de la Biblia, debemos seleccionar pasajes particularmente significativos para susurrarlos con reverencia. A veces puede ser un solo versículo como, por ejemplo, Filipenses 3:10, cuyos cuatro énfasis me gusta susurrar:

> ...a fin de conocerle,
> y el poder de su resurrección,
> y la participación de sus padecimientos,
> llegando a ser semejante a él en su muerte.

Leer pausada y devotamente la Biblia de esta manera ocupa los ojos, los oídos y la boca, y traspasa totalmente el granito, llevando al máximo la internalización y el fervor.

Secciones mayores, sobre todo los textos clásicos, se ajustan perfectamente a la meditación. Los Diez Mandamientos, con los primeros cuatro dirigidos a Dios, y los seis restantes, dirigidos al prójimo, deben ser susurrados con regularidad y con una introspección reverente (cf. Éxodo 20:1-17 y Deuteronomio 5:1-22). También están las ocho bienaventuranzas que se refieren consecutivamente a la pobreza en espíritu, al lamento por el pecado, a la mansedumbre, al hambre y sed espirituales, a la misericordia, a la pureza de corazón, a los pacificadores y a la persecución. El padrenuestro comienza con la percepción básica: "Padre nuestro que estás en los cielos" y luego presenta tres peticiones verticales y tres horizontales, un modelo perfecto de oración y testimonio. Hay innumerables posibilidades, entre las que está el llamado pasaje *kenosis*,★ Filipenses 2:5-11, que comienza diciendo: "Haya, pues, en vosotros este sentir que hubo también en Cristo Jesús..."

Otras porciones para la meditación son las parábolas de Jesús, los salmos y los dichos agudos de Santiago. Tanto los pasajes prácticos como los insondables pueden proporcionar material divino para el susurro reverente del alma.

Los efectos de la meditación son excelsos y se traducen en:
- *Avivamiento*: "La ley de Jehová es perfecta, que convierte el alma" (Salmo 19:7a).
- *Sabiduría*: "El testimonio de Jehová es fiel, que hace sabio al sencillo" (Salmo 19:7b); "Oh, cuánto amo yo tu ley! Todo el día es ella mi meditación. Me has hecho más sabio que mis enemigos con tus mandamientos, porque siempre están conmigo" (Salmo 119:97,98).

- *Aumento de la fe*: "Así que la fe es por el oír y el oír, por la palabra de Dios" (Romanos 10:17).

Podemos ser desafiados, convencidos de culpa y alegrados con el llamado a la meditación. La pregunta es: ¿Cómo lograrlo? La Biblia dice que la meditación debe ser continua, y que debemos meditar "día y noche" (Salmo 1:2; cf. 119:97), y aun estando despiertos de noche sobre la cama (Salmo 63:6; 119:148). Idealmente, debemos hacer de la meditación parte de nuestra vida devocional normal, utilizando el tiempo a solas para susurrar reverentemente la Palabra de Dios. Pero aun nuestros colmados horarios pueden ser interrumpidos con una meditación bíblica, en el automóvil, en el receso para almorzar, o esperando el autobús. Escoja un texto selecto, escríbalo en una tarjeta y póngalo en su bolsillo. Sáquelo en esos momentos libres. Susúrrelo. Medítelo. Invóquelo. Dígalo. Anúncielo.

La disciplina de la meditación es un imperativo. Moisés dijo a Israel al finalizar su Cántico: "Aplicad vuestro corazón a todas las palabras que yo os testifico hoy. Porque no es cosa vana; *es vuestra vida*" (Deuteronomio 32:46-47, cursivas añadidas).

LA CONFESIÓN

La vida devocional no puede mantenerse sin la confesión, la cual puede hacerse en cualquier momento. Idealmente, debe hacerse cada vez que pequemos. Pero con demasiada frecuencia somos demasiado soberbios y estamos emocionalmente cargados, lo que nos impide reconocer nuestro pecado en el momento que lo cometemos, por ejemplo, cuando perdemos el control en una discusión. Pero la vida devocional es imposible si estamos sobrecargados de culpa.

La confesión espontánea

Si hemos aplazado admitir ante el Señor que hemos pecado, es posible que tengamos que hacer confesión de eso antes de iniciar nuestro tiempo devocional. También hay la posibilidad de que, durante la meditación bíblica, o aun durante el tiempo de adoración, otros pecados escondidos salgan a la luz. Por tanto, nuestros momentos devocional es deben estar llenos de confesión reiterada. Es aleccionador notar que el Salmo 139, que medita

---

* Kenosis es un vocablo griego que incluye la idea de "vaciarse"; es un antiguo término teológico cristiano que se refiere a la encarnación de Cristo.

sistemáticamente en la omnipotencia y omnisciencia de Dios, concluye con una oración pidiendo la divina investigación del alma del salmista:

> Examíname, oh Dios, y conoce mi corazón; pruébame y conoce mis pensamientos; y ve si hay en mí camino de perversidad, y guíame en el camino eterno.
>
> (Salmo 139:23,24)

También Isaías, cuando estuvo adorando, clamó en confesión: "¡Ay de mí! que soy muerto; porque siendo hombre inmundo de labios, y habitando en medio de pueblo que tiene labios inmundos, han visto mis ojos al Rey, Jehová de los ejércitos" (Isaías 6:5).

La confesión sistemática

Aunque comprendemos que la confesión debe ser espontánea, nuestra disciplina devocional debe también incluir la confesión sistemática. En primer lugar, debemos confesar lo que somos, la realidad ontológica de que realmente somos pecadores. Romanos 3:9-20 es el texto que me ha resultado más útil en cuanto a este punto, ya que reiteradamente afirma que somos pecadores, que, en realidad, todo nuestro ser está corrompido por el pecado. Es de suma importancia que regularmente hagamos esta confesión porque, como hombres regenerados que estamos haciendo algunos progresos en cuanto al crecimiento espiritual, es pecaminosamente natural suponer falsamente que hemos dejado atrás nuestra condición, un engaño que prueba nuestra mismísima depravación.

En segundo lugar, debemos confesar nuestros pecados específicos. Sugeriría hacer una lista de nuestros pecados, ya que el acto de escribirlos nos ayuda a materializar esta realidad personal. C.S. Lewis dijo: "Debemos poner delante de Dios lo que está en nosotros, no lo que tiene que estar dentro de nosotros."[8] Después de hacerlo, debemos confesar cada pecado por su horrible nombre, y luego agradecer a Dios por su perdón, gracias a la sangre de su Hijo Jesucristo.

Es poco todo lo que se diga en cuanto a la importancia de la confesión para la vida devocional. "Si en mi corazón hubiese yo mirado a la iniquidad, el Señor no me habría escuchado" (Salmo 66:18; cf. Proverbios 28:13). El pecado no confesado hace que los cielos parezcan de plomo. En cambio, la confesión no sólo abre los cielos, sino que también acrecienta nuestra intimidad con Dios, como instó Francois Fénelon:

> Dígale a (Dios) todo lo que hay en su corazón, de la misma manera que uno descarga su corazón ante un amigo querido... Las personas que no ocultan secretos a los demás, jamás carecen de temas de conversación; no...

miden sus palabras, porque no hay nada que guardar. Tampoco buscan algo que decir; hablan de la abundancia de su corazón, sin miramientos, diciendo lo que piensan… Bienaventurados los que logran esa relación familiar y sin reservas con Dios.[9]

LA ADORACIÓN

Las disciplinas devocionales deben culminar con nuestra adoración sublime a Dios. Esto comienza con la debida sensación de temor reverente ante la presencia del Dios que conocemos y servimos.

La reverencia

La reverencia debe caracterizar siempre nuestra proximidad a Dios. La mayoría de los cristianos podrían servirse del terror que le sobrevino a Lutero, "el terror de la Infinitud"[10] que le vino con fuerza repentina estando en el altar, ¡porque nuestro acceso al terrible Dios del cielo es real!

Además de reverencia, debe haber concentración. Nuestra mente debe estar funcionando. Martín Lutero dijo: "Para estar repitiendo palabras en oración mientras su corazón esté lejos es un afronta contra Dios… cualquier cosa, si se va a hacer bien, requiere todo el hombre, su mente y todas sus facultades."[11]

Pero la reverencia y la concentración debe estar ligado a un espíritu humilde con su meta final de la adoración al quien merece toda la honra y la gloria. (Apocalipsis 4:11; cf. 5:9-13)

La contemplación

En el mismísimo corazón de la adoración está la contemplación. Son numerosos los salmos que nos invitan a contemplar a Dios en toda su creación. Nunca insinúan que Dios está en su creación, sino que su perfección se observa en las obras que creó. El Salmo 29, por ejemplo, da gloria a Dios a través del medio visual de una gran tormenta con truenos y relámpagos. El Salmo 19 comienza con estas palabras majestuosas: "Los cielos cuentan la gloria de Dios, y el firmamento anuncia la obra de sus manos. Un día emite palabra a otro día, y una noche a otra declara sabiduría" (vv. 1,2). ¡Escuchen a Dios hablar a través de su macrocosmos, dice el salmista! Por contraste, el Salmo 129 alaba la omnisciencia (vv. 1-6), omnipresencia (vv. 7-12) y omnipotencia (vv. 13-16) de Dios en el microcosmos de la mente y del cuerpo humano.

La naturaleza irradia y revela la gloria de Dios. Los mismísimos árboles lo hacen si nos tomamos el tiempo necesario para darnos cuenta de eso. Quizás usted habrá *mirado de veras* y tenido la experiencia que tuvo Annie Dillard, viendo al árbol que está en su patio como lo que realmente es: Una creación llena de luces, "cada una de sus células susurrando con destellos", y usted ha quedado "derribado y sin aliento", con el corazón quebrantado y maravillado por las cosas de Dios.[12]

Recuerdo la vez que me encontraba pescando en el Cabo San Lucas, en la desembocadura del Mar de Cortés, en un día despejado y sin viento, bajo un sol cuyos maravillosos rayos danzaban rítmicamente sobre el agua de color azul y platino. Recuerdo cuando me deslizaba a una ensenada color de esmeralda rodeada por un desierto de cactos, llevando puesto un tubo de respiración. Me dirigía a un mundo donde se mezclaban el verde, el azul turquesa, el amarillo y el rosado, otro mundo con un ritmo más acompasado y apacible. También recuerdo la puesta del sol, con su rojo vivo del Océano Pacífico, mientras nos encontrábamos sentados sobre la arena contemplando las estrellas de la época de verano. Yo estaba, sin duda alguna, viendo a Dios a través de su obra. Ese mismo día me maravillé viendo su creación de los animales acuáticos: a las siempre presentes gaviotas en su vuelo; un mar al parecer interminable y compacto de marsopas y de atunes con colas de color amarillo; un pez espada listado deslizándose sobre su cola y aterrizando de nuevo estrepitosamente sobre el agua, como un caballo que caía postrado.

Luego está el microcosmos: un bebé recién nacido, con sus ojos y boca bien abiertos, y sus brazos extendidos a la vida, la corona de la creación de Dios. La mente del bebé es una asombrosa computadora, que registra prácticamente todo lo que experimenta. Sus ojos transmiten una increíble cantidad de información, primero a través de la córnea, luego a través del cristalino, donde la imagen da contra la retina estimulando simultáneamente a ciento veinticinco millones de terminaciones nerviosas. Eso es procesado a través de millones de micro interruptor y encauzado hacia el nervio óptico, el cual contiene un millón de fibras aisladas unas de otras (para que no se produzca un cortocircuito). Cuando la información llega al cerebro, comienza otro proceso igualmente complejo, todo lo cual se lleva a cabo ¡en una milésima de segundo! De la misma manera, los oídos del bebé están tan adaptados a las vibraciones que lo rodean que un día escuchará la música. ¡Qué Dios tan grande es el Dios que tenemos!

> No tomes, oh Señor, en forma literal nuestro "Señor",
> sino que con tu excelsa y perpetua palabra interpreta nuestra débil metáfora.[13]

Los teólogos han descubierto que en toda la Biblia hay alrededor de ciento veinte atributos divinos (aunque no hay consenso sobre el número). La contemplación de los atributos de Dios ha sido una vía tradicional para la' adoración. Pasar veinte días consecutivos con un libro tal como *The Knowledge of the Holy* [El conocimiento del Altísimo], de A. W. Tozer, en el cual dedica tres páginas a cada atributo de Dios - su aseidad o auto existencia, su eternidad, su infinitud, su omnipresencia, su gracia, su santidad, para nombrar sólo unos pocos - puede trasladar nuestra alma a la gloria.[14]

Por último, la contemplación y la meditación se confunden al contemplar a Dios mediante sus poderosas obras descritas en la Biblia. Tomemos, por ejemplo, la transfiguración del Señor, de la cual podemos leer en Mateo 19 y Marcos 9. Visualicemos lo que sucedió. Veámoslo desde la perspectiva de los discípulos: Jesús tiene por marco un millar de estrellas estivales y sus ropas son de un blanco resplandeciente. En lo alto están las constelaciones de la Osa Mayor y Las Pléyades, ¡y Jesús mismo resplandece como una estrella! O veamos la transfiguración desde la perspectiva de Jesús: su gloria ilumina los rostros de su aterrado círculo de discípulos íntimos; su mismísima imagen glorificada moviéndose ante sus asombrados ojos. Veámoslo. Toquémoslo. Oigámoslo. Saboreémoslo. Participemos en el relato y caigamos de hinojos a sus pies, en adoración, junto con Pedro, Juan y Jacobo.

Esa contemplación pudiera también hacerse con acontecimientos tales como la encarnación, muerte y resurrección de Jesús, o con los admirables portentos de Dios en el Antiguo Testamento, tales como la marcha de los israelitas a través de las aguas divididas del mar Rojo, o la predicación fervorosa de Jonás después de haber sido librado del vientre del gran pez.

Hay mucho material para la meditación reverente entre Génesis 1 y Apocalipsis 22.

La adoración

La devoción llega a su apogeo cuando la reverencia y la contemplación dan como resultado una admiración ardiente, la cual, a su vez, prorrumpe en acción de gracias y alabanzas en palabras y cánticos. Jonathan Edwards describe esta experiencia de la manera siguiente:

> Sentía en mi alma un anhelo vehemente por Dios y por Cristo, y después de eso por más santidad, con lo cual mi corazón parecía estar henchido y a punto de estallar …Pasaba la mayor parte del tiempo pensando en las cosas divinas, año tras año, caminando a menudo solo por los bosques y lugares solitarios, meditando, en soliloquio, orando y conversando con Dios; y era siempre mi costumbre en ese tiempo cantar libremente mis meditaciones…
> La oración me parecía tan natural como respirar, y a través de ella daba salida al ardor que había en mi corazón.[15]

Al adorar al Señor, podemos orar o leer, o cantar su Palabra. Para esto los salmos vienen a la perfección, ya que son un manual de adoración. Por ejemplo, los Salmos 146 al 150, es decir, los últimos cinco salmos, comienzan y terminan con un "aleluya" (esto es, con un "alabad"). Y el Salmo 150 dice "alabadle" en cada una de sus frases.[16]

Hay también unos cuantos himnos estupendos en el Nuevo Testamento, por ejemplo en Lucas, comenzando con el Magnificat de María (Lucas 1:46-55). En el Nuevo Testamento están también el himno cristológico de Colosenses 1:15-18 y los himnos encarnacionales de Juan 1 y Filipenses 2, así como los himnos celestiales de Apocalipsis 4 y 5.

Y, naturalmente, está la música de la iglesia. Se considera universalmente la música de Bach como meditación cristiana puesta en forma de música. Los himnos y los cánticos espirituales de la Iglesia son la fuente más rica de alabanza poética puesta en música, con letra de compositores de la talla de Bernardo de Clairvaux, Paul Gerhardt, Carlos Wesley, Isaac Watts, George Herbert y John Donne. Pudiéramos mencionar, además, las hermosas canciones basadas en la Biblia, que han surgido en la actualidad, muchas de ellas puestas muy convenientemente en primera persona.

Nuestro tiempo devocional privado debe elevarse en alabanza lírica improvisada desde nuestro corazón que adora: "Señor, te amo y te doy gracias por ... Señor, glorifica tu nombre a través de mí..." Debemos leer y cantar piadosamente salmos y canciones e himnos espirituales al Señor.

Que la mente de mi Salvador
    viva en mí sin jamás fenecer,
Que su amor y poder hoy
    dirijan mi decir y mi hacer.

Kate B. Williamson

Probamos tu sabor,
    oh Pan de Vida,
y ansiamos comerlo sin medida.
De ti bebemos, oh Fuente sin igual.
Anhelan nuestras almas tu sed en ti apagar.

Bernardo de Clairvaux

Si todo el mundo natural yo poseyera y a ti lo diera,
    muy poco eso sería. Tu amor por mí, tan grande, tan divino,
    exige que te entregue mi ser, toda mi vida.

Isaac Watts

Tú eres digno, tú eres digno, tú eres digno, oh Señor,
de recibir la gloria, la gloria y el honor, la gloria, el honor y el poder;
Porque tú has creado todas las cosas creadas,
todas las cosas por ti han sido creadas
y por tu voluntad han sido creadas,
pues tú eres digno, digno, oh Señor, lo eres.

Pauline Michael Willis

Te amo, mi Señor, y levanto mi voz para adorarte.
Cuán grande el gozo que en mi alma existe.
Alégrate, mi rey, en lo que oyes.
Que sea un sonido grato a tus oídos.

Laurie Klein

Evidentemente, las posibilidades de alabar al Señor son infinitas, una verdad que experimentaremos toda la eternidad.

La sumisión

¿Conduce la adoración a algo más? Sí, a la consagración de nuestro cuerpo, de toda nuestra vida, como acto supremo de adoración. Así fue como Isaías coronó su gran experiencia con Dios: "Heme aquí, envíame a mí" (Isaías 6:8).

De la misma manera, después que el gran apóstol Pablo entona con reverencia la doxología: "Porque de él, y por él, y para él, son todas las cosas. A él sea la gloria por los siglos. Amén" (Romanos 11:36), de inmediato nos invita a la sumisión al Señor: "Así que, hermanos, os ruego por las misericordias de Dios que presentéis vuestros cuerpos en sacrificio vivo, santo, agradable a Dios, que es vuestro culto racional" (Romanos 12:1).

Tomás de Kempis hacía de esto la primera parte de su tiempo devocional diario, utilizando la plegaria de sumisión: "Como tú quieras; lo que tú quieras; cuando tú quieras."[17]

Nuestro tiempo devocional debe finalizar con la rendición consciente al Señor de cada parte de nuestra personalidad, de todo deseo, de toda relación, y de toda esperanza. Una vez que lo hayamos hecho, habremos llegado a la cúspide de nuestra adoración personal.

Tal como fue advertido al comienzo, la vida devocional no puede ni debe reducirse a unos cuantos principios como la meditación, la confesión, la adoración y la sumisión, ni tampoco ser puesta en una camisa de fuerza sistemática. Habrá veces en que sintamos sólo la necesidad de confesión y sumisión. En otras, la adoración puede ocupar la mayor parte del tiempo, o el tiempo devocional podrá limitarse a la petición solamente. Habrá veces en que todo eso no tomará más de veinte minutos.

Pero una cosa es cierta: Nada de esto podrá hacerse si no hay disciplina. La razón por la que muchos hombres no tienen una vida devocional eficaz es porque no se han disciplinado para eso. No saben lo que es porque nunca han apartado tiempo para ver en qué consiste. No oran porque no apartan tiempo. Por tanto, su personalidad no se elevará a la estatura de Cristo porque no han expuesto su vida a su luz pura; y su voluntad sigue siendo torcida porque no ha sido enderezada por su unión con el Señor.

La pregunta que habría que hacer a los hombres es una pregunta muy masculina: ¿Somos lo bastante hombres como para estar dispuestos a meditar? ¿A confesar nuestras faltas? ¿A adorar? ¿A someternos? ¿A esforzarse y a perseverar?

Alimento para pensar

¿Cuánto tiempo generalmente pasa conversando con Dios? En su opinión (sin utilizar clichés evangélicos), ¿por qué la oración es una parte importante en el caminar cristiano?

¿Qué Le sugiere la palabra meditación? ¿Por qué debe meditar en el Señor, Su Palabra y Su voluntad (compara Salmos 1:2; Apocalipsis 2:7, 11, 17, 29; 3:6, 13, 22)?

¿Qué tiene que ver la devoción con la confesión, y viceversa? Revisa Salmos 139:23, 24; 66:18 referente a esto.

¿En qué maneras se identifica con la confesión de Isaías en Isaías 6:5? Cuando se da cuenta de que Dios sabe todo acerca de las cosas, piensa y hace y dice, ¿se siente "arruinado"? ¿Por qué sí o por qué no? ¿Generalmente anda muy aprisa para "ver" a Dios u oír Su voz? ¿Qué puede hacer para tener más tiempo para Él?

¿Encuentra difícil encontrar tiempo para meditar, confesar, adorar, y rendirse conscientemente a Dios?

¿Qué barreras o distracciones le apartan de hacer estas cosas?

La aplicación/Respuesta

¿De qué le habló Dios más específicamente, más poderosamente en este capítulo? ¡Háblale a Él acerca de eso en este momento!

¡Piensa en esto!

¿Qué facetas de verdadera adoración encuentra en los siguientes pasajes variados de la Biblia: Salmos 146-150; Lucas 1:46-55; Apocalipsis 4-5; Isaías 6:8; Romanos 12:1? ¿Qué puede hacer para experimentar estos aspectos de adoración?

8

LA DISCIPLINA DE LA ORACIÓN

NUESTRO ESTUDIO anterior fue acerca de lo que da alas a la vida devocional (la meditación, la confesión, la adoración y la sumisión). Ahora, ya formadas estas alas y desplegadas en pleno vuelo, venimos a la petición, la ofrenda de nuestros ruegos a Dios. Tengo la esperanza de que este estudio nos enseñe y motive a una vida elevada de oración suplicante que haga descender el poder de Dios sobre nuestra vida y sobre la Iglesia.

El escenario bíblico del texto clásico en cuanto a la oración suplicante no podría ser más dramático: es el de un soldado preparándose para entrar en batalla. (Véase Efesios 6:11-17.) Su corazón palpita nerviosamente bajo su peto de metal. Mientras se calma y estabiliza, se ajusta el cinturón acorazado y restrega la tierra como lo hace el jugador de fútbol con sus botas tachonadas para probar su firmeza. El soldado se coloca una y otra vez el escudo sobre su cuerpo en preparación para los feroces ataques que vendrán. Premeditadamente se ajusta el yelmo, y cuidadosamente prueba el filo de su espada y luego la vuelve a envainar.

El enemigo se acerca y las espadas desenvainadas suenan con estremecedora cadencia, mientras los combatientes están firmes e inmóviles, respirando con espasmos de miedo.

Y entonces el soldado creyente hace la cosa más asombrosa: cae de rodillas en oración suplicante, intensa y profunda, porque ha obedecido la orden divina de atender a lo que Juan Bunyan llamó la "oración incesante".[1] La Biblia misma describe esta arma: "Orando en todo tiempo con toda oración y súplica en el Espíritu, y velando en ella con toda perseverancia y súplica por todos los santos" (Efesios 6:18).

La Biblia nos manda a considerar cinco elementos necesarios para experimentar plenamente el poder de la oración suplicante.

ORAR, EN EL ESPÍRITU

"Orando ...en el Espíritu" comienza diciendo Pablo, dándonos el primer elemento de la oración: la súplica en el Espíritu, o dirigida por el Espíritu. ¿Cómo se produce la *oración en el Espíritu*? Romanos 8:26,27 nos lo dice elocuentemente:

> Y de igual manera el Espíritu nos ayuda en nuestra debilidad; pues qué hemos de pedir como conviene, no lo sabemos, pero el Espíritu mismo intercede por nosotros con gemidos indecibles. Mas el que escudriña los corazones sabe cuál es la intención del Espíritu, porque conforme a la voluntad de Dios intercede por los santos.

El Espíritu Santo que mora en el creyente, por su profundo conocimiento superior ora por nosotros y se une a nosotros en la oración fundiendo su oración con la nuestra a fin de que "oremos en el Espíritu". Judas 20 nos exhorta a cultivar y experimentar este fenómeno maravilloso obrado por el Espíritu Santo: "Pero ustedes, amados míos, edifiquen sus vidas firmemente, cimentándolas sobre nuestra santa fe. Aprendan a orar en el poder y en la fuerza del Espíritu Santo" (La Biblia al Día). La voluntad de Dios es que oremos en el Espíritu, y Dios nos da el poder para que podamos cumplir con su voluntad, si se lo permitimos.

Aquí ocurren dos cosas sobrenaturales: En primer lugar, el Espíritu nos indica por qué cosas debemos orar. Sin la ayuda del Espíritu Santo, nuestras oraciones sufren una limitación por nuestro razonamiento e intuición personal. Pero con la ayuda del Espíritu Santo, ellas son iluminadas por el cielo. Al buscar la ayuda del Espíritu Santo, Dios nos dará su ayuda a través de su Palabra, la cual comunica su pensamiento en cuanto a todo asunto de principio. De ese modo, a través de la oración dirigida por el Espíritu Santo, se producirá una coincidencia entre los pensamientos de Dios y los nuestros. Sus deseos serán nuestros deseos; sus razones, las nuestras; y sus propósitos, los nuestros.

Además, cuando el Espíritu Santo nos dice por qué cosas orar, nos da la absoluta convicción de que tales cosas son la voluntad de Dios. Oswald Chambers, ex director de la Sociedad Misionera de Ultramar (antes conocida como la Misión al Interior de la China) dice a este respecto:

> El hecho mismo de que Dios coloca una carga de oración en nuestro corazón y nos mantiene orando por eso, es una evidencia a primera vista de que Él tiene el propósito de conceder la petición. Cuando le preguntaron a Jorge Müller, de Bristol (Inglaterra), si creía de veras

que los dos hombres por cuya salvación había orado durante más de cincuenta años se convertirían, respondió: "¿Usted cree que Dios me habría tenido orando por ellos durante todos estos años si no tuviera la intención de salvarlos?" Ambos hombres se convirtieron; uno, un poco antes que Müller murió; y el otro, después.[2]

No es nada raro tal confianza en la dirección del Espíritu Santo de nuestra vida de oración. Tuve la misma convicción en cuanto a mi hermano, que se entregó a Cristo después de haber estado orando por él ¡durante treinta años! Cuando el pueblo de Dios ora de verdad "en el Espíritu", recibe igual dirección y convicción, no sólo en cuanto a las personas, sino también en lo que tiene que ver con acontecimientos y proyectos, y aun con naciones enteras.

El segundo beneficio de "orar en el Espíritu" es que cuando se hace se logra la energía del Espíritu Santo en la oración, inspirando al cuerpo cansado y hasta enfermo, y animando al deprimido a orar con poder y convicción por la obra de Dios.

¡Aprendamos a orar en el Espíritu! Para ayudarme a mí mismo a hacerlo, he escrito "ora en el Espíritu" al comienzo de mi lista de oración, como un recordatorio permanente de que debo esperar pacientemente en el Señor, y pedirle al Espíritu Santo que me inspire las oraciones. Mi lista contiene numerosas peticiones escritas mucho tiempo atrás por las que oro regularmente, pero también quiero estar conscientemente sensible a la dirección del Espíritu Santo, para que si Él lo desea invada regularmente mi lista con su energía y dirección.

Juan Bunyan escribió:

> La oración es el derramamiento sincero, sensible y amoroso de nuestra alma o corazón a Dios, por medio de Cristo, en el poder y auxilio del Espíritu Santo, por las cosas que Dios ha prometido, o que están de acuerdo con la Palabra de Dios, para el bien de la iglesia, con sumisión en fe a la voluntad de Dios.[3]

Aprendamos a orar con oraciones inspiradas por el Espíritu Santo, utilizando el poder y el auxilio del Espíritu Santo.

ORAR SIN CESAR

El siguiente ingrediente de la oración suplicante es que sea perseverante, "sin cesar". Esto caracterizó la práctica de la iglesia apostólica, como dice Hechos 1:14:

"Todos éstos perseveraban unánimes en oración y ruego, con las mujeres, y con María la madre de Jesús, y con sus hermanos" (Cf. 2:42). Pablo exhortó a los tesalonicenses: "Orad sin cesar" (1 Tesalonicenses 5:17) y asimismo recomendó a los filipenses: "Sean conocidas vuestras peticiones delante de Dios en toda oración y ruego, con acción de gracias" (Filipenses 4:6).

¿Es posible orar sin cesar? Sí y no. Es imposible, por supuesto, mantener un diálogo con el Señor mientras estamos trabajando u ocupados en algo más, pero la oración a la cual se refiere Pablo aquí no es tanto la pronunciación de palabras como la actitud del corazón.

Thomas Kelly lo explica en su *Testament of Devotion* [Testamento de devoción]:

> Hay la manera de ordenar nuestra vida mental en más de un nivel simultáneamente. En un nivel podemos estar pensando, discutiendo, viendo, calculando y ocupándonos de los asuntos externos de la vida. Pero muy adentro, entre bastidores, a un nivel muy profundo, podemos estar también en oración y adoración, en culto y celebración, y en apacible receptividad de comunicación divina.[4]

El indomable monje medieval Hermano Lorenzo★ escribió su experiencia de oración incesante en el clásico espiritual *The Practice of the Presence of God* [La práctica de la presencia de Dios]:

> El tiempo de trabajo no es obstáculo para que esté orando; y en medio del ruido y alboroto de mi cocina, mientras varias personas están al mismo tiempo pidiendo diferentes cosas, estoy en comunión con Dios con una tranquilidad tan grande como si estuviera de rodillas.[5]

Esta fue también la experiencia de Juan Wesley, quien modestamente se refirió a ella en tercera persona:

> Su corazón se eleva constantemente a Dios, en todo momento y en todo lugar. En eso, él jamás es estorbado, y mucho menos interrumpido por ninguna cosa o persona. Solo o acompañado, descansando, ocupado o conversando, su corazón está siempre con el Señor. Ya sea que se acueste o se levante, Dios está en todos sus pensamientos; camina con Dios continuamente, teniendo el ojo amoroso de su mente siempre fijo en Él, y "viendo al Invisible" en todas partes.[6]

Vemos, por tanto, que una vida de oración permanente no sólo es posible, sino que además hay quienes la practican. Pablo nos reta a que comprendamos que esa vida de oración no es únicamente para algunos, sino para todos nosotros. La oración incesante es la voluntad de Dios para todos los cristianos, sin excepción alguna. Yo puedo hacerlo; usted puede hacerlo. Los profesionales, los estudiantes, los padres jóvenes, todos pueden hacerlo. Debemos tener un diálogo perpetuo interior con Dios. Nuestro pensamiento debe estar siempre dirigido hacia arriba, ya sea que nos estemos dirigiendo al trabajo o cortando el césped.

ORAR, POR TODO

El tercer aspecto de la vida de oración es que hay que orar por todo "con toda oración y ruego" (cf. Filipenses 4:6). Poco después Pablo escribiría a Timoteo en términos semejantes: "Exhorto ante todo, a que se hagan rogativas, oraciones, peticiones y acciones de gracias por todos los hombres..." (1 Timoteo 2:1). La oración por todo surge de lo que vimos anteriormente en cuanto a la oración incesante, porque si oramos sin cesar, las diversas situaciones que encontraremos exigirán oración por todas ellas. Pensemos en la variedad de oraciones pertinentes a cada situación de la vida: oraciones para resistir la tentación; para obtener sabiduría; para recibir poder; para el dominio propio; para la protección de los demás; para el crecimiento espiritual; para ser sensibles al arrepentimiento por las faltas cometidas; etc.

Floyd Pierson, un obrero cristiano jubilado que trabajó para la Misión al Interior de África, fue un hombre que literalmente oraba en todo tiempo "con toda oración y ruego". Tan habitual era esto en él, que cuando fue a tomar un examen de conducir, siendo mayor de setenta años, dijo al inspector:

—Siempre oro antes de conducir. Inclinemos juntos nuestra cabeza.

¡El funcionario de tránsito probablemente estaba intrigado pensando qué clase de recorrido sería aquel! Podemos imaginarlo comprobando si su cinturón

---

* El Hermano Lorenzo, o Lorenzo de la Resurrección (c. 1605-1691) fue un místico cristiano. Su nombre original fue Nicolás Herman, y fue soldado y criado doméstico hasta la mitad de su vida cuando se convirtió en hermano laico de la orden Carmelita en París. Asignado al trabajo de la cocina, el cual detestaba, desarrolló el hábito de hacer todas las cosas, aun las tareas más bajas, para la gloria de Dios. Esta filosofía se halla reflejada en el clásico espiritual *The Practice of the Presence of God*, recopilado y publicado después de su muerte, tomado de *The Concise Dictionary of Christian Tradition*, por J. D. Douglas, Walter A. Elwell y Peter Ton, Zondervan Publishing House, Grand Rapids, Michigan, 1989.

de seguridad estaba bien puesto, y con su mano sudorosa agarrando la manilla de la puerta. ¡Pierson aprobó el examen!

Aparte de lo humorístico, hay aquí algo maravillosamente hermoso: el testimonio sincero de una vibrante realidad espiritual interior que bulle con toda clase de "oración y ruego".

ORAR CON PERSEVERANCIA

El cuarto aspecto de la oración eficaz es la perseverancia: "...velando en ello con toda perseverancia y súplica..." (Efesios 6:20).

Éxodo 17 presenta al anciano Moisés de pie sobre la cumbre de una colina, con sus brazos alzados al cielo, intercediendo por Israel, que libraba abajo una batalla contra los amalecitas. Mientras sus brazos se encontraban extendidos hacia arriba, Israel prevalecía; pero cuando se cansaban y los bajaba, dominaban los amalecitas. El pobre Moisés se angustiaba cuando el peso de la gravedad dirigía sus manos hacia la destrucción de su pueblo. Pero entonces vinieron Aarón y Hur, quienes colocaron una piedra para que Moisés se sentara, y de pie cada uno a su lado, mantenían sus brazos alzados hasta que el sol se puso y el pueblo obtuvo la victoria (vv. 10-13). Ese relato recalca de forma gráfica que hay una fuerza misteriosa en la oración perseverante. No estoy sugiriendo que Dios considera la oración como una obra meritoria, es decir, que si hay muchas oraciones Él responde. Antes bien, Él soberanamente opta por estimular la perseverancia en la oración y la responde para su gloria sempiterna.

En una de sus parábolas sobre la oración, el Señor dramatizó lo que Él quiere de todos los creyentes:

> También les refirió Jesús una parábola sobre la necesidad de orar siempre, y no desmayar, diciendo: Había en una ciudad un juez, que ni temía a Dios, ni respetaba a hombre. Había también en aquella ciudad una viuda, la cual venía a él, diciendo: Hazme justicia de mi adversario. Y él no quiso por algún tiempo; pero después de esto dijo dentro de sí: Aunque ni temo a Dios, ni tengo respeto a hombre, sin embargo, porque esta viuda me es molesta, le haré justicia, no sea que viniendo de continuo, me agote la paciencia. (Lucas 18:1-5)

El cultivo de la perseverancia fue un tema recurrente en la enseñanza de Jesús en cuanto a la oración. En el Getsemaní, Jesús puso a prueba a sus discípulos cuando éstos flaquearon en su perseverancia, diciéndoles: "Velad y orad, para que no entréis en tentación; el espíritu a la verdad está dispuesto, pero la carne es débil" (Marcos 14:38).

Al final del Sermón del Monte, Jesús ordenó a sus seguidores a ser tenaces en la oración: "Pedid, y se os dará; buscad, y hallaréis; llamad, y se os abrirá" (Mateo 7:7). El lenguaje empleado por Jesús es muy apremiante, ya que los tres verbos ("pedid ... buscad ... llamad") indican una intensidad en ascenso. "Pedid" implica solicitar ayuda para una necesidad consciente. También sugiere la idea de humildad, ya que la palabra griega que se utiliza aquí era la comúnmente empleada por alguien que se acercaba a un superior en busca de ayuda. "Buscad" implica pedir, pero añade la acción de parte de quien pide. La idea no es sólo expresar una necesidad, sino además levantarse y ver dónde se puede conseguir ayuda. "Llamar" incluye pedir, más buscar, más perseverar; por ejemplo, cuando alguien sigue tocando a una puerta que se mantiene cerrada. La secuencia de estos verbos es muy importante, y el hecho de que están en forma imperativa presente les da aun mayor fuerza. Las palabras de Jesús lo que realmente quisieron decir fue: "Sigan pidiendo, y se les dará; sigan buscando, y hallarán; sigan llamando, y se les abrirá."

Tal tenacidad es exactamente la que tuvo Pablo en mente al llamar a la oración suplicante cuando dice: "...velando en ello con toda perseverancia y súplica..."

¿Oramos por nuestra familia con la perseverancia que aconseja la Biblia? ¿Oramos así por la iglesia? ¿Hay personas, grupos, causas o almas por las que alzamos nuestras manos en oración? Tiene que haberlas, porque Dios responde la oración perseverante.

ORAR POR LOS DEMÁS

El quinto aspecto de la oración suplicante es la oración por los demás, la oración intercesora "por todos los santos". Se pueden hacer muchas oraciones laudables, pero los "santos" - los creyentes en Jesucristo - merecen un lugar especial en nuestras oraciones.

Notemos que este llamado a orar "por todos los santos" motiva la petición de Pablo de que oren también por él. "Y [oren] por mí, a fin de que al abrir mi boca me sea dada palabra para dar a conocer con denuedo el misterio del evangelio, por el cual soy embajador en cadenas; que con denuedo hable de él, como debo hablar" (vv. 19,20). Pablo sabía lo que las oraciones de los demás cristianos podían hacer a su favor.

La oración de intercesión por los demás trae el favor de Dios a sus vidas. Pocos saben que los estupendos logros de Guillermo Carey en la India se debieron al apoyo que le dio su hermana postrada en una cama, que por más de cincuenta años estuvo orando por él.

El poeta británico Alfredo Tennyson puso hermosamente en versos la sabiduría de Pablo, diciendo:

> Si nunca más mi rostro ves,
> ora por mí;
> más logra la oración que lo que el mundo ve.
> Por tanto, que tu voz, cual una fuente,
> por mí siempre se eleve.
> Me digo: ¿Acaso son mejores los hombres
> que las bestias del campo,
> si conociendo a Dios no levantan sus manos
> en oración por sí, y por los seres que aman?
> Pues los cabos del mundo, a los pies del Señor,
> atados siempre están con cadenas de amor.[7]

¡Cuán hermosos los cinco elementos de la oración suplicante! En Espíritu, "en el Espíritu"; continua, "orando en todo tiempo"; por todo, "con toda oración y súplica"; perseverante, "con toda perseverancia"; e intercesora, "por todos los santos".

LA PRÁCTICA DE LA ORACIÓN SUPLICANTE

Una lista de oración

Fundamental para la oración suplicante eficaz es una lista con motivos de oración. Lo digo en primer lugar por mi propia experiencia desde hace mucho tiempo. Por ejemplo, puedo estar orando por mi madre, y al hacerlo veo nuestra vieja casa de la calle donde crecí. Frente a la casa está estacionado mi automóvil Ford gris, modelo 1941, con ruedas de carrera en la parte posterior, al que le había adaptado un ruidoso motor Mercury 1948, y a uno de los lados un letrero pintado a mano con las palabras: "Muévete suave, dulce carreta" (el título del cántico espiritual negro). De repente tengo diecisiete años, llevo puesta mi chaqueta de piel de gamuza, y estoy sentado tras el volante dorado de mi auto, descendiendo desde Beach Boulevard a Huntington Beach. Todavía puedo sentir el olor del océano y de la mantequilla de cacao. ¡Baste lo dicho en cuanto a mis "oraciones por mamá"!

Por esto es que necesito una lista de oración, pues aun utilizando una lista mi mente divaga. Pero cuando lo hace, siempre tengo a mano mi lista para traerme de vuelta. Y cuando estoy particularmente propenso a distraerme, puedo colocar mi dedo sobre el nombre de mi madre y orar con los ojos abiertos, pasando de uno a otro asunto de esta manera.

Todo hombre cristiano debiera tener una lista de oración en la cual aparezcan, entre otras cosas, los nombres de sus parientes, y si está casado, los de su esposa e hijos. Además, la lista debe ser detallada, resaltando aspectos personales bajo los nombres de las personas que le sean más cercanas. Me he dado cuenta de que colocar pequeñas notas engomadas de esas que se pegan y despegan fácilmente ayudan a mantener mi lista actualizada.

Mi lista diaria de oración tiene los siguientes encabezamientos, y cada uno de estos contiene a su vez varios detalles:

FAMILIA, PERSONAL DE TRABAJO, SECRETARIAS Y VIGILANTES, ENFERMOS, PERSONAS AFLIGIDAS, ACONTECIMIENTOS IMPORTANTES, PROBLEMAS PRESENTES, MINISTERIOS, CULTOS DE LA SEMANA, NUEVOS CREYENTES, MISIONES Y MISIONEROS.

Además de mi lista diaria, tengo cuatro otras listas por cuyos motivos trato de orar una vez a la semana:

Lista 1: ENFERMOS INCURABLES, PETICIONES PERSONALES DE LOS DEMÁS, EVANGELIZACIÓN, GUERRA ESPIRITUAL.

Lista 2: EL MUNDO, MI PAÍS, MI VIDA PERSONAL, CUALIDADES PERSONALES REQUERIDAS.

Lista 3: LÍDERES CRISTIANOS, PASTORES, VISIÓN Y FUTUROS MINISTERIOS.

Lista 4: LÍDERES DEL GOBIERNO (a nivel nacional, estatal y local).

Con toda sinceridad, no podría arreglármelas sin una lista de oración, no sólo porque una lista me ayuda a poner bajo control mi mente errabunda, sino además porque me asegura no pasar por alto cosas que son importantes para mí, entre las que están las numerosas peticiones de oración por los demás que recibo. Sin una lista de oración, mis promesas de "estaré orando por usted" serían frívolas. Además, una lista de oración es algo perfecto para poder llevar un registro de las peticiones contestadas.

Si usted no tiene una lista de oración, comience con algo pequeño. Sencillamente, haga una lista de las relaciones y asuntos de mayor importancia para usted, utilizando una tarjeta de aproximadamente 8 x 13 cms., añada algo de información específica bajo cada nombre y colóquela en su cartera para consultarla diariamente. Le garantizo que si la utiliza, esto mejorará notablemente su vida de oración.

Un tiempo de "quietud"

En segundo lugar, usted necesita un tiempo de quietud. Estoy perfectamente consciente de que quietud es un término relativo en el mundo moderno, donde prácticamente no hay un momento de silencio. Muchos jamás experimentamos el silencio durante las horas que estamos despiertos. Nos levantamos al ruido de un radio despertador, nos afeitamos mientras escuchamos las noticias, nos dirigimos al trabajo en medio del ruido del tránsito, entramos a nuestros lugares de trabajo en medio del bullicio y la agitación, regresamos a casa escuchando en la radio las noticias de las horas puntas, nos "relajamos" frente al televisor, y nos arrastramos a la cama mientras la casa vibra con la música de un aparato estereofónico.

Y lo que es más, los silencios ocasionales que de cuando en cuando tenemos pueden ser molestos ya que aumentan otros ruidos molestos. El monje trapense Thomas Merton habla de cómo en la profunda quietud de su monasterio, una tos repetida a intervalos regulares puede destruir cualquier posibilidad de recogimiento mental.[8] ¡El silencio es a veces más ruidoso que el ruido que uno está tratando de ignorar! Por tanto, usted tendrá que escoger la situación que mejor se adapte a usted. Tal vez esté dominado por el ruido de una vía bulliciosa, pero si ese es el ambiente que usted necesita para concentrarse, utilícelo.

El lugar

Junto con esto, usted debe encontrar un lugar para orar donde no sea perturbado. Al comienzo de mi pastorado, mi oficina estaba en una casa remolque de aproximadamente ocho metros de largo. Mi secretaria a medio tiempo estaba del otro lado tras un delgado tabique de madera contra enchapada. ¡Yo podía escucharlo todo! Y por si fuera poco, todo el remolque se estremecía cuando se abría la puerta.

Mis soluciones fueron muchas, y nunca olvido lo que me rodeaba en el exterior: el hermoso y antiguo santuario vacío y siempre abierto de una iglesia cercana, el parque, el maravilloso anonimato de mi auto estacionado en un bullicioso centro comercial. Aún hoy, aunque ahora dispongo de una oficina tranquila, a menudo voy a lugares parecidos para tener mis períodos devocionales.

La hora

También trato de apartar el mejor momento para orar, que para mí nunca es precisamente antes de irme a la cama. Los últimos momentos en que estamos despiertos no deben dedicarse jamás a la oración poderosa de intercesión (salvo quizá los estudiantes que tienen un examen final la mañana siguiente).

En este punto, la práctica de Jesús nos sirve de ejemplo: "Levantándose muy de mañana, siendo aún muy oscuro, salió y se fue a un lugar desierto, y allí oraba" (Marcos 1:35). "Al que madruga Dios le ayuda." La pregunta importante que usted debe hacerse es: "¿Cuál es el mejor momento para mí?" Para algunos, la mejor hora puede ser la del almuerzo, o antes de la cena.

La postura

Cierto hombre no podía encontrar la postura correcta para orar. Trataba de orar de rodillas, pero eso no le resultaba cómodo, aparte de que le arrugaba el pantalón. Trataba de orar de pie, pero muy pronto se le cansaban las piernas. Trataba de orar sentado, pero eso no le parecía reverente. Hasta que cierto día, mientras caminaba por el campo, cayó de cabeza en un pozo ¡y oró como nunca!

Hablando en serio, la posición que adoptemos al orar puede ser de valor. Sin embargo, a pesar de que la Biblia menciona numerosas posturas al orar, no ordena ninguna. Lo que es importante es que nuestra postura contribuya a la atención reverente. A veces me arrodillo, a veces oro caminando de un lado a otro de la habitación, y la mayoría de las veces lo hago sentado frente a mi escritorio teniendo a mano la lista de asuntos. Hay veces que levanto las manos, y otras veces he estado postrado sobre mi rostro. Pero lo importante es la actitud del corazón.

La preparación

En cuanto a la preparación para la oración, un espíritu práctico sincero es de suma importancia. A veces es bueno estar bañado y afeitado, y si a usted le gusta tomar café como a mí, una buena taza resulta vigorizante. Otras veces, los detalles físicos no tienen mayor importancia, sino la condición y actitud del corazón. Cualquier cosa que le sirva de ayuda para concentrarse en el Señor, utilícela.

La duración

Por lo general, las mejores oraciones son breves y fervorosas. Lutero dijo: "Cuida de no abarcarlo todo; no trates de hacer demasiado para que tu espíritu no se fatigue. Además, una buena oración no debe ser demasiado larga. No la alargues. La oración tiene que ser frecuente y entusiasta."[9] El legalismo en cuanto a la duración puede matar la vida de oración.

LA DISCIPLINA DE LA ORACIÓN SUPLICANTE

La práctica de la oración - la lista, la quietud, el lugar, la hora, la postura, la preparación y la duración - sugiere una cosa: disciplina.

Esfuerzo

Sinceramente, la oración es esfuerzo, no un deporte. No es algo que uno hace si se siente con ganas, o si le sobra tiempo, á o si sabe cómo hacerlo.[10] La oración es el esfuerzo natural del alma que ama a Cristo.

> Orando en todo tiempo
> con toda oración y súplica
> en el Espíritu, y velando en ello
> con toda perseverancia
> y súplica por todos los santos.
>
> Efesios 6:18

¡Este es un llamado al esfuerzo!

Nunca debemos esperar hasta sentirnos con ganas de orar, pues de lo contrario es posible que jamás oremos, a menos que, por ventura, caigamos de cabeza en un pozo. El contexto del encargo de Pablo en Efesios 6 es una lucha espiritual, ¡y en eso consiste la oración! Los hombres cristianos se enfrentan al mundo, y caen de rodillas. Esfuerzo y lucha, lucha y esfuerzo, son las palabras que debemos mantener delante de nosotros si queremos ser hombres de oración.

Esfuerzo moderado

Habiendo entendido lo anterior, debemos también entender que no debemos excedernos en la oración, si apenas estamos comenzando. La tendencia, cuando somos verdaderamente retados, es decir: "Dedicaré dos horas a orar diariamente. Voy a leer la Biblia de tapa a tapa dos veces este año; y voy a practicar todos los días las disciplinas del tiempo devocional (meditación, confesión, adoración, sumisión) y también la disciplina de la petición. Voy a tener la mejor lista de oración."

¡Eso durará unos tres días, quizás!

Lo mejor sería dedicar un total de quince minutos y mantenerlo, con probablemente cinco minutos de lectura bíblica, cinco de meditación y cinco de oración sistemática. Así el período devocional y de oración llegaría a ser un hábito, y el hábito dará alas a su vida espiritual.

A este respecto, el doctor J. Sidlow Baxter le leyó una vez una página de su diario pastoral a un grupo de pastores interesados en saber más acerca de la disciplina de la oración. El doctor Baxter comenzó diciendo que en el año 1928 entró al pastorado dispuesto a ser más el más "metodista-bautista" de los pastores, un auténtico hombre de oración. Sin embargo, no transcurrió mucho tiempo sin que sus responsabilidades administrativas cada vez mayores, así como los sutiles subterfugios de la vida pastoral, lo llevaron a poner a un lado la oración. Además, comenzó a acostumbrarse a eso, inventando excusas para sí mismo.

Entonces, una mañana la situación hizo crisis cuando se detuvo junto a su abarrotado escritorio y vio la hora. La voz del Espíritu Santo lo estaba llamando a orar. Al mismo tiempo, otra vocecita aterciopelada le estaba diciendo que fuera práctico y respondiera la correspondencia, y que aceptara el hecho de que él no era del "grupo de los espirituales", que sólo unos pocos podían serlo. "Esas últimas palabras - dijo Baxter - me dolieron como una puñalada. No podía soportar el pensamiento de que eso fuera cierto." Estaba horrorizado de su capacidad de justificar su falta en cuanto al mismísimo fundamento de su vitalidad y poder espiritual como pastor.

Esa mañana, Sidlow Baxter escudriñó sinceramente su corazón y encontró que había en su persona una parte que no quería orar y otra que sí lo deseaba. La parte que no quería eran sus sentimientos; la parte que sí lo deseaba eran su intelecto y su voluntad. Este análisis le allanó el camino a la victoria. Así lo cuenta el doctor Baxter, con sus inimitables palabras:

Como nunca antes, mi voluntad y yo nos enfrentamos cara a cara, y le hice la pregunta directa:

–Voluntad, ¿estás preparada para una hora de oración?

La voluntad respondió:

–Lo estoy, y de veras lo estoy si tú lo estás.

Así, Voluntad y yo nos dimos el brazo y nos dispusimos a orar. De inmediato todos los sentimientos comenzaron a tirar hacia su lado y a protestar.

–Nosotros no queremos orar.

Entonces noté que Voluntad titubeó un poco, y le pregunté:

–¿Podrás aguantar, Voluntad?

–Sí –me dijo–, si tú puedes, yo puedo.

Entonces Voluntad dio un paso y nos pusimos a orar, haciendo frente a esos sentimientos serpenteantes y turbulentos que había en nosotros. Fue una lucha sin cuartel. En cierto momento, cuando Voluntad y yo estábamos en medio de una intercesión fervorosa, me di cuenta repentinamente de que uno de esos traicioneros sentimientos había tendido una trampa a mi imaginación y se había escapado al campo de golf; y entonces hice todo lo que pude para traer de vuelta al travieso bribón. Un poco más tarde, me di cuenta de que otro de los sentimientos se había escabullido con algunos pensamientos desprevenidos y estaba en el púlpito, dos días antes de la fecha, ¡predicando un sermón que aún no había terminado de preparar!

Al final de esa hora, si usted me hubiera preguntado si lo pasé bien, habría tenido que responderle: "No. Ha sido una lucha agotadora contra unos sentimientos contradictorios y una imaginación perezosa, de principio a fin."

Y lo que es más, esa batalla con los sentimientos continuó por dos o tres semanas más. Si usted me hubiera preguntado al final de ese período:

"¿Lo pasó bien durante sus oraciones diarias?", habría tenido que confesarle: "No. A veces parecía como si los cielos fueran de plomo; como si Dios estuviera demasiado distante para oír; como si el Señor Jesús estuviera extrañamente reservado; y como si la oración no sirviera de nada."

Sin embargo, algo estaba sucediendo. En primer lugar, Voluntad y yo le enseñamos, de veras, a los sentimientos que éramos completamente independientes de ellos. Además, una mañana, más o menos dos semanas después de haber comenzado la lucha, precisamente cuando Voluntad y yo nos disponíamos a pasar otro período de oración, alcancé a oír por casualidad que uno de los sentimientos le secreteaba a otro:

—Vamos, chico, no vale la pena perder más tiempo oponiéndonos. No van a ceder.

Esa mañana, por primera vez, a pesar de que los sentimientos aún no se mostraban cooperadores del todo, por lo menos se quedaron quietos, lo cual nos permitió a Voluntad y a mí seguir con nuestras oraciones sin ninguna distracción.

En aquel tiempo, un par de semanas después, ¿saben lo que pasó? Durante uno de nuestros períodos de oración, cuando Voluntad y yo no nos preocupábamos en lo más mínimo de los sentimientos, uno de los más vigorosos se presentó repentinamente y gritó: "¡Aleluya!"

A lo cual, todos los demás sentimientos exclamaron: "Amén!"

Y por primera vez la totalidad de mi ser - intelecto, voluntad y sentimientos - se unió en una operación coordinada de oración."

Alimento para pensar

¿Por qué la imagen de la guerra es la apropiada para considerar la disciplina de la oración (ver Efesios 6:18)? Aplícalo a sus propias victorias y derrotas con respecto a la oración.

¿Qué dicen Romanos 8:26, 27 y Judas 20 acerca del Espíritu Santo y la oración? ¿Por qué estas verdades son importantes para usted personalmente? Revise el retrato de la oración representada en la historia de Moisés en Éxodo 17. Hablando de una manera práctica, ¿cuáles son algunas de las cosas que podemos hacer para ayudarnos unos a otros persistir en oración? Sé tan específico como puedas.

¿Para qué pide Pablo que oren en Efesios 6:19, 20? ¿Quiere que otros cristianos oren por usted en esta área? ¿Por qué sí o por qué no? ¿Qué acción de su parte tiene que ver con la oración en estas líneas?

¿Le es difícil encontrar suficiente tiempo y un lugar callado lejos de interrupciones para su tiempo de oración? ¿Por qué? ¿Es porque su vida es demasiado ocupada, o existen lealtades conflictivas que prefieres ignorar?

¿Qué puede hacer de forma práctica para orar con más frecuencia y para estar mejor preparado para cuando lleguen los tiempos de oración?

La aplicación/Respuesta

¿De qué le habló Dios más específicamente, más poderosamente en este capítulo? ¡Háblale a Él acerca de eso en este momento!

¡Piensa en esto!

Haga una lista de aquéllos individuos por quienes quiere orar regularmente, entonces establece un tiempo cuando orará a menudo por varias personas en la lista (por lo menos tres veces a la semana). Y cuando ore, pide por respuestas específicas, así las verá cuando llegan.

9

La Disciplina de la Adoración

EL ARTÍCULO DE FONDO de la edición de octubre de 1978 de la revista Harper's Magazine, titulado "Más a la moda que tú", decía que Kilmer Myers, en ese entonces obispo episcopal de California, había dado la bienvenida a los trascendentalistas de Bay Area al esplendor gótico de la Catedral de la Gracia, para que tuvieran allí su festival de la naturaleza y sus ceremonias paganas. El artículo continuaba diciendo:

> Durante una ceremonia dedicada a la naturaleza, en la catedral, un auditorio indudablemente ecuménico observaba reverentemente al poeta Allen Ginsberg - que llevaba puesta una máscara de venado unirse a otros con disfraces similares, para consagrar a los senadores Alan Cranston y John Tunney como bienhechores de los animales (Cranston, del alce de los juncos; y Tunney, del oso pardo de California) …mientras que unos proyectores de películas lanzaban simultáneamente sobre las paredes y el techo imágenes de manadas de búfalos y de otras especies en peligro de extinción, con el acompañamiento de música rock.[1]

Como es de esperar, muchos sacerdotes episcopales protestaron por lo que con toda razón llamaron "un uso profano de su sagrada casa de adoración". A pesar de todo, el obispo Myers participó con entusiasmo en las ceremonias druídicas, ofreciendo oraciones por un "renacimiento de la reverencia por la vida en Norteamérica".[2] Tomando prestada una frase del poeta y dramaturgo T. S. Eliot, lo que hubo fue un "Asesinato en la Catedral", en este caso la muerte de la reverente adoración a Dios en espíritu y en verdad.

Para algunos, los problemas de las grandes iglesias históricas parecen ser cosa del pasado. Pero la verdad es que en las iglesias evangélicas que se consideran más independientes ya se están dando problemas parecidos. Un amigo mío visitó cierto domingo una iglesia donde, para su asombro, el preludio de adoración, titulado (significativamente, pienso) "Entretenimiento" fue el tema de la película *The Sting* [La cobra]. ¡La congregación no estaba preparada para adorar a Dios mientras imágenes de cine, no las de los rebaños de búfalos, sino las de Paul Newman y Robert Redford vestidos a la usanza de la década de los años veinte, asediaban su conciencia! Y eso fue sólo el preludio, ya que lo que vino después fue un servicio grotesco que en ningún momento buscó adorar a Dios, siendo el "clímax" los anuncios cuando el pastor (inspirado sin lugar a dudas por el entusiasta preludio) se puso de pie, detrás de la persona que hacía los anuncios, sin que ésta lo supiera, haciendo "cuernos" detrás de su cabeza, con sus dedos en forma de tridente y haciendo muecas a la congregación. Esta bufonada tuvo lugar en una autodenominada "iglesia bíblica" que supuestamente adora al sagrado Dios Trino de la Biblia. "¿Asesinato en la Capilla?"

Dolorosamente, historias como esta no son raras en la cultura moderna, secularizada, centrada en el hombre. Muchos cristianos jamás se han detenido a pensar en el significado e importancia de la adoración. No es una exageración decir que nuestra cultura hedonista ha dado como fruto a muchos que han hecho del entretenimiento un trabajo, y de la adoración un entretenimiento.

¿A qué se debe esta confusión y este amargo fracaso en cuanto a la adoración? La respuesta está en otra pregunta: ¿Por qué adoramos? ¿Lo hacemos para Dios o para el hombre? La creencia tácita y cada vez más generalizada en el mundo cristiano moderno es que la adoración es en primer lugar para nosotros, para la satisfacción de nuestras necesidades. Tales cultos de adoración están dirigidos al entretenimiento, y los fieles son espectadores no comprometidos que están calladamente en el culto. Desde esa perspectiva, la predicación se convierte en una homilética de consenso, en una predicación dirigida a las carencias de las personas, a la agenda caprichosa del hombre antes que a la de Dios. Ese tipo de predicación es siempre temática, nunca textual. En ella la luz bíblica está reducida a su más mínima expresión, y los sermones son breves y llenos de anécdotas. Cualquier cosa que supuestamente haga sentir incómodo al desconocido asistente al culto es eliminada del servicio, ya se trate de una tarjeta de visitante o de un "simple" credo. Llevada al enésimo grado, esta filosofía inculca un deplorable egocentrismo. Es decir, todo es juzgado según como afecte al hombre. Esto pervierte espantosamente nuestra teología.

La muestra indicadora de esta forma de pensar es la pregunta común después de un culto de adoración: "¿Qué tal le pareció el culto de hoy?"

Pero las preguntas legítimas debieran ser: "¿Qué habrá pensado Dios del culto y de los que participaron en él? ¿Qué le di a Dios?"

Es fácil olvidar que cuando se va a adorar a Dios, nuestra preocupación fundamental debe ser "adorar en espíritu y en verdad" (Juan 4:24), no que se nos provea de una exaltación mental.

Por consiguiente, es importante que entendamos, contrariamente a la creencia popular de que la adoración es para nosotros, que el objetivo de ella no es el hombre, sino Dios. La adoración debe ser planificada y dirigida con la visión de que tenemos frente a nosotros a un Dios majestuoso, temible, santo y trascendente al que debemos agradar y, sobre todo, dar gloria mediante nuestra adoración. Todo lo que hagamos en nuestra adoración como iglesia debe partir de esta comprensión.

¿Qué, entonces, de nuestras necesidades? Cuando adoramos y glorificamos a Dios con nuestros cantos y nuestras oraciones, y escuchando su Palabra, su *shalom* (paz) se derramará en nuestra alma de modo que saldremos con una gozosa sensación de felicidad personal, un sentimiento maravilloso.

Pero esto es un subproducto, no el objetivo, una evidencia más de la espléndida gracia divina.

POR QUÉ LA ADORACIÓN DEBE SER CENTRADA EN DIOS

La prioridad divina

Al considerar la razón fundamental para una adoración centrada en Dios, debemos comenzar con la comprensión de que la adoración es la primera prioridad de la Iglesia. La famosa afirmación de Jesús, que aparece en Juan 4:23, de que el Padre busca adoradores, es única, pues en ninguna parte de las Sagradas Escrituras vemos que Dios está buscando algo diferente de sus hijos.[3] *Dios desea ante todo que lo adoremos.*

Así, pues, todo hombre que se considere cristiano debe entender que la adoración a Dios es la máxima prioridad de su vida. La adoración es lo que Dios desea de usted y de mí. Jesús lo consagró y vindicó al reprender a la atareada y febril Marta, que tanto criticaba a su hermana por preferir estar sentada a los pies del Señor. "Marta, Marta, afanada y turbada estás con muchas cosas. Pero sólo una cosa es necesaria; y María ha escogido la buena parte, la cual no le será quitada" (Lucas 10:41,42).

Una mirada al gran énfasis sobre la adoración en el Antiguo Testamento, revela el pensamiento de Dios en cuanto a la prioridad de la adoración. El libro de Éxodo dedica veinticinco capítulos a la construcción del tabernáculo, el lugar de adoración a Dios. Levítico es un manual de liturgia de veintisiete capítulos. Y el libro de Salmos es un dramático himnario de adoración de ciento cincuenta capítulos. La adoración a Dios ha sido siempre la actividad, el alimento y la prioridad del alma fiel.

La presencia divina

La otra razón por la cual debemos adorar, es la promesa de la presencia divina. Todos sabemos que Dios está en todas partes - es omnipresente - y que nos ha prometido: "No te desampararé ni te dejaré" (Hebreos 13:5). No obstante, Él le ha dado a la Iglesia la promesa incomparable de que "donde están dos o tres congregados en mi nombre, allí estoy yo en medio de ellos" (Mateo 18:20), lo cual significa que su presencia está con nosotros de una manera muy especial cuando nos reunimos en su nombre.

El doctor A. J. Gordon, fundador del Gordon College y del Gordon-Cornwell Divinity School (Instituto Universitario Gordon y Seminario Teológico Gordon-Cornwell, respectivamente) tuvo un sueño que hizo más intensa esta realidad bíblica. Un sábado por la noche el doctor Gordon, agotado después de haber estado ocupado en su sermón del domingo, se quedó dormido y comenzó a soñar. Soñó que se encontraba en el púlpito cuando llegó a la iglesia un desconocido y se sentó. Gordon vio con claridad surrealista todo lo que rodeaba al hombre, incluso el número del banco donde estaba sentado, pero no podía distinguir el rostro del extraño. Lo que sí pudo notar, sin embargo, es que su mirada era grave, como la de una persona que tenía un gran dolor, y que miraba a Gordon con la más respetuosa atención. Mientras predicaba, el pastor no podía apartar sus ojos del hombre, que le contemplaba con mirada penetrante y que lo obligaba a mantener sus ojos en el extraño.

Después de terminado el culto, el doctor Gordon trató de alcanzar al hombre a través del abarrotado pasillo, pero ya se había marchado. Entonces se acercó al hombre que había estado sentado al lado del extraño y le preguntó quién era aquel desconocido. Su lacónica respuesta fue:

—Era Jesús de Nazaret.

Gordon lo censuró por haber dejado que Jesús se marchara, pero el hombre respondió con indiferencia:

—Oh, no se preocupe. Él estuvo aquí hoy y sin duda regresará.

Gordon habla después del impacto recibido y de su inmediato auto examen, concluyendo con estas palabras:

> Un pensamiento ... persistía en mi mente, en parte de alivio pero más de temor reverente: Él estuvo aquí y sin duda regresará. Repitiendo mentalmente estas palabras como alguien que medita con tristeza en una visión que se ha esfumado, desperté y supe que había sido un sueño. Pero no, no había sido un sueño, sino una visión de la realidad más profunda, de un ministerio real en miniatura.

El impacto que esto tuvo sobre A. J. Gordon fue histórico. En realidad, dice él que la nueva sensación de la presencia de Cristo en los cultos fue de gran bendición para Clarendon Street Church (la Iglesia de la Calle Clarendon), lo que se tradujo finalmente en la fundación de una escuela de capacitación bíblica destinada a convertirse en el Gordon College.[4]

Pensemos en el efecto que tendría sobre los cultos de adoración de la iglesia la convicción cierta de la presencia de Cristo en ellos. Algo sería indudable: ¡No habría más "asesinatos en la catedral" ni "en la capilla"!

Cuando nos congregamos como iglesia para adorar, ¡Cristo está en medio de nosotros! Él se mueve entre los resplandecientes candeleros de sus iglesias (Apocalipsis 1:20). El cruza los pasillos de nuestras iglesias y se sienta a nuestro lado. Él busca a los que adoran en espíritu y en verdad. Él desea nuestra alabanza.

Siendo esta la máxima prioridad, debemos responder con toda sinceridad la pregunta: ¿Adoramos como Él lo desea?

LA ADORACIÓN CENTRADA EN DIOS

Si algo he aprendido después de veinticinco años como pastor dirigiendo cultos de adoración, es que la adoración verdadera no es algo que se improvisa. La adoración exige una meticulosa preparación por parte de los ministros y de las congregaciones.

He experimentado las dos caras de la moneda, y sé que el domingo por la mañana puede ser el peor momento de la semana. Es muy probable que sea cierto el que los matrimonios, especialmente los que tienen niños pequeños, se peleen más el domingo por la mañana que cualquier otro día de la semana. A veces, cuando llegan a la iglesia, la adoración resulta imposible, a menos, quizás, ¡que el sermón sea sobre el arrepentimiento!

La preparación

La solución al problema comienza con los preparativos del sábado. (Cualquier hombre que piense que lo que sigue a continuación es cosa de mujeres, está equivocado. Tanto el esposo como la esposa tienen la misma responsabilidad en cuanto a los preparativos prácticos y espirituales del día del Señor.) Es aconsejable que la familia tenga preparada la noche del sábado la ropa que llevarán al culto, así como lo que habrán de desayunar. Hay que saber dónde encontrar las Biblias y el material de la escuela dominical y, aún mejor, tenerlos ya preparados y listos para llevar. También deben ponerse de acuerdo en cuanto a la hora de levantarse, para que tengan tiempo suficiente para prepararse para ir a la iglesia. También es buena idea acostarse a buena hora. Y, espiritualmente, orar por el día del Señor es fundamental: orar por el culto, por la música, por la familia y por uno mismo.[5]

Los puritanos entendieron muy bien esto. Como lo expresa con curiosa exquisitez uno de sus grandes predicadores, George Swinnock:

> ¡Preparaos para encontraros con vuestro Dios, oh cristianos! Acudid a vuestras recámaras el sábado por la noche ... Los hornos de vuestros corazones preparados desde la noche serán fácilmente avivados la mañana siguiente; el fuego tan bien atizado cuando os fuisteis a la cama, será encendido presto cuando os levantéis. Si dejáis, pues, vuestro corazón a Dios el sábado por la noche, lo hallaréis en Él la mañana del día del Señor.[6]

El domingo todos deben levantarse a tiempo, comer a la hora fijada y salir con suficiente anticipación, idealmente después de tener un breve período de oración pidiendo que Dios sea glorificado y que hable a cada miembro de la familia. Si lo hacen, la adoración dominical se remontará a nuevas alturas.

La expectativa

Después, hay que llegar a la iglesia con la expectativa de tener un encuentro único con Dios a través del culto colectivo. La adoración congregacional hace posible una intensidad devocional que no se da tan fácilmente en la adoración individual. Por vía de comparación, una multitud tiende a ser mucho más cruel que una persona actuando por sí sola. También es cierto que la sensibilidad y el disfrute de una sinfonía por parte de un grupo que conoce y ama la música, son más intensos que los de alguien que la escucha estando solo en su casa. Lo mismo ocurre con la adoración, porque la adoración colectiva proporciona un contexto en el que el fervor se eleva con gozo y la Palabra de Dios se hace presente con poder incomparable. Martín Lutero se refirió a esto cuando dijo: "Cuando estoy en casa no hay en mí ningún calor o vigor, pero en la iglesia, en medio de la multitud, se enciende en mi corazón un fuego incontenible."[7] Debemos llegar a la iglesia con gran expectativa, porque uno sólo experimenta lo que espera.

En verdad

Jesús nos dice en Juan 4:24 que debemos adorar "en espíritu y en verdad". Adorar "en verdad" significa que conocemos por la revelación objetiva de la Palabra de Dios al gran Dios que servimos y los preceptos que Él ha dado.

En este sentido, nuestra adoración está regida por lo que sabemos y creemos de Dios. Por tanto, cuanto más sepamos, tanto mejor adoraremos. Si conocemos y amamos de corazón pasajes tales como Génesis 1, Salmos 139 y 23, el Libro de Job, Juan 7, Juan 17, Romanos 1 al 3, Apocalipsis 19 - para nombrar apenas unos pocos -mejor preparados estaremos para adorar a Dios "en verdad".

Este conocimiento de Dios mediante su Palabra debe avivar nuestras expectativas e infundir en nosotros un temor y una reverencia saludables. Como lo expresó Annie Dillard:

> En general, no he encontrado ningún cristiano, fuera de los de las catacumbas, lo bastante sensible a las circunstancias. ¿Tiene alguien la más vaga idea sobre qué clase de poder imploramos tan frívolamente? O, como sospecho, ¿habrá alguien que crea una sola palabra de eso? ... Es una chifladura que las mujeres lleven sombreros de pala y de terciopelo a la iglesia, cuando más bien debieran ponerse cascos. Los ujieres debieran poner en circulación salvavidas y avisos luminosos de advertencia, y amarrarnos a los bancos. Porque el dios dormido puede despertar cualquier día y ofenderse, o el dios despierto puede mandarnos a un lugar del cual jamás podremos regresar.[8]

¡Tenemos que saturarnos de la verdad de Dios para que nuestra adoración se inflame con la debida realidad!

En Espíritu

Además de adorar en portentosa verdad, oramos "en espíritu". Notemos que se escribe con "e" minúscula, pues se refiere a nuestro espíritu humano, a la persona interior. La verdadera adoración fluye desde adentro hacia afuera. La adoración no es una necesidad externa, sino forzosa y básicamente interna. Jesús reprendió a los hipócritas con las palabras de Isaías: "Este pueblo de labios me honra, mas su corazón está lejos de mí. Pues en vano me honran" (Marcos 7:6b,7a, citando a Isaías 29:13).

Por eso, la verdadera adoración debe brotar desde dentro del espíritu del hombre, de los afectos espontáneos del corazón, como ocurría con frecuencia en el corazón de David. El Salmo 130, un salmo gradual, expresa la expectativa de alguien que está adorando en espíritu:

> Esperé yo a Jehová, esperó mi alma; en su palabra he esperado. Mi alma espera a Jehová, más que los centinelas a la mañana, más que los vigilantes a la mañana.
>
> (Salmo 130:5,6)

LA DISCIPLINA DE LA ADORACIÓN

Es domingo. Usted ha ido a la iglesia a adorar a Dios "en espíritu y en verdad". En cuanto a adorar surge de nuevo en primer plano la palabra tema de este libro: disciplina. Es sumamente significativo que una de las dos palabras más conspicuas para referirse a la adoración en el Nuevo Testamento sea la palabra *latreuo*, que significa "trabajar o servir". Esto nos dice implícitamente que la adoración implica trabajo, trabajo disciplinado. Es de esta palabra que se deriva la palabra liturgia, pues liturgia es el trabajo de uno en la adoración.

Todas las iglesias tienen liturgias, aun las que se autodenominan "no litúrgicas". En realidad, ¡no tener ninguna liturgia es ya una liturgia! Los cultos carismáticos informales pueden ser tan litúrgicos en su forma como el culto estructurado y formal de una iglesia histórica ortodoxa o ritualista, y en algunos casos más rígidos. Mi propósito no es recomendar una liturgia en particular, aunque, por supuesto, tengo mi propia opinión en cuanto a esto. Lo que quiero decir es que, cualquiera que sea su liturgia, debe ponerla en práctica con todo su ser, ya que la adoración es trabajo. Debe haber un poco de esfuerzo santo de su parte si desea agradar y glorificar a Dios.

Utilizando el orden regular de mi iglesia como ejemplo, seré muy específico (y por cierto idealista). No se desanime si su culto es diferente, ya que para adorar correctamente se aplica la misma ética.

El preludio
Usted habrá llegado temprano al santuario (reconozco que esto es imposible en muchas iglesias, si hay otro culto más temprano, por ejemplo) y tiene a mano el boletín. Ora en silencio, lee el texto bíblico del culto matutino, ora por el sermón y busca en el himnario, en un espíritu de recogimiento, los himnos que serán interpretados, y quizá termine orando por el coro y por los que participarán en el culto. Usted habrá comenzado bien. Ya está participando de la adoración.

Los anuncios
Si éstos se hacen al comienzo del culto, son menos inoportunos que a mitad del mismo.

El llamado a la adoración y la oración dedicatoria
El llamado, correctamente hecho, es un llamado de Dios invitándonos colectivamente a venir a su presencia. Escuchamos las palabras de Dios con

expectación devota y reverente. Al finalizar el llamamiento, somos dirigidos en una oración dedicatoria que invita a Dios a encontrarse con nosotros y que nos llama a rendirnos en adoración, para su gloria.

El credo apostólico
Este credo, según los eruditos, data desde antes del año 250 d.C. y es la afirmación doctrinal más antigua, de aceptación universal. El propósito del credo es hacer confesión trinitaria y confirmar nuestra identificación con la iglesia universal de todos los tiempos. Para hacerlo en forma debida, el credo nunca debe ser recitado, sino confesado. Es decir, nuestra mente y corazón deben estar unidos en la afirmación sincera de la fe original.

El "Gloria Patri"
El "*Gloria Patri*" (o "Doxología") tiene como objetivo elevarnos a través de la música para el propósito que hemos venido: dar gloria a Dios, y debe cantarse con todo el corazón.

Los himnos
Encuestas realizadas han indicado que alrededor del cincuenta por ciento de cualquier culto de adoración está constituido por música, ya se trate de un culto formal o informal. La alabanza mediante el canto exige esfuerzo. Resulta fácil dejar que nuestra mente divague, y que cantemos sin poner atención a las palabras. El antídoto para este peligro tan común es tener conciencia de que Dios es nuestro auditorio y cantarle a Él, haciendo así realidad el empeño de Pablo: "Cantaré con el espíritu, pero cantaré también con el entendimiento" (1 Corintios 14:15).

¡Qué gloria tan grande para Dios el que cien, o doscientos, o un millar de sus hijos estén cantándole realmente con su mente y espíritu en la excelsa tarea de la alabanza! Con toda razón San Agustín dijo: "Todo cristiano debe ser un aleluya desde la cabeza a los pies."[9]

El canto coral
Los coros de las iglesias tienen sus antecedentes en los enormes coros de voces e instrumentos del Antiguo Testamento. No menos de treinta y uno de los salmos del Antiguo Testamento tienen la indicación: "Al músico principal". Otros se cantaban según ciertas tonadas recomendadas, tales como "Cierva de la mañana" (Ajelet-Sahar, del Salmo 22), tonadas que, sin duda, eran bien conocidas por muchos en Israel.[10]

El silencio y la oración congregacional

Los norteamericanos parecen estar obsesionados por la necesidad de escuchar siempre sonidos. Algunos consideran que el silencio en la adoración está fuera de tono. No quieren vacíos. "Pastor, creo que sería mejor si el órgano tocara algo."

Pero el silencio aminora el bullicio y da tiempo para la reflexión y el diálogo individual con Dios. Es someterse al llamado de Habacuc: "Jehová está en su santo templo; calle delante de él toda la tierra" (2:20).

Cuando comience la oración congregacional, todas las mentes deben estar en la misma actitud silenciosa o con expresiones de "Sí, Señor", "Que así sea", "Amén". Yo personalmente creo que el terminar con un "¡Amén!" por parte de la congregación está muy de acuerdo con las Escrituras.

Tenemos, además, la cuestión del Padrenuestro. Si es utilizado por la congregación, nunca debe ser simplemente "dicho" sino orado con todo el corazón. Los que adoran harían bien recordar que cuando el Señor dio a sus discípulos esta gran oración, primero los previno en contra del "parloteo" tonto (Mateo 6:7).

Los diezmos y las ofrendas

El dar debe ser un acto de adoración consciente, antes que un acto religioso premeditado. El dador, al dar de lo que le pertenece, debe primeramente darse a sí mismo a Dios (cf. Romanos 12:1; 2 Corintios 1:5).

La lectura bíblica

Leer la Biblia es simplemente anunciar la Palabra de Dios, mientras queda por ver si el sermón es un anuncio de la Palabra. Cuando Esdras leyó la ley, todo Israel estuvo de pie "desde el alba hasta el mediodía" mientras la leía (Nehemías 8:3). También nosotros debemos estar de pie al leerla, por idéntico respeto a la Palabra de Dios, simbolizando con eso nuestro sometimiento a ella; y es imperioso que lo hagamos con la actitud de obedecerla.

El sermón

Hay que reconocer que lo más difícil de un culto puede ser escuchar el sermón. Para predicar, el pastor debe haberse preparado bien, pero la congregación debe también estar preparada para escucharlo. Richard Baxter ha dicho en su libro *Ilustraciones para escuchar con provecho la Palabra predicada*:

> Preocúpate con diligencia de apropiarte de la palabra predicada ...No le dejes todo el trabajo al predicador, como quien no es capaz de avanzar más si no hay alguien que lo empuje ...Tú tienes que esforzarte lo

mismo que el predicador, y estar todo el tiempo tan ocupado como él ...debes abrir tu boca y digerir el alimento porque nadie más podrá hacerlo por ti ...por tanto, mantente ocupado todo el tiempo, y detesta el corazón apático al escuchar, lo mismo que detestarías a un predicador perezoso.[11]

Mantenga su Biblia abierta y siga la exposición del texto. Consulte las referencias mencionadas. Tome notas. Identifique el tema de la predicación. Haga una lista de las subdivisiones y aplicaciones. Pídale a Dios que le ayude a ver exactamente en qué aspecto de su vida Él quiere que usted ponga en práctica la Palabra que ha sido predicada.

No hay forma de evitarlo: la verdadera adoración exige disciplina. Hemos de adorar a Dios "en espíritu y en verdad" y esto es imposible sin disciplina. Debemos disciplinarnos para conocer la verdad de Dios a fin de que podamos adorarlo en verdad. Debemos disciplinar nuestro espíritu humano, a fin de que una auténtica devoción se derrame en espíritu, de nuestro corazón a Dios. Debemos disciplinarnos haciendo preparativos anticipados para la adoración colectiva, y eso no comienza treinta segundos después de haber llegado sin aliento al culto.

El sábado

Le he pedido al Señor Jesucristo que me haga sensible mañana a las necesidades de las personas de la iglesia que están sufriendo.

Ya tengo resuelto el problema de la ropa porque lo que me pondré mañana ya está listo.

He tenido un tiempo de oración de confesión para que todo esté bien entre mi Señor y yo cuando nos encontremos mañana.

He decidido acostarme temprano para poder estar descansado y en condiciones de ir a la iglesia mañana.

Me he propuesto mantener el regocijo del día domingo con Cristo y mis hermanos, evitando ocuparme el resto del día de cosas ajenas a este espíritu.

El domingo

Me he levantado temprano para no sentirme presionado por el tiempo.

He programado la mañana para no sólo llegar a tiempo al culto, sino, además, llegar temprano a la iglesia.

Me he desayunado bien, para que el hambre no estorbe mi adoración.

Tengo mi Biblia a mano, más lápiz y papel para tomar notas.

Me he marchado a la iglesia con una gran sensación de expectativa porque sé que Cristo estará allí.[12]

Por último, debemos entender que la disciplina de la adoración es la clave de la alegría desbordante en la adoración. Como bien ha dicho Eugene Peterson:"La adoración es un acto que genera sentimientos hacia Dios, no un sentimiento hacia Dios que se expresa en un acto de adoración."[13]

¡Disciplinémonos con el propósito de adorar!

Alimento para pensar

Cuál es más importante, ¿un hábito de adoración o un corazón que adora? ¿Cuál experimenta más a menudo? ¿Por qué? ¿Si se necesita el cambio, cómo va a trabajar con Dios a realizar ese cambio?

Juan 4:23 nos dice Dios *busca* adoradores. ¿Es Él egoísta? ¿Por qué sí o por qué no? ¿Por qué quiere Dios que lo adoremos?

¿Qué tiene que ver la presencia de Dios con nuestra adoración a Él (ve a hebreos 13:5; Mateo 18:20)? Generalmente, cuando adora a Dios, ya sea usted solo o con un grupo de creyentes, ¿encuentra la presencia divina alentadora o intimidante?

¿Qué más necesitas usted (y su familia) hacer para estar preparado espiritualmente para el servicio del domingo por la mañana en su iglesia? Haga una lista, compártala con los otros en su casa, y trabajen juntos en ponerlo en práctica.

En sus propias palabras, ¿qué significa adorar a Dios "en espíritu y en verdad"? ¿Cómo afecta su andar cristiano el experimentar o no experimentar esto?

¿Qué tipo de adoración se identifica en Romanos 12:1? ¿Cuánto tiempo ha pasado desde que ha hecho lo que este versículo dice que haga?

La aplicación/Respuesta

¿De qué le habló Dios más específicamente, más poderosamente en este capítulo? ¡Háblale a Él acerca de eso en este momento!

¡Piensa en esto!

Haga una lista de sus diez pasajes favoritos acerca del carácter o promesas de Dios. Entonces, permite que esos pasajes, más canciones cristianas apropias (ya sea tradicional o contemporáneas), formen la base para un servicio de adoración para celebrar con otros en su familia o con un grupo del estudio bíblico o aún con toda su iglesia.

EL CARÁCTER

10

La Disciplina de la Integridad

THE DAY AMERICA Told the Truth [El día que los estadounidenses dijeron la verdad], un libro reciente basado en una amplia encuesta de opinión que garantizaba el anonimato de los participantes, revela una crisis alarmante de falta de integridad en Norteamérica.

Sólo el trece por ciento de los estadounidenses creen que hay que obedecer los Diez Mandamientos, y el noventa y uno por ciento miente con regularidad, tanto en casa como en el trabajo. En respuesta a la pregunta: "¿A quiénes le ha mentido usted con regularidad?", los estadounidenses indicaron que el ochenta y seis por ciento de las veces a los padres y el setenta y cinco por ciento a los amigos. La tercera parte de los portadores del virus del SIDA reconocieron no habérselo dicho a las personas con las cuales mantenían relaciones sexuales. La mayoría de los trabajadores admitieron hacerse los remolones un promedio de siete horas - casi un día entero - a la semana, y la mitad confesó que regularmente llaman para decir que están enfermos, a pesar de sentirse perfectamente bien.

La encuesta incluyó además esta pregunta: "¿Qué estaría usted dispuesto a hacer a cambio de diez millones de dólares?" El veinticinco por ciento respondieron que abandonarían sus familias; el veintitrés por ciento, que se prostituirían sexualmente durante una semana; y el siete por ciento, que asesinarían a un desconocido.[1] ¡Imagínense! En un grupo de cien estadounidenses, hay siete que matarían por una buena suma de dinero. ¡En mil hay setenta!

Hasta el más indiferente observador puede notar la desaparición de la integridad en todas las esferas de nuestra cultura, con sus Watergates, Irangates, Savingsgates y Pearlygates*; los flirteos amorosos de dominio público de prominentes senadores; los juramentos en falso de congresistas; el embellecimiento artificioso de los registros académicos; y hasta la falsificación de la hoja de servicio militar de presidentes recientes.[2] El franco poema/oración de Fred Holloman, capellán del senado de Kansas, no nos sorprende:

> Padre omnisciente,
> ayúdanos a saber quién está diciendo la verdad.
> Un lado nos dice una cosa, y el otro todo lo contrario.
> Y si ninguno de los dos está diciendo la verdad,
> nos gustaría saberlo también.
> Y si cada lado está diciendo sólo la mitad de la verdad,
> danos la sabiduría para juntar las dos mitades.
> En el nombre de Jesucristo. Amén.

La verdad y la integridad no sólo han resultado esquivas para muchos en función de liderazgo, sino además para nuestros futuros líderes, algunos de los cuales están siendo literalmente adiestrados para las tramperías. Revistas tales como New York Times Book Review (Revista Bibliográfica del New York Times) y Rolling Stones (Trotamundos) publican avisos con encabezamientos tales como "¿Preocupado por su trabajo escrito?" y bajo éste un numérico telefónico de emergencia sin costo de llamada a "Asistencia en Trabajos de Investigación" de los Ángeles Oeste. "Nuestro catálogo, de 306 páginas, contiene descripción detallada de 14.278 trabajos de investigación, toda una biblioteca de información a su inmediata disposición. Las notas de pie de página y la bibliografía son gratis. Hacer su pedido es tan fácil como levantar el auricular del teléfono. Permita que este valioso apoyo educativo le sirva de ayuda durante sus años de estudios universitarios."[3] El anuncio debiera también añadir: "Esta es su oportunidad de degradar su educación y de formarse un carácter fraudulento por el resto de su vida."

En el mundo empresarial norteamericano hay también una decadencia ética que se ha vuelto epidémica. En 1983, el diario Wall Street Journal pidió a George Gallup que realizara una encuesta, que se ha vuelto ahora famosa, entre altos ejecutivos. El estudio reveló una vergonzosa desproporción entre los altos ejecutivos y la población común. El ochenta por ciento de los ejecutivos confesó haber conducido sus vehículos en estado de embriaguez, en comparación con el treinta y tres por ciento de la población común. El setenta y ocho por ciento admitió haber utilizado los teléfonos de las empresas para las que trabajaban,

---

★ Escándalos relacionados con espionaje político, uso indebido de fondos del gobierno para propósitos ilícitos, corrupción financiera e inmoralidad privada de televangelistas, respectivamente.

para realizar llamadas personales de larga distancia. El treinta por ciento había mentido en sus declaraciones de impuestos; y el setenta y cinco por ciento había hurtado materiales de trabajo, para su uso personal, en comparación con el cuarenta por ciento de la población general.[4] La dolorosa verdad es que, un residente de Beverly Hills, en Los Ángeles, al ser comparado con un residente del empobrecido Bronx del Sur de Nueva York, tiene mayores probabilidades de haber utilizado drogas ilegales, de haber cometido un delito o de haber tenido una relación extramatrimonial.[5]

Estas son estadísticas condenables para la clase alta, pero eso no significa que el resto de la población está a salvo. En un informe presentado en un simposio sobre hurto por parte de los empleados, patrocinado por la Asociación Norteamericana de Psicología, sus autores señalaron que el déficit de inventarios cuesta a las tiendas por departamentos y a las boutiques ocho mil millones de dólares cada año. De este monto, el diez por ciento se atribuye a errores cometidos por los vendedores de las tiendas, el treinta por ciento a ratería de los clientes, y un gigantesco sesenta por ciento – unos dieciséis millones de dólares diarios – a hurtos cometidos por los mismos empleados. El "robo telefónico" – robo de llamadas por parte de los empleados al servicio de las compañías telefónicas – le está costando tanto a éstas que la facturación telefónica se ha convertido en uno de los aspectos de más rápido crecimiento en la industria de las telecomunicaciones.[6]

De modo significativo, la mayor parte de la culpa de la decadencia ética la tienen los hombres, como se apresuran a señalar los autores de *El día que los estadounidenses dijeron la verdad*:

> Nuestra ética actual es baja, pero lo sería aún más de no ser por el gran número de mujeres que han ingresado a la fuerza de trabajo en los últimos años.
>
> Cuando comparamos las respuestas dadas por ambos sexos, confirmamos que las mujeres de este país sencillamente se comportan más éticamente que los hombres.
>
> En un cincuenta por ciento menos que los hombres, las mujeres creen que la única manera de triunfar en la vida es valiéndose del engaño, y un porcentaje mucho menor que los hombres creen que el éxito se logra a través de la política antes que del trabajo...
>
> Además, las mujeres están mucho menos dispuestas que los hombres a renunciar a sus valores morales para poder triunfar, y algo más dispuestas que ellos a renunciar a sus empleos por razones de principio si su empresa participa en actividades ilegales...

Y si se produce hurto de objetos de valor de la empresa, el ladrón sería un hombre en seis de cada siete oportunidades.[7]

La verdad es que la sociedad norteamericana está en graves problemas, y el inmenso deslizadero de la falta de integridad (especialmente de la falta de ética masculina) tiene terribles implicaciones éticas a nivel familiar y de la sociedad en general, que amenazan la supervivencia de nuestra forma de vivir tal como la hemos conocido hasta ahora.

Sin embargo, para el cristiano el hecho más espeluznante es éste: Hay muy poca diferencia estadística entre las prácticas éticas de los religiosos y de los que no lo son. Doug Sherman y William Hendricks, en su libro *Keeping Your Ethical Edge Sharp* [Manteniendo en guardia su ventaja ética] comentan que, según una encuesta Gallup, el cuarenta y tres por ciento de los que no asisten a las iglesias manifiestan haber hurtado materiales de su trabajo, frente a un treinta y siete por ciento de los que sí asisten; y que el diecisiete por ciento de los primeros utilizan los teléfonos de sus lugares de trabajo para hacer llamadas personales de larga distancia, y el trece por ciento de los que asisten a las iglesias hacen lo mismo.

Pero ¿son ciertas estas estadísticas para los cristianos verdaderos? nos preguntamos. Sherman y Hendricks afirman que sí. Según ellos, la conducta ética de los cristianos varía muy levemente en comparación con la de los no cristianos, con grandes excepciones, por supuesto.[8]

Dolorosamente, los cristianos son casi tan iguales a los que no lo son, en que:
• Mienten al rendir sus declaraciones de impuesto.
• En los exámenes se copian de los demás (los profesores lo saben mejor que nadie).
• Sobornan para obtener contratos. "No queda más remedio que hacerlo."
• Violan normas legales.
• Copian ilegalmente programas de computadoras.
• Roban tiempo de su trabajo.
• Cometen robo telefónico.
• Exageran las ventajas de los productos que venden.
• Dicen a los demás los que éstos quieren oír.
• Son selectivos en cuanto al cumplimiento de las leyes.

Muchas razones podrían darse para explicar esto, pero un responsable favorito es el subjetivismo y relativismo moral de nuestra época. Con personas como el magistrado de la Corte Suprema Harlan haciendo el enunciado doctrinal de que "lo que para un hombre es una vulgaridad, para otro es poesía",[9] y con el hombre común y corriente que apela al tribunal supremo de su propio yo - ¡"Mi opinión vale tanto como la suya!" - la ética y la integridad se resienten.

Y si un representante de la cultura como Ernesto Hemingway (cuyo estilo sigue arbitrando nuestra literatura) fue un mentiroso empedernido que mentía en todo - en cuanto a su niñez, a sus hazañas deportivas, a sus proezas militares, a sus relaciones y al que una de sus esposas llamó una vez "el más grande mentiroso que haya existido desde Münchhausen"*[10] ¿qué podemos esperar de nuestra cultura? Si nuestros ídolos son unos consumados mentirosos, ¿qué más podríamos esperar?

Pero la razón principal de nuestra crisis de integridad es que los seres humanos somos intrínsecamente fraudulentos; somos mentirosos congénitos. Justo en medio de la retahíla de consideraciones que el apóstol Pablo hace en cuanto a la depravación del hombre, en Romanos 3, leemos: "Sepulcro abierto es su garganta; con su lengua engañan" (v. 13). No hizo falta que nadie nos enseñara el arte de la mentira. Y aunque hayamos sido regenerados, si no nos disciplinamos a nosotros mismos bajo el señorío de Cristo, volveremos al engaño, como el cerdo a la pocilga.

Nuestra situación se agrava por el engaño arrollador que ejercen los medios de comunicación sobre nuestra cultura, al punto de que difícilmente podemos saber qué cosa es la verdad. Son muchos los cristianos que trafican con el engaño y algunos que carecen de integridad ni siquiera saben lo que eso significa.

LO QUE DIOS DICE EN CUANTO A LA INTEGRIDAD

Ananías y Safira (Hechos 5) sabían que estaban mintiéndole a la iglesia cuando vendieron cierta propiedad que les pertenecía, poniéndose de acuerdo para actuar como si estuvieran dando todo el monto de la venta, cuando en realidad estaban entregando sólo una parte. Pero el relato no da la impresión que ellos pensaran que lo que estaban haciendo adolecía de falta de integridad. Después de todo, estaban haciendo algo bueno y generoso.

Si eso hubiera ocurrido hoy, Ananías habría esperado hasta que el órgano comenzara a tocar el himno "Todo traigo a ti", y luego humildemente habría pasado al frente, colocando un cheque a los pies de Pedro, mascullando: "Habría querido dar más, Pedro, pero esto es todo lo que tengo."

---

* Carlos Jerónimo Münchhausen, barón de Münchhausen (1720-1797), fue un militar alemán, famoso por las fanfarronadas que se le atribuyen, que están recogidas en el libro Las aventuras del barón Münchhausen.

Imaginemos esa escena de la primera iglesia en Jerusalén: el corazón de Ananías latía con violencia por la emoción del reconocimiento a su acción, pero Pedro no estaba nada contento. ¡De algún modo se había enterado del engaño!

> —Ananías — lo reprendió Pedro—, ¿por qué has permitido que Satanás te llene el corazón? ¿Por qué dices que este es el importe total de la venta? Le estás mintiendo al Espíritu Santo. ¿Acaso no era tuya esa propiedad? ¿No podías hacer de ella lo que te viniera en gana? ¿Acaso no tenías el derecho de decidir la cantidad que ibas a ofrendar? ¿Por qué lo has hecho, dime? No nos has mentido a nosotros, sino a Dios.
>
> Hechos 5:3,4, La Biblia al Día

¡Pobre Ananías! Su agitado corazón se detuvo y ya no pudo continuar respirando. El semblante grave de Pedro se ensombreció, a tiempo que a Ananías se le escapaba la vida. Luego, unos jóvenes sacaron su cadáver, como también hicieron horas después con el de su viuda.

La historia de Ananías y Safira nos horroriza porque murieron por una falta "pequeña". Si bien ellos mintieron en cuanto al porcentaje que dieron de lo obtenido por la venta, ¿por qué tenían que morir? Después de todo, dieron ¡y eso es más que lo que muchos hacen!

La respuesta es que la iglesia no puede prosperar cuando entre sus miembros hay falsedad, y Dios quiso que esto quedara definitivamente claro para siempre. La falsedad hiere al Cuerpo de Cristo - no permitiéndole funcionar normalmente - ¡y eso es un pecado contra Dios! Por eso Pedro le dijo a Ananías al momento de su muerte: "No has mentido a los hombres, sino a Dios" (Hechos 5:4).

La integridad es una de las mayores necesidades de la iglesia moderna. La iglesia necesita personas que no sólo se abstengan de mentir descaradamente, sino que además estén libres de hipocresía. Pablo dice, en realidad, que la integridad es indispensable para el crecimiento de la Iglesia: "Sino que siguiendo la verdad en amor, crezcamos en todo en Aquel que es la cabeza, esto es, Cristo" (Efesios 4:15). Significa, literalmente, que el instrumento divino para el verdadero crecimiento de la iglesia es seguir la verdad en amor, es decir, hablar y practicar la verdad los unos con los otros.

La inevitable necesidad de integridad de la iglesia está vinculada directamente con las necesidades de nuestro mundo perdido, ya que el mundo anhela ser libre del engaño. Sin duda, el mundo practica y promueve el engaño; pero en lo más profundo muchas personas ansían verse libres de la falsedad.

Un considerable número de personas fuera de las cuatro paredes de la iglesia abrazarían ansiosamente la fe de los creyentes que sean los modelos de probidad e integridad que ellos buscan.

Helmut Thielicke, el famoso teólogo y pastor que mantuvo su integridad durante todo el Tercer Reich de Hitler, dijo: "Evitar aun la mentira más pequeña …puede ser una confesión de fe mucho más eficaz que todo una 'filosofía cristiana' defendida con un debate larguísimo y tenaz."[11]

Un espíritu íntegro es un poderoso instrumento de evangelización. He conocido a personas que por haber visto esta cualidad en alguna iglesia o creyente, se sintieron irresistiblemente atraídas por Cristo. La integridad será para algunas personas la refrescante bebida tentadora en medio del secularizado desierto de la falsedad.

Lo ocurrido con Ananías y Safira nos enseña que a Dios sí le importa nuestra integridad. Necesitamos decir como Job: "Hasta que muera, no quitaré de mí mi integridad" (Job 27:5).

LA EXPRESIÓN DE LA INTEGRIDAD

Es fundamental que entendamos que el concepto bíblico de integridad incluye la idea básica de completo, es decir, que una persona de integridad es alguien a la que no le falta nada.[12] La palabra española integridad, que se deriva del latín, recalca la misma cualidad porque integritas significa "total", "íntegro", "cabal".[13]

La integridad es algo que caracteriza a la totalidad de la persona, no sólo a parte de ella. Quien es íntegro lo es de pies a cabeza, y no sólo lo es interiormente, sino también exteriormente. El Salmo 15 alaba al hombre íntegro:

> Jehová, quién habitará en tu tabernáculo?
> ¿Quién morará en tu monte santo?
> El que anda en integridad y hace justicia,
> y habla verdad en su corazón.
> El que no calumnia con su lengua,
> ni hace mal a su prójimo,
> ni admite reproche alguno contra su vecino.
> Aquel a cuyos ojos el vil es menospreciado,
>   pero honra a los que temen a Jehová.
> El que aun jurando en daño suyo, no por eso cambia;
> quien su dinero no dio a usura,
>   ni contra el inocente admitió cohecho.
> El que hace estas cosas, no resbalará jamás.

Encuestas realizadas indican que, por lo general, las personas mienten para ocultar algo que han hecho mal.[14] Es el caso, por ejemplo, del empleado que después de dejar atorar, por descuido, la fotocopiadora, para no aparecer como responsable dice: "Bien, ¿quién atoró la computadora?"

La segunda razón más frecuente para mentir es evitar herir los sentimientos de los demás. ¿Ha evitado usted alguna vez decir la verdad para no crearse problemas?

Eso no significa que estamos autorizados para decir a los demás lo que pensamos - gústeles o no - como si tuviéramos el mandato espiritual de desembucharlo todo. Significa, más bien, que nunca debemos defraudar a nadie por omisión, ni dejar de decir la verdad para no quedar mal o para evitar ofender a los demás. Debemos hablar "la verdad en amor" (Efesios 4:15). La integridad exige que todo lo que digamos sea intencionalmente cierto, y esto agrada a Dios: "Los labios mentirosos son abominación a Jehová; pero los que hacen verdad son su contentamiento" (Proverbios 12:22).

Un hombre íntegro jamás engaña ni defrauda a los demás, y nunca roba. Proverbios dice: "Pesa falsa, y medida falsa, ambas cosas son abominación a Jehová" (20:10). "El peso falso es abominación a Jehová; mas la pesa cabal le agrada" (11:1). "Hay quienes se divierten cometiendo fraude, pero la torta que compran con su mal habida ganancia se les convertirá en ceniza en la boca" (20:17, La Biblia al Día).

Son muchas las maneras de robar sin darle importancia, y que la mayoría de las personas consideran que no está mal, tales como: llevarse material de la oficina, hacerse servir comidas más costosas de lo razonable pagadas por la empresa, aceptar obsequios de los clientes, no respetar derechos de propiedad literaria, e incluir deducciones indebidas en las declaraciones de impuestos. Pero el hombre que es íntegro evita todas estas tentaciones, para la gloria de Dios.

Por otra parte, el hombre de Dios cumple su palabra. Nunca promete lo que no tiene la intención de cumplir. Y la lleva a cabo, es decir, no "olvida" convenientemente lo que ha prometido. Un hombre nunca engaña a nadie, pues la fidelidad - uno de los frutos del Espíritu Santo (Gálatas 5:22) - es su distintivo. Incluso, cuando se da cuenta de que cumplir con su palabra lo perjudica, lo hace, porque, como dice el salmista, el hombre íntegro "aun jurando en daño suyo, no por eso cambia" (Salmo 15:4). Este hombre, dice la Biblia, es único: "Muchos hombres proclamaron cada uno su propia bondad, pero hombre de verdad, ¿quién lo hallará?" (Proverbios 20:6). La integridad se vende cara.

Por último, un hombre íntegro es un hombre de principios. Debemos entender que ser un hombre de principios significa más que tener principios: significa tener el valor de defender sus convicciones a cualquier precio. Cuando escribía este libro, mi hija y mi yerno, Brian y Holly Hoch, y sus tres hijos, estaban buscando vivienda en Viena, Austria, desde hacía cuatro meses. Allí la vivienda es escasa, y porque los dueños de los pocos apartamentos que habían conseguido les exigían que firmaran un documento que decía falsamente que estaban pagando menos por el apartamento de lo que realmente pagarían, no lograron que se lo alquilaran. Mi hija y su familia estaban, pues, siendo víctimas de su integridad, pero víctimas envidiables.

LOS BENEFICIOS DE LA INTEGRIDAD

Ser íntegro puede costarle a usted la pérdida de una relación, la estimación de los demás, un ascenso en su trabajo, su empleo y aun su vida. Pero la integridad tiene también sus beneficios.

Personalidad firme
No hay ninguna duda de que la integridad es, en sí misma, la mejor recompensa, ya que produce personalidad firme y, sin desconocer la intervención divina, la personalidad determina el curso de nuestra vida en la tierra. Es más, glorificará a Dios por la eternidad, por su gracia.

Limpia conciencia
Estrechamente unido a lo anterior está el beneficio paralelo de una limpia conciencia. Este es un beneficio de primera línea, porque si usted tiene una conciencia limpia podrá permanecer firme en medio de las tormentas que se arremolinen a su alrededor. Si su corazón no lo reprende, sino que le infunde confianza, usted podrá convertirse en una fortaleza. "El que camina en integridad anda confiado" (Proverbios 10:9).

Intimidad con Dios
Pero los beneficios de la integridad van aún más allá, porque la integridad de alma garantiza la intimidad profunda con Dios. Él ama la verdad en lo íntimo (Salmo 51:6) y cuando la encuentra se regocija por el compañerismo que tiene con ese corazón. Un alma sincera y transparente es un refugio para el Espíritu de Dios.

Superación
Hay también beneficios externos de la integridad, ya que la integridad produce superación en la vida de los creyentes. La integridad inspira más integridad; la conducta ética produce más conducta ética; la honradez lleva a más honradez; y la

personalidad produce más personalidad. Salomón dijo: "Camina en integridad el justo; sus hijos son dichosos después de él" (Proverbios 20:7).

Poder para evangelizar

Por último, y como ya he señalado antes, está el atractivo evangelizador que ejerce la integridad. El siguiente anuncio apareció en el diario *The East African Standard* (El estandarte de África Oriental) de Nairobi:

> PAGARÉ TODAS MIS DEUDAS.
> YO, ALLAN HARANGUI, ALIAS WANIEK HARANGUI, Apartado Postal 40380, Nairobi, me he consagrado al Señor Jesucristo, y debo enderezar todos mis entuertos. Si tengo con usted alguna deuda, o le hecho algún daño personal, o alguna de las siguientes compañías de las cuales he sido director o socio: GUARANTEED SERVICES LTD. WATERPUMPS ELECTRICAL Y GENERAL CO. SALES AND SERVICES. Tenga la bondad de ponerse en contacto conmigo o con mis representantes: J. K. Kibicho y Compañía, Abogados, Apartado Postal 7317, Nairobi, para pagarle. Cualquier cantidad adeudada será cancelada sin discusión.
> QUE DIOS Y SU HIJO JESUCRISTO SEAN GLORIFICADOS.

Durante un hermoso instante toda la gran ciudad de Nairobi supo que Jesucristo había producido un cambio ético en la vida de un hombre, y sin duda alguna muchas almas se convirtieron a Cristo como resultado de eso. La integridad y la evangelización hacen una combinación poderosa.

Todo cuanto se diga no sería suficiente para recalcar la importancia de la integridad a una generación de cristianos que en muy poco se diferencian del mundo en su conducta ética. ¡El mundo está desfalleciendo por hallar en nosotros integridad! Sus envidiables beneficios de personalidad, de una conciencia limpia, de una profunda intimidad con Dios, de la superación de los demás, y de ganar a los perdidos proclaman poderosamente la importancia de la integridad.

El corazón inerte de Ananías y Safira es un testimonio de lo importante que es ser íntegros.

LA DISCIPLINA DE LA INTEGRIDAD

La obligación e importancia de la integridad sugieren algo al corazón sincero: la necesidad de la disciplina. Dios quiere que seamos hombre de principios. G.

K. Chesterton precisó: "La moralidad, al igual que el arte, consiste en trazar un límite en algún punto."15 Debemos dejar que sea la Palabra de Dios - no la cultura - la que trace esa raya, manteniendo a toda costa la elevada ética bíblica, aun cuando la cultura la considere anticuado e impracticable; y asimismo disciplinarnos a través del Espíritu Santo para mantenerla.

Wesley Pippert, corresponsal de la agencia noticiosa UPI, nos da un sabio consejo en cuanto a esto:

> Una de las disciplinas más eficaces que conozco es no hacer algo la primera vez, pues la repetición se volverá mucho más fácil…No hacer algo por primera vez es un tremendo baluarte contra el no intentarlo después. Como ha dicho la filósofa moral Sissela Bok en su libro *Lying* [La mentira] (Nueva York: Pantheon, 1978, p. 28): "Es muy fácil decir una mentira, pero muy difícil decir sólo una." La disciplina nos ayudará a estar a salvo del sentimiento de culpa que con frecuencia se experimenta al interesarse uno en cosas indebidas. Un fruto importante de la disciplina es la integridad, y pocas cosas son tan importantes como gozar de una buena reputación, de tener "un buen nombre". No todas las personas son sociables o comunicativas; no todas son populares ni se hacen querer fácilmente, ¡pero todas pueden tener integridad! La integridad fluye más de un carácter disciplinado que de una personalidad atrevida.[16]

Debemos disciplinarnos a nosotros mismos para ser veraces en todo lo que digamos. El designio bíblico no es prohibirnos que hagamos chistes con nuestros amigos, que disfrutemos de las bromas, o que contemos historias fantásticas. Pero la Palabra de Dios sí nos manda a ser honrados en todo, a nunca mentir ni a utilizar palabras ambiguas para quedar bien o para mantener el favor de los demás.

Jamás debemos ser indiferentes en cuanto a hablar siempre la verdad, y debemos medir bien nuestras palabras. Si no hemos sido sinceros debemos reconocerlo de inmediato, porque la falta de sinceridad se puede convertir en un hábito. William James, en su obra clásica *Principles of Psychology* [Principios de psicología] lo expresó de esta manera:

> Si los jóvenes se dieran cuenta de cuán pronto se convertirán en simples fardos andantes de hábitos, se preocuparían más por su conducta en sus años formativos. (Con nuestra conducta) estamos tejiendo nuestro propio destino - para bien o para mal - que siempre nos acompañará. Toda acción, toda virtud o todo vicio, por más pequeño que sea, deja su pequeña huella. El ebrio Rip Van Winkle, en la adaptación teatral hecha por Joseph Jefferson

(del cuento de Washington Irving), justifica todas sus calaveradas diciendo: "¡Esta no cuenta!" Bueno, no contará para él, pero le está siendo contada de todas maneras. Por entre sus células y tejido nervioso las moléculas lo están contando, registrando y almacenando para utilizarlo en su contra cuando se presente una nueva tentación. Nada de lo que hacemos es borrado, en el más estricto y literal sentido científico del término. Esto tiene, por supuesto, su lado bueno y también su lado malo.[17]

Debemos disciplinarnos a nosotros mismos para hablar la verdad, pues la verdad puede convertirse en un hábito, algo que hacemos sin pensarlo.

La honradez habitual - la integridad - debe ser la meta en todo lo que hagamos. Debemos disciplinarnos a nosotros mismos para no sucumbir a las llamadas "cosas pequeñas" tales como el hurto ocasional, el robo de tiempo en nuestro trabajo, el apropiarnos de útiles de oficina, el aprovecharnos de una generosa cuenta de gastos de la empresa, el calcular kilometraje del vehículo a nuestro favor, y el deformar la verdad aunque sea un poquito.

Si esta disciplina se convierte en un hábito las "cosas grandes" no serán ningún problema.

Siembra una acción y cosecharás un hábito. Siembra un hábito y cosecharás un carácter. Siembra un carácter y cosecharás un destino para ti mismo para tu familia para tu iglesia y para el mundo.[18]

Alimento para pensar

¿En qué maneras ve una sequía de la verdad y la integridad en su cultura? ¿Cuáles son los efectos, prácticos y específicos, en la nación, la familia, la fábrica, la iglesia? ¿Cómo estos resultados le afectan personalmente?

Revisa la historia de Ananías y Safira en Hechos 5. ¿Cree que su castigo fue demasiado severo... demasiado clemente? ¡(Sea honesto!) ¿Qué le enseña hoy este acontecimiento de la iglesia primitiva?

¿Está de acuerdo con la declaración de Helmut Thielicke: "El evitar una mentirilla pequeña... puede ser una confesión de fe más fuerte que toda una filosofía cristiana' defendida en una discusión larga y fuerte." ¿Qué mentirillas pequeñas se encuentra a veces diciendo? ¿Qué puede hacer en la práctica para parar esto?

¿Comparte la determinación del trabajo en este asunto ("Hasta que muera, no quitaré mi integridad," Job 27:5)? ¿Por qué sí o por qué no?

Acerca de la conexión entre la integridad y la rectitud, ¿qué es realmente lo que está en juego en el siglo veinte en la búsqueda de la integridad y la salud integrada (físico, emocional, mental, espiritual)? ¿Qué significa para usted ser "total"? ¿Está dispuesto a pagar el precio de Dios por la integridad?

¿Cuál de los beneficios de la integridad significa más para usted personalmente? ¿Qué está dispuesto a hacer para que estos rasgos sean verdaderos en su vida? ¿Qué parte juega Dios en esto?

La aplicación/Respuesta

¿De qué le habló Dios más específicamente, más poderosamente en este capítulo? ¡Háblale a Él acerca de eso en este momento!

¡Piensa en esto!

Lea Salmos 15 y haga una lista de cada rasgo de carácter mencionado o acción personal que tiene relación con la integridad y sus compañeros, la verdad y la honradez. Entonces vuelva a la lista e indique cómo le va en cada punto (pobre, regular, varía, constantemente obediente, etc.) Ahora ore por la ayuda de Dios para llevar a cabo todo esto.

11

La Disciplina de la Lengua

EN 1899 CUATRO reporteros de Denver, Colorado, coincidieron por casualidad un sábado por la noche en una estación de trenes de Denver. Al Stevens, Jack Tournay, John Lewis y Hal Wilshire trabajaban para los cuatro diarios de Denver: el Post, el Times, el Republican, y el Rocky Mountain News.

Cada uno de los reporteros tenía la nada envidiable tarea de encontrar una primicia noticiosa para la edición dominical de sus respectivos periódicos, esperando entrevistar a un personaje célebre que llegaría esa noche por tren a Denver.

Sin embargo, nadie llegó y los reporteros se pusieron a pensar qué harían. Mientras discutían las opciones en un bar cercano, Al sugirió que inventaran una noticia. Los otros tres se rieron de la idea, al comienzo. Pero no transcurrió mucho tiempo sin que se pusieran todos de acuerdo con lo propuesto: inventarían una mentira tan extraordinaria que nadie dudaría de ella y los respectivos directores los felicitarían por la noticia.

Una noticia falsa sobre una cuestión local se descubriría fácilmente, y por eso decidieron escribir sobre algún lugar bien distante. Se pusieron de acuerdo en que ese lugar sería la China.

—¿Qué tal si decimos que unos ingenieros norteamericanos, que se dirigían a la China, nos informaron que participarían en la licitación de un gran proyecto del gobierno chino: la demolición de la Gran Muralla?

Hal no estaba muy seguro de que la noticia fuera creíble.

—¿Por qué querrían los chinos derribar la Gran Muralla China?

— Como una señal de buena voluntad internacional, para abrir las puertas del país al comienzo con el extranjero.

A las once de la noche los reporteros se habían puesto de acuerdo en cuanto a los detalles y los cuatro periódicos de Denver publicaron la noticia, en primera página. El titular del Times ese domingo fue: "¡La Gran Muralla China será destruida! ¡Pekín en busca del comercio mundial!"

Por supuesto, la noticia no era sino la ridícula e increíble invención de cuatro periodistas inescrupulosos que se habían reunido en un bar de un hotel. Pero lo asombroso es que el cuento fue tomado seriamente y reproducido rápidamente por otros periódicos norteamericanos y aun del extranjero.

Cuando los chinos se enteraron de que los norteamericanos estaban enviando una cuadrilla de demolición para echar abajo la Gran Muralla, la mayoría se indignó y hasta se enfureció. Particularmente encolerizados estaban los miembros de una sociedad secreta constituida por patriotas chinos ya predispuestos contra toda clase de intervención extranjera. Movidos a la acción por la falsa información, éstos atacaron las embajadas extranjeras destacadas en Pekín y asesinaron a centenares de misioneros foráneos.

Durante los siguientes dos meses, doce mil soldados provenientes de seis países, actuando juntos, invadieron China para proteger a sus compatriotas. La matanza que se produjo en esa ocasión, como resultado de una falsa información de prensa originada en un bar de Denver, fue el período de violencia conocido desde entonces como la Rebelión de los Bóxers.[1]

¡Qué poder tan grande tiene la palabra, tanto escrita como hablada! Naciones han surgido y naciones han perecido por causa de la lengua. Vidas han sido elevadas y vidas han sido destruidas por la lengua del hombre. La bondad ha fluido como río fresco de nuestros labios, y también el pozo negro de la letrina. Esta lengua diminuta es sin duda una fuerza poderosa.

EL PODER INTRÍNSECO DE LA LENGUA

Santiago, el hermano del Señor, entendió esto mejor que ningún otro hombre en la historia, y mediante analogías gráficas nos ha dejado el análisis retórico más agudo en cuanto a la lengua que se encuentra en toda la literatura, sagrada o secular:

He aquí nosotros ponemos freno en la boca de los caballos para que nos obedezcan, y dirigimos así todo su cuerpo. Mirad también las naves; aunque tan grandes, y llevadas de impetuosos vientos, son gobernadas con un muy pequeño timón por donde el que las gobierna quiere. Así también la lengua es un miembro pequeño, pero se jacta de grandes cosas. (Santiago 3:3-5)

El caballo es un animal que tiene una fuerza increíble. Tomemos unas pesas de 250 kilogramos (peso máximo que puede levantar por sobre su cabeza un jadeante campeón olímpico de pesos pesados) y coloquemos el peso sobre el lomo de un caballo, y éste apenas dará un resoplido mientras sigue respirando calmadamente bajo la carga. Este mismo caballo, liberado de la carga, puede correr a toda velocidad cuatrocientos metros en aproximadamente veinticinco segundos. ¡Un caballo es una media tonelada de violencia bruta! Sin embargo, si se le coloca un freno en la boca y se le monta una mujer de apenas cuarenta y cinco kilos, que sepa jinetear, podrá lograr literalmente que la bestia baile.

Santiago observó el mismo fenómeno en las naves antiguas, al ver que las embarcaciones – tanto grandes como pequeñas eran gobernadas por un timón asombrosamente pequeño. Igual sigue ocurriendo hoy, ya se trate de un bote para acrobacias de esquí acuático o de los grandes barcos de guerra. Quien controle el timón controlará la embarcación.

Lo mismo sucede con la poderosa lengua, ese "órgano musculoso situado en la cavidad de la boca" (Diccionario de la Lengua Española). "Así también la lengua es un miembro pequeño, pero se jacta de grandes cosas", dice Santiago (v. 5). O como bien lo dice la versión parafraseada: "La lengua es un miembro diminuto, ¡pero cuánto daño puede hacer!" (La Biblia al Día). A pesar de que pesa sólo unos cuantos gramos, la lengua puede alardear legítimamente de su poder desmedido de decidir el destino de los seres humanos. La vida de Adolfo Hitler y de Winston Churchill es un testimonio elocuente de lo tenebroso o de lo iluminador que puede ser el poder de la lengua. El Führer a un lado del Canal arengaba a inmensas multitudes alemanas con hipnótica cadencia; mientras que del otro, las brillantes y mesuradas palabras del Primer Ministro británico transmitían confianza a una nación para enfrentar su "gran hora".

Pero no hace falta que contemplemos el drama de las naciones para darnos cuenta de la verdad que hay en las palabras de Santiago, pues nuestra vida es suficiente evidencia. Nunca dudemos del poder de la diminuta lengua, y jamás lo subestimemos.

EL PODER DESTRUCTIVO DE LA LENGUA

La principal preocupación de Santiago es el poder destructivo de la lengua, lo cual da lugar a su afirmación por demás provocadora: "He aquí, ¡cuán grande bosque enciende un gran fuego! Y la lengua es un fuego, un mundo de maldad. La lengua está puesta entre nuestros miembros, y contamina todo el cuerpo, e inflama la rueda de la creación, y ella misma es inflamada por el infierno" (vv. 5b, 6).

La lengua tiene una potencialidad aterradora de causar daño, como lo sugiere la analogía del incendio del bosque. A las nueve de la noche del domingo 8 de octubre de 1871, la vaca de la infortunada señora O'Leary pateó la lámpara con que se alumbraba mientras la ordeñaba, dando inicio al gran incendio de Chicago. El desastre ennegreció más de cinco kilómetros y medio de la ciudad, destruyendo más de diecisiete mil edificios antes de ser controlado mediante explosiones con pólvora en el límite sur del incendio. El siniestro duró dos días y cobró más de doscientas cincuenta vidas.

Irónicamente, esa no fue la mayor conflagración que ocurrió ese año en el Medio Oeste de los Estados Unidos. Los historiadores nos cuentan que el mismo día de ese árido otoño una chispa dio inicio a un incontenible incendio en la zona boscosa del norte de Wisconsin, que duró todo un mes, causando más muertes que el incendio de Chicago. Una tormenta eléctrica destruyó millares de metros cuadrados de madera preciosa, ¡todo por una chispa!

La lengua tiene ese alcance de poder inflamatorio en las relaciones humanas, y Santiago está diciendo que los que utilizan mal la lengua son culpables de incendio espiritual premeditado. La simple chispa de una palabra mal dicha puede producir un incendio que aniquile todo en su camino. Además, por ser la lengua "un mundo de maldad", es portadora y transmisora de toda la perversidad que se encuentra en el sistema pecaminoso del mundo. Ella participa de todo mal que existe, y activamente introduce su maldad en nuestra vida.

¿Cuál es el efecto de la malevolencia cósmica de la lengua? "Contamina todo el cuerpo, e inflama la rueda de la creación" (v. 6). "La rueda de la creación" significa literalmente "la rueda de nuestro génesis o sistema cosmogónico", refiriéndose al término "génesis" a nuestra vida o existencia humana".[2] ¡Qué descripción tan idónea de la experiencia humana! Alrededor del noventa por ciento de las llamas que experimentamos en nuestra vida provienen de la lengua.

Después de haber cautivado nuestra imaginación con su lenguaje gráfico, Santiago añade el toque final: "...y ella misma es inflamada por el infierno." Aquí la expresión significa arder *continuamente*. Santiago emplea la misma palabra para "infierno" empleada por su hermano Jesús: "*Gehenna*", derivada del basurero que ardía todo el tiempo en las afueras de Jerusalén. Era un lugar caracterizado por el fuego y la suciedad en el cual, como dijo Jesús, "el gusano de ellos no muere, y el fuego nunca se apaga" (Marcos 9:48).

¿Podrá alguien ignorar el verdadero sentido? ¡La lengua sin control está conectada directamente con el infierno! Alimentada por éste, abrasa nuestra vida con su inmundicia. Pero es también, como dice Calvino, "...un instrumento para atrapar, activar y agigantar las llama s del infierno".[3]

Si tomamos con seriedad las palabras de Santiago, reconoceremos que la lengua tiene más poder de destrucción que una bomba de hidrógeno, ya que el poder de la bomba es físico y temporal, mientras que el de la lengua es espiritual y eterno. Walter Wangerin, en su recopilación de cuentos cortos *Ragman and Other Cries* [El ropavejero y otros pregones de fe] recurre a la naturaleza para una espeluznante metáfora en cuanto al poder de la lengua. Dice que la araña hembra es por lo general viuda debido a una razón desconcertante: devora siempre a los que atrapa. Sus pretendientes solitarios así como los que la vistan se convierten de inmediato en cadáveres, y su comedor es una morgue. La mosca que la visita, después quedar cautiva, parecerá estar completa, pero la araña le habrá chupado todo lo que tenía adentro, convirtiéndola en un féretro hueco. ¡No es un pensamiento agradable, sobre todo si uno sufre de aracnofobia, como yo!

La razón de ese macabro procedimiento es que la araña no tiene estómago y por eso no puede digerir nada dentro de su cuerpo. Mediante diminutos pinchazos, ella inyecta sus jugos digestivos en el cuerpo de la mosca de modo que las entrañas de ésta se desgarran, convirtiéndose en una tibia sopa. "Esta sopa es engullida vorazmente - dice Wangerin -, de la misma manera que la mayoría de nosotros engulle las almas ajenas después de haberlas cocinado en los diversos fermentos de: sentimientos de culpa, humillaciones, subjetividades y amor cruel; toda una gama de combinaciones agrias. Y algunos de nosotros somos tan expertos con la palabra hipodérmica que nuestros seres queridos continúan sentados y sonrientes, después del pinchazo, como si todavía siguieran vivos."[4]

Esta es una horrible, pero eficaz, metáfora para describir el poder destructivo de las palabras malignamente dirigidas. ¡Las palabras no sólo disuelven los órganos y los nervios, sino además las almas! Este mundo está poblado de féretros humanos andantes porque un incontable número de vidas han sido desgarradas y vaciadas por las palabras de alguien.

EL CIANURO VERBAL

Es significativo que Santiago no nos dice cómo se manifiesta el poder destructivo de la lengua en las palabras del hombre. Es que él sabe que la mente espiritual, iluminada por la Palabra de Dios, no tendrá ningún problema en establecer la conexión.

El chisme
El poder destructivo de la lengua mediante el chisme ocupa, por supuesto, el primer lugar de la lista. Cierto médico fue víctima de una paciente disgustada que trató de arruinarlo profesionalmente mediante rumores, y casi lo logró.

Varios años después la chismosa se arrepintió de lo que había hecho y le envió una carta al médico pidiéndole que la perdonara, y él la perdonó. Pero ya el daño se había hecho, y ninguno de los dos podía hacer nada por deshacer lo ocurrido. Como advirtió sabiamente Salomón: "Las palabras del chismoso son como bocados suaves, y penetran hasta las entrañas" (Proverbios 18:8). El chisme ávidamente escuchado y guardado por los oyentes como golosina deliciosa, y el mentís vigoroso del agraviado, sólo generan más sospechas. "¡Es que fulano protesta demasiado!"

El daño ya se ha hecho. De aquí en adelante el inocente médico mirará siempre a los ojos de los demás y se preguntará si se habrán enterado del chisme y si lo habrán creído.

El chisme generalmente aparece disimulado mediante convencionalismos tales como: "¿Te enteraste de que ...?"; o "¿Supiste que ...?"; o "Me contaron que ..."; o "No se lo digas a nadie, pero..."; o "No creo que sea cierto, pero oí decir que..."; o "No debiera decírtelo, pero sé que no se lo contarás a nadie." Y la racionalización más despreciable en los círculos cristianos es, por supuesto: "Te lo cuento para que ores." Esto parece tan piadoso, pero el corazón que se alimenta escuchando habladurías perversas se convierte en un instrumento del infierno, que inflama lo que encuentra a su paso. ¡Oh, cuánta pesadumbre acarrea la lengua!

La indirecta

La indirecta es prima del chisme. Consideremos el caso del primer piloto de un barco, de quien después de una parranda de tragos, el capitán asentó en el diario de navegación: "Piloto borracho hoy." ¿Saben cuál fue la venganza del piloto? Pocos meses después escribió a hurtadillas en el diario de navegación: "Capitán sobrio hoy." Lo mismo ocurre con la palabra contenida, con el silencio embarazoso, con las cejas arqueadas, con la mirada burlona, todo eso saturado con la ruindad del infierno.

La adulación

El chisme implica el decir a espaldas de una persona lo que uno nunca le diría teniéndola de frente. La adulación significa decirle de frente lo que nunca diríamos a sus espaldas. La Biblia nos pone sobre aviso una y otra vez en contra de los aduladores, pues son individuos devastadores que llevan encima toda una legión de móviles dañinos: "El hombre que lisonjea a su prójimo, red tiende delante de sus pasos" (Proverbios 29:5). "La lengua falsa atormenta al que ha lastimado, y la boca lisonjera hace resbalar" (Proverbios 26:28). "Jehová destruirá todos los labios lisonjeros, y la lengua que habla jactanciosamente; a los que han dicho: Por nuestra lengua prevaleceremos" (Salmo 12:3,4a).

La crítica

Criticar parece ser algo endémico en la iglesia cristiana. Quizás se deba a que nuestra inclinación por la rectitud se puede convertir fácilmente en un arrogante sentimiento de santurronería y de condenación de los demás. En cierta ocasión que Juan Wesley predicaba, se fijó en una señora del auditorio que tenía fama de ser una criticona. Durante todo el culto, ésta estuvo sin apartar la vista de la nueva corbata de Wesley. Cuando terminó el culto, la mujer se le acercó y le dijo en forma brusca y severa:

— Señor Wesley, los lazos de su corbata son demasiado largos. ¡Eso a mí me resulta ofensivo!

Entonces Wesley preguntó si alguna de las señoras presentes tenía unas tijeras en su bolso. Cuando las recibió, las entregó a su censora y le pidió que cortara los lazos al tamaño de su gusto. Después que la mujer los cortó bien cerca del cuello, Wesley dijo:

— ¿Está segura de que ahora si está bien la corbata?

— Sí, mucho mejor.

— Entonces, permítame las tijeras un momento —dijo Wesley—. Estoy seguro de que a usted no le molestará que yo también la corrija a usted un poquito. Tengo que decirle, señora, que su lengua me resulta ofensiva - ¡es tan larga! -. Haga el favor de sacarla ...Me gustaría recortársela un poco.

En otra ocasión alguien le dijo a Wesley: - Mi don es decir lo que pienso.

A lo que Wesley replicó:

— ¡Ese es un don por el cual Dios no se preocuparía en lo más mínimo si usted lo oculta!

Este es un buen consejo para todos los cristianos.

La difamación

En un contexto posterior, Santiago da el siguiente mandamiento: "Hermanos, no murmuréis los unos de los otros" (4:11a). Esto quiere decir, literalmente: "Hermanos, no habléis mal los unos de los otros." Santiago prohíbe cualquier palabra (verdadera o falsa) que difame a otra persona.

Sin duda alguna, ningún cristiano debiera prestarse para la difamación, el hacer falsas acusaciones contra la reputación de los demás. Con todo, hay quienes lo hacen. Pero aún más punzante es el desafío de abstenerse de pronunciar cualquier palabra que intente difamar a alguien, aunque sea absolutamente cierta. Personalmente, creo que hay muy pocos mandamientos que vayan, más que éste, en contra de las convicciones más comúnmente aceptadas por la sociedad, porque la mayoría de las personas creen que está bien transmitir información negativa acerca alguien si es cierta. Estamos de acuerdo en que mentir es inmoral. Pero ¿puede ser inmoral hacer circular verdades aunque sean dañinas? ¡Casi parece ser una responsabilidad moral! Según este razonamiento, las críticas que se hacen a espaldas de los demás son justificadas siempre y cuando sean ciertas. De la misma manera, la chismografía difamatoria (¡no se la llama jamás chismografía, por supuesto!) considera que está bien si la información es cierta. De esta manera los creyentes utilizan la verdad como licencia para difamar legítimamente la reputación de los demás.

Relacionado con esto, hay quienes no están de acuerdo con hablar mal de los demás a sus espaldas, sino que consideran que lo correcto es hacerlo cara a cara. Estas personas son impelidas por un apremio "moral" de hacer conscientes a los demás de sus faltas. El hallar defectos en los demás es para estas personas un don espiritual, una autorización para emprender misiones espirituales de aniquilamiento.

Lo que no saben quienes así actúan es que la mayoría de las personas están dolorosamente conscientes de sus propios errores, que no quisieran seguir cometiéndolos, y que están empeñadas en lograrlo. Entonces viene alguien que asalta inmisericordemente a la persona creyendo estar cumpliendo así con su deber espiritual ¡y no hacen sino causar una herida!

Esta difamación destructiva puede también manifestarse mediante el sutil arte de tener en menos las virtudes y logros de los demás. Después de estar con este tipo de personas, nuestras capacidades mentales, nuestros logros deportivos, nuestras destrezas musicales y nuestras virtudes personales no parecen ser tan buenas como hasta hacía pocos minutos antes. Parte de esta sensación vino quizás de las palabras dichas en cuanto a su Steinway - "¡qué pianito tan lindo!" o de expresiones de asombro al darse cuenta de que usted desconocía ciertas cosas. Fue también el tono de la voz, la forma de mirar y el silencio cortante.

Hay muchas razones carnales por las que los hermanos en Cristo se difaman entre sí. La venganza por algún desprecio, real o imaginario, puede ser la motivación para la difamación "cristiana". Hay otros que piensan que su espiritualidad y sensibilidad los preparan para derribar a los demás de sus pedestales y para desenmascarar su hipocresía. Gedeón, en cierta ocasión, gritó: "¡Por la espada de Jehová y de Gedeón!" (Jueces 7:20). Nosotros a veces hacemos lo mismo, pero en nuestro caso se trata con demasiada frecuencia de una espada de fariseísmo.

El hablar mal de los demás puede también deberse a la necesidad de querer ser mejor que otros, como fue el caso del fariseo que daba gracias a Dios por no ser como los demás pecadores, "ni aun como este publicano" (Lucas 18:11). De ese modo, disfrutamos de la dudosa distinción de pasearnos sobre las cabezas magulladas de los demás.

A veces el hablar negativamente de los demás se debe simplemente al exceso de conversación frívola. Cuando las personas no tienen cosas importantes de las cuales hablar, atizan la llama de la conversación con la carne de los demás. Los talentos y móviles que hay en el Cuerpo de Cristo para calumniarse mutuamente pudieran ocupar toda una biblioteca.

Todos somos muy duchos en racionalizar ese tipo de conversación, pero la Palabra de Dios sigue diciendo: "Hermanos, no murmuréis los unos de los otros" (Santiago 4:11a).

El cianuro verbal se presenta de muchas formas: El chisme, la indirecta, la adulación, la crítica y la difamación son apenas algunas de las ponzoñas que los cristianos se inyectan entre sí, y los resultados son los mismos en todas partes: los jugos gástricos venenosos se mezclan para formar un festín satánico donde se engulle a las almas.

RELIGIÓN VANA

Las palabras de Santiago son constantemente incisivas, pero ninguna tan penetrante como éstas: "Si alguien se cree religioso entre vosotros, y no refrena su lengua, sino que engaña su corazón, la religión del tal es vana" (1:26). ¡Tal religiosidad no es más que un ejercicio de frivolidad!

Esta es una afirmación espiritualmente aterradora, por no decir otra cosa peor, ya que pone el dedo en la llaga, dejando al descubierto la hipocresía religiosa. Una lengua sin control pone de manifiesto una religiosidad falsa, no importa cuán devotamente se la practique. La verdadera prueba de la espiritualidad de un hombre no es su destreza oratoria - producto de su capacidad pensante - sino su habilidad de refrenar su lengua.

El Señor Jesucristo mismo lo dijo con palabras inequívocas en un acalorado enfrentamiento que tuvo con los fariseos: "O haced el árbol bueno, y su fruto bueno, o haced el árbol malo, y su fruto malo; porque por el fruto se conoce el árbol. ¡Generación de víboras! ¿Cómo podéis hablar lo bueno, siendo malos? Porque de la abundancia del corazón habla la boca" (Mateo 12:33,34). *La lengua inevitablemente revelará lo que hay por dentro.* Esto es particularmente cierto cuando la persona está tensa y la lengua actúa compulsivamente.

En cierta ocasión, un pastor que estaba haciendo trabajos de carpintería en su iglesia se dio cuenta de que uno de los hombres de su congregación lo seguía a todas partes que se movía. Por último, el pastor le preguntó por qué lo hacía, a lo que el hombre respondió:

—Quiero oír lo que dirá cuando se golpee un dedo con el martillo.

Aquel curioso creyente sabía que ese sería el momento de la pura verdad. Lo mismo podría decirse de nuestras reacciones bajo la presión de los problemas en el seno de la familia donde nuestra boca pone de manifiesto lo que realmente somos.

Santiago no está sugiriendo que los que de cuando en cuando caen en este pecado tienen una religiosidad vana, ya que todos lo cometemos a veces. Más bien, lo que está diciendo es que si la lengua está por costumbre sin control, si el hombre asiste fielmente a la iglesia; o tiene un conocimiento envidiable de la Biblia; u ora mucho; o es un ejemplo diezmando; aunque se cree religioso ...engaña su corazón, (y) "la religión del tal es vana".

El siempre práctico Santiago trata descarnadamente el problema, pero no es la llaga lo que pone al descubierto sino que penetra hasta el hueso vivo de nuestra alma. La verdadera religiosidad sabe ponerle freno a la lengua.

¿Qué tal está su religión? ¿Qué tal está la mía?

- ¿Hablamos más de la cuenta?
- ¿Hacemos circular chismes para que los demás se refocilen con ellos?
- ¿Lisonjeamos a las personas?
- ¿Tenemos el "don" de una lengua afilada?
- ¿Elevamos o degradamos a las personas con nuestras palabras?

"Lengua sin hueso, pequeña y chata —exclama el griego; destroza y mata."
"Lengua agresiva, ante su furia nada es la espada" el turco aclara.
Bien lo atestigua el dicho persa: "¡Largo de lengua, vida muy breve!"
Refrán que a veces así se expresa: "Muerde tu lengua y salva tu testa."
"La lengua suelta va más de prisa - dicen los chinos; que rauda brisa."
Los sabios de Arabia con justicia han dicho: "Es tu corazón de tu lengua el nicho."
Del hebreo el precepto dice con prudencia: "Resbalen tus pies mas no así tu lengua."
Y el autor sagrado lo corona todo: "Quien su boca guarda, su alma atesora." [5]

LA LENGUA DISCIPLINADA

La lengua, a pesar de ser tan pequeña, es inmensamente poderosa. Cuatro periodistas, todos buenos muchachos, después de haberse tomado unas cuantas cervezas en un bar de Denver en 1899, fueron responsables de la chispa engañosa que inflamó la deshonrosa Rebelión de los Bóxers. La lengua es, sin duda alguna, más poderosa que todos los generales y sus ejércitos. Ella puede calentar nuestra vida hasta convertirla en horno ardiente, o refrescarla con la suave brisa del Espíritu. Nuestra lengua puede ser un instrumento del infierno o una herramienta del cielo.

Ofrecida a Dios ante su altar, la lengua tiene un formidable poder para hacer el bien. Puede proclamar el mensaje transformador de salvación: "¿Y cómo oirán sin haber quien les predique? ¿Y cómo predicarán si no fueren enviados? Como está escrito: ¡Cuán hermosos son los pies de los que anuncian la paz, de los que anuncian buenas nuevas!" (Romanos 14c,15). La lengua tiene poder para santificación cuando anunciamos la Palabra de Dios:"Santifícalos en tu verdad; tu palabra es verdad" (Juan 17:17). La lengua tiene poder para sanar: "Porque de cierto, cuando vinimos a Macedonia, ningún reposo tuvo nuestro cuerpo, sino que en todo fuimos atribulados; de fuera, conflictos; de dentro, temores. Pero Dios, que consuela a los humildes, nos consoló con la venida de Tito; y no sólo con su venida, sino también con la consolación con que él había sido consolado en cuanto a vosotros, haciéndonos saber vuestro gran afecto, vuestro llanto, vuestra solicitud por mí, de manera que me regocijé aun más" (2 Corintios 7:5-7). La lengua tiene poder para adorar:"Así que, ofrezcamos siempre a Dios, por medio de él (Jesucristo) sacrificio de alabanza, es decir, fruto de labios que confiesen su nombre" (Hebreos 13:15).

¡Hombres, la tarea es nuestra! ¡Sin esfuerzo no hay satisfacción!

En primer lugar, debemos pedirle a Dios que cauterice nuestros labios, haciendo la misma confesión que Isaías:"¡Ay de mí! que soy muerto; porque siendo hombre, inmundo de labios, y habitando en medio de pueblo que tiene labios inmundos, han visto mis ojos al Rey, Jehová de los ejércitos" (Isaías 6:5). Luego, necesitamos someternos a su toque purificador:"Después oí la voz del Señor, que decía: ¿A quién enviaré, y quién irá por nosotros? Entonces respondí yo: Heme aquí, envíame a mí" (v. 8). El modelo que vemos en la experiencia de Isaías, practicado como ejercicio espiritual con todo el corazón, obrará maravillas en nuestra vida. ¡Pongámoslo en práctica hoy mismo!

En segundo lugar, paralelamente con lo anterior, debe haber una devoción constante en cuanto al uso que demos a la lengua, orando por eso específicamente con regularidad. Esto, combinado con lo dicho en primer lugar, operará un milagro espiritual.

En tercer lugar, debemos decidir disciplinarnos a nosotros mismos en cuanto al uso de la lengua, haciendo propósitos firmes, tales como los siguientes:

- Hablar siempre la verdad en amor (Efesios 4:15).
- Abstenernos de ser parte o canal para la murmuración (Proverbios 16:28; 17:9; 26:20).
- Abstenernos de lisonjear hipócritamente (Proverbios 26:28).
- Abstenernos de juzgar a los demás (Santiago 4:11).
- Abstenernos del humor degradante (Efesios 5:4).
- Abstenernos del sarcasmo (Proverbios 26:24,25).
- Memorizar los versículos bíblicos que enseñan el uso correcto de la lengua.

(Véase en la sección de Recursos de este libro, una lista de Proverbios que se refieren a la lengua: "Proverbios selectos en cuanto al uso de la lengua.") ¡Disciplina su lengua para poder ser santo!

"El que guarda su lengua guarda su alma" (Proverbios 13:3).

Alimento para pensar

"Algunas vidas han sido elevadas y otras vidas han sido lanzadas hacia abajo por discursos humanos. La bondad ha fluido como un río dulce de nuestras bocas, como también la cloaca." ¿En qué maneras las palabras de otros le ayudaron o le hicieron daño?

¿Cuál imagen de la lengua en Santiago 3 te habla más intencionalmente? ¿Cómo ha tratado de domesticar la lengua? ¿Funcionó? ¿Cómo le ha ayudado Dios en esta área?

¿Encuentra personalmente tentador dar rienda suelta al chisme? (Ten cuidado de llamar a esto con un nombre más benigno.) ¿Por qué disfrutas hablar detrás de las espaldas de otro? ¿Cómo se sientes después? ¿Qué clase de conversación debe reemplazar el chisme?

¿Se encuentra a si mismo expresando adulaciones pecaminosas? ¿Qué espera ganar? ¿Qué clase de conversación debe reemplazar la adulación?

¿Qué exhortación con respecto a nuestras palabras encontramos en Santiago 4:11? Otra vez, identifica sus motivos para tal conversación y el reemplazo (s) apropiado (s).

¿Es posible aún pecar durante la oración (ver Lucas 18:11)? ¿Ha hecho esto alguna vez? ¿Por qué? ¿Cómo se ve a si mismo... a los otros... y a Dios en tal tiempo?

La aplicación/Respuesta

¿De qué le habló Dios más específicamente, más poderosamente en este capítulo? ¡Háblale a Él acerca de eso en este momento!

¡Piensa en esto!

Anote un pensamiento breve acerca de la lengua de cada uno de los pasajes siguientes, después resúmelo todo en un párrafo breve: 2 Corintios 7:5-7; Isaías 6:1-8; Efesios 4:15; Proverbios 16:28; 17:9; 26:20; 26:24, 25; 26:28

12

La Disciplina del Trabajo

STUDS TERKEL comienza con estas palabras su famoso libro sobre el trabajo y lo que las personas dicen en cuanto a lo que hacen todo el día y qué les parece lo que hacen:

> Este libro, por referirse al trabajo, trata por su misma naturaleza de la violencia, tanto contra el espíritu como contra el cuerpo. De las úlceras y también de los accidentes. De los enfrentamientos verbales y también de las peleas a puño limpio. De los colapsos nerviosos y también de los puntapiés al perro. Trata, sobre todo (o por debajo de todo), de las humillaciones que se experimentan diariamente.[1]

Millones de personas consideran su trabajo como una afrenta que tienen que soportar para poder vivir. Este sentimiento no carece de precedente. Herman Melville, autor de *Moby Dick*, pensaba igual: "Y hablan de la dignidad de la dignidad del trabajo. Tonterías. La dignidad es el ocio."

Una oscura nube de insatisfacción cubre hoy la fuerza laboral, al punto de que sólo uno de cada diez trabajadores norteamericanos dice estar satisfecho con su trabajo.[2] Eso significa que para la inmensa mayoría el trabajo es algo aburrido y sin sentido. Este descontento general ha dado como resultado dos problemas paradójicos: la desidia, por una parte; y el trabajo excesivo, por otra. Patterson y Kim, en su libro *El día que los estadounidenses dijeron la verdad* mencionan que sólo uno de cada cuatro empleados rinde al máximo en su trabajo, y que alrededor del veinte por ciento del tiempo del trabajador promedio se malgasta, produciéndose así, en efecto, una semana laboral de sólo cuatro días.[3] Aunque la desidia es generalizada, también lo es el trabajo excesivo. Tener un segundo empleo es normal para una parte considerable de nuestra fuerza laboral. Hay un ejemplo clásico en cuanto a esto: cuando a los trabajadores de una fábrica de cauchos de Akron, Ohio, se les fijó en seis horas diarias la jornada de trabajo, ¡más de la mitad de ellos se buscó un segundo empleo a tiempo completo o a medio tiempo![4]

La contrapartida empresarial al segundo empleo de los trabajadores es la adicción al trabajo de quienes lo sacrifican todo - familia, placeres, amigos, iglesia - por su profesión. La profundidad a la cual ha llegado esta obsesión por la carrera profesional se ha descrito por el doctor Douglas LaBier, jefe del Proyecto sobre Tecnología, Trabajo y Personalidad, de Washington, D.C., quien menciona la "extrema pero no rara expresión" que decía temer morir, no por temor a la muerte, sino porque eso significaría el fin de su carrera profesional."[5]

Esta mentalidad ha dado como resultado una lista interminable de dichos agudos muy populares, pero superficiales, que elogian exageradamente las cualidades indispensables para alcanzar el éxito profesional. *Disciplina*: "La facultad creadora es dos por ciento de inspiración y noventa y ocho por ciento de esfuerzo"; *Metas*: "Si nunca le apuntas a nada, siempre estarás dando en el blanco"; *Sentido común*: "El éxito en la vida no se logra por saber mucho, sino por utilizar bien lo poco que se sabe"; *Constancia*: "Lograr las cosas difíciles toma mucho tiempo, las imposibles un poco más; "El que persevera triunfa"; *Visión*: "Algunos sueñan con imposibles y se preguntan: ¿por qué? Yo sueño con imposibles y digo: ¿por qué no?"; *Confianza en sí mismo*: "Cree en Dios y habrás recorrido la mitad del camino; cree en ti mismo y habrás recorrido las tres cuartas partes".[6] Los profesionales que defienden el orgullo desmesurado de estas doctrinas se consideran equivocadamente herederos de la ética protestante del trabajo, pero lo cierto es que son cualquier otra cosa, menos eso, como veremos.

Este engaño adquiere dimensiones personalmente trágicas, ya que las encuestas han indicado que la ética del trabajo, tanto de los cristianos como de los no cristianos, es prácticamente la misma. "En la iglesia afirman obedecer los valores que les enseñan la religión y la Biblia, pero en el trabajo se inclinan ante los ídolos de la conveniencia y del éxito profesional. El camuflaje moral se ha convertido en algo indispensable en el trabajo."[7] La sencilla verdad es que muchos cristianos fallan miserablemente en su ética del trabajo, ya sea por desidia o por trabajar en exceso, o irónicamente por ambas razones.

Lo que nos hace falta es una ética del trabajo basada en la Palabra de Dios y practicada religiosamente en nuestros lugares de trabajo y en la iglesia. La razón por la cual esto es tan importante es que pasamos trabajando entre ocho y diez horas de las dieciséis que estamos despiertos, cinco o seis días a la semana. De esta manera, nuestro trabajo revelará no sólo quiénes somos, sino que además determinará lo que somos.

La disciplina cristiana del trabajo debe cumplirse siempre dondequiera que Dios nos haya colocado.

LO QUE DICE LA BIBLIA EN CUANTO AL TRABAJO

La doctrina bíblica y cristiana del trabajo tiene un origen superior que está íntimamente relacionado con las doctrinas de la energía creadora de Dios y de la imagen de Dios en el hombre. Encontramos al Dios Creador como trabajador en Génesis 1:1 al 2:2. En realidad, toda esta porción es un diario del trabajo realizado por Dios, que termina con esta declaración: "Y reposó …de toda obra que hizo" (2:2). El poeta puritano inglés del siglo 17, John Milton, lo expresó así:

Los astros detenidos, a escuchar se aprestaron,
   al majestuoso fausto que gozoso subía.
"Abríos, puertas eternas, abrid, oh cielos vuestras puertas vivientes,
   y dejad que el Señor atraviese por ellas, después de haber
cumplido su trabajo creador."
   ¡Espléndida labor, que después de seis días al mundo dio lugar!
                                                   El Paraíso Perdido, Libro VII 563

Por ser Dios un trabajador, todo trabajo legítimo posee una dignidad intrínseca.

La otra enseñanza de Génesis 1 es que "creó Dios al hombre a su imagen" (v. 27). Esto nos lleva a pensar que si la imagen de Dios está en el hombre, entonces el hombre está llamado a ser un trabajador, y la manera como trabajemos revelará cuánto de la imagen de Dios hemos dejado que se desarrolle en nosotros. Hay una infinita dignidad en el trabajo y en ser trabajadores.

Grabe esto en su corazón: *¡El trabajo que usted realiza es importante para Dios!*

Una observación final sumamente importante es que el trabajo le fue dado al hombre antes de la caída, antes que pecara, antes de la imperfección. "Tomó, pues, Jehová Dios al hombre, y lo puso en el huerto del Edén, para que lo labrara y lo guardase" (Génesis 2:15). De esto sacamos la conclusión ineludible de que el trabajo es bueno, a pesar del concepto moderno de que es malo y embrutecedor. David Ben-Gurión, líder pionero del moderno estado de Israel, ofreció esta célebre expresión en cuanto a la nobleza intrínseca del trabajo:

No consideramos el trabajo hecho con las manos una maldición, ni una obligación penosa, un medio de ganarse la vida. Lo consideramos un elevado ministerio humano; un principio fundamental de la vida humana; lo más digno en la vida un ser humano, y que debe ser libre y creativo. Todo hombre debe sentirse orgullo de él.[8]

El trabajo tras la maldición
Vemos, pues, que Dios es un trabajador, y que el hombre - creado a imagen de Dios - es un trabajador; y que el trabajo es bueno. Pero luego se produjeron la caída y la maldición:

> Maldita será la tierra por tu causa; con dolor comerás de ella todos los días de tu vida. Espinas y cardos te producirá, y comerás plantas del campo. con el sudor de tu rostro comerás el pan hasta que vuelvas a la tierra, porque de ella fuiste tomado; pues polvo eres, y al polvo volverás.
>
> Génesis 3:17-19

La maldición hizo que la naturaleza se volviera poco cooperadora, y el trabajo se convirtió en algo penoso, teniendo el hombre que trabajar duro para ganarse la vida. Hoy las condiciones de trabajo han cambiado, y algunos tienen que trabajar más duro que otros. Es posible que algunos trabajemos bajo mejores condiciones que muchos otros, pero la norma establecida para el mundo es que las cosas se logran "con dolor".

Aun más, la experiencia normal de la humanidad en el afán de ganarse la vida es enojosa y fútil. El autor de Eclesiastés recogió este sentir universal al lamentar su condición desde la perspectiva de quien ha dejado a Dios fuera de su vida. En 2:4-10, el autor habla de sus logros al haber adquirido viñas, huertos, jardines, bosques, siervos, rebaños de animales y riquezas. Había llegado a ser más rico e importante que todos sus contemporáneos. No se privó de nada que apetecieran sus ojos. Pero concluyó con estas palabras (v. 11): "Miré yo luego todas las obras que habían hecho mis manos, y el trabajo que tomé para hacerlas; y he aquí, todo era vanidad y aflicción de espíritu, y sin provecho debajo del sol." Esto lo reitera el versículo 17: "Aborrecí, por tanto, la vida, porque la obra que se hace debajo del sol me era fastidiosa; por cuanto todo es vanidad y aflicción de espíritu."

Eso es lo único que le dejará el trabajo si no toma en cuenta a Dios. Se ocupará de él porque, a pesar de ser pecador, tiene la imagen de Dios, y porque el trabajo es parte del orden natural, y le producirá beneficios y satisfacciones. Pero también será penoso y sus alegrías efímeras. Studs Terkel no ha hecho sino exteriorizar lo que ha sido siempre una verdad bajo el sol cuando se deja fuera a Dios.

El trabajo redimido

Hay una perspectiva cristiana del trabajo que convierte a Dios en el centro de la ecuación. En realidad, Dios no quita la maldición ni el trabajo penoso pero sí le comunica significado.

Los que han sido salvados por fe son herederos de esta grandiosa declaración: "Somos hechura suya, creados en Cristo Jesús para realizar las buenas obras que de antemano dispuso que realizáramos" (Efesios 2:10, La Biblia al Día). Por ser hechura suya, somos, como lo traduce F.F. Bruce, "su obra de arte, su obra maestra".[9] Somos el pináculo de la creación de Dios porque, por encima de las demás cosas creadas (¡aun los ángeles!), hemos sido regenerados –"creados en Cristo Jesús" habiendo experimentado así una nueva creación aun más admirable. Como dice Pablo en 2 Corintios 5:17: "De modo que si alguno está en Cristo, nueva criatura (creación) es." La creación más portentosa de Dios es el hombre vivificado en Cristo. Citando a Jonathan Edwards, "la vida espiritual que se logra a través de la obra de la conversión, es una operación mucho más excelente y gloriosa que el mero ser y la vida".[10] ¡Como sujetos de las dos creaciones de Cristo somos su obra más acabada!

Por ser su obra maestra, hemos sido "creados en Cristo Jesús para realizar las buenas obras que de antemano dispuso que realizáramos". Cada uno de nosotros tiene un trabajo que realizar, que ha sido designado por Dios desde el comienzo. Este trabajo comprende la tarea, la capacidad y el lugar de servicio. Cualquiera que sea la tarea a la cual usted haya sido llamado Dios lo capacitará, tan cierto como dos y dos son cuatro. Y al hacer las obras que Él lo ha llamado a hacer, usted será más y más su obra, como más y más usted mismo.

Las implicaciones prácticas de esto son estupendas. Ya no hay una diferencia entre lo secular y lo sagrado, pues todo trabajo honrado hecho para el Señor es sagrado. Los historiadores están de acuerdo en que la percepción de Lutero en cuanto a esto revolucionó su vida, y en realidad a todo el mundo de su época. El reformador escribió: "Tu trabajo es un asunto muy sagrado. Dios se deleita en él, y a través de él quiere dispensar sus bendiciones sobre ti. Este elogio del trabajo debiera grabarse en todas las herramientas, así como en las frentes y en los rostros de todos los que sudan trabajando."[11] No hay cristianos de primera categoría ni cristianos de segunda categoría por el trabajo que realizan. Todo trabajo es divino por naturaleza, ya se trate de ocuparse de verificar la existencia de víveres, vender acciones en la bolsa de valores, hacer limpieza de dentaduras, manejar un recogedor de basura, enseñar o pintar los marcos de las puertas.

Todo lo que hagamos debe hacerse para la gloria de Dios. Escuchemos sus llamados a servirlo: Si, pues, coméis o bebéis, o hacéis otra cosa, hacedlo todo para la gloria de Dios.

1 Corintios 10:31

Y todo lo que hacéis, sea de palabra o en realidad, hacedlo todo en el nombre del Señor Jesús, dando gracias a Dios Padre por medio de él.

Colosenses 3:17

Y todo lo que hagáis, hacedlo de corazón, como para el Señor y no para los hombres; sabiendo que del Señor recibiréis la recompensa de la herencia, porque a Cristo el Señor servís.

Colosenses 3:23,24

Es posible que a usted le parezca que está haciendo un trabajo "inútil". Debido a la maldición, su trabajo puede resultarle muy agotador y poco satisfactorio. Sin embargo, usted puede glorificar a Dios en lo que hace a través de la actitud de su corazón. Tal vez usted sienta que su ocupación no es santa, pero lo será si lo ve así y si lo hace para la gloria de Dios. Usted, una obra maestra de Dios, creada en Jesucristo para realizar las buenas obras que Dios dispuso de antemano que usted realizara. Todo lo referente al trabajo que usted realiza debe dirigirlo a Dios: sus actitudes, su integridad, su intensidad y su talento.

LA DISCIPLINA DEL TRABAJO

Las disciplinas del trabajo son disciplinas prácticas. La Biblia es muy explícita en cuanto a esto.

Energía

Tanto el Antiguo Testamento como el Nuevo Testamento son muy claros en cuanto a la necesidad de trabajar con energía, no con flojera. El libro de Proverbios hace mofa del pobre discernimiento del perezoso:

¿Has visto hombre sabio en su propia opinión?
Más esperanza hay del necio que de él.
Dice el perezoso: El león está en el camino; el león está en las calles.
Como la puerta gira sobre sus quicios, así el perezoso se vuelve en su cama.
Mete el perezoso su mano en el plato; se cansa de llevarla a su boca.
En su propia opinión el perezoso es más sabio que siete que sepan aconsejar.

Proverbios 26:12-16 (cf. 6:6-11)

Las epístolas del Nuevo Testamento desdeñan igualmente toda holgazanería; la dieta súper adelgazante de los haraganes. Es evidente que en la iglesia de Tesalónica había algunos "hermanos" que ostensiblemente vivían "por fe", comiendo de gorra de la iglesia, cristianos parásitos pudiéramos decir. En cuanto a los tales, Pablo hizo esta clara admonición: "Pero os ordenamos hermanos, en el nombre de nuestro Señor Jesucristo, que os apartéis de todo hermano que anda desordenadamente, y no según la enseñanza que recibisteis de nosotros" (2 Tesalonicenses 3:6) "Porque también cuando estábamos con vosotros, os ordenábamos esto: Si alguno no quiere trabajar, tampoco coma" (v. 10).

En la parábola de los talentos de nuestro Señor Jesucristo, el amo llama al siervo que no había hecho nada con el talento que le había entregado, y le dice: "Siervo malo y negligente" (Mateo 25:26). ¡Nadie ha sido jamás, al mismo tiempo, fiel a Dios y perezoso! Eso es algo imposible. Pero quizás el epíteto más vergonzoso es el de Pablo: "Porque si alguno no provee para los suyos, y mayormente para los de su casa, ha negado la fe y es peor que un incrédulo" (1 Timoteo 5:8). No hay forma de evitarlo: la santidad está asociada al trabajo duro. No se puede ser un holgazán en el trabajo y un buen cristiano, al mismo tiempo.

Habiendo dicho esto, hay que entender que la Biblia no alaba la adicción enfermiza al trabajo que se realiza con el fin de enriquecerse y de lograr el éxito profesional, en vez de hacerlo para la gloria de Dios. A este respecto hay que señalar que los esforzados puritanos fueron muy celosos en hacer cumplir las leyes del reposo dominical sin las cuales los patronos habrían hecho trabajar a sus empleados siete días a la semana.

Entusiasmo

Un segundo aspecto - y paralelo - de la ética cristiana del trabajo es el entusiasmo. "Y todo lo que hagáis, hacedlo de corazón, como para el Señor y no para los hombres" les dijo Pablo a los creyentes de Colosas (Colosenses 3:23). Y a los creyentes de Roma Pablo los exhortó así: "En lo que requiere diligencia, no perezosos; fervientes en espíritu, sirviendo al Señor" (Romanos 12:11).

Es natural - en realidad, muy fácil - que nos sintamos entusiasmados si nuestro trabajo es importante, pero menos natural cuanto menos notorio sea, como dijo el director de una gran orquesta sinfónica cuando alguien le preguntó cuál era el instrumento más difícil de tocar: "El segundo violín - respondió - . Los buenos violinistas abundan, ¡pero conseguir a alguien que toque el segundo violín con entusiasmo, eso sí que es un problema!"

Muy cierto. En realidad, hacer nuestro trabajo con entusiasmo, aunque no sea notorio, ¡significa más para quienes se benefician de él que la interpretación de la orquesta sinfónica más famosa, o que la actuación del mejor equipo deportivo del mundo! Si sólo pudiéramos creerlo realmente, nuestro entusiasmo jamás decaería.

Sinceridad

Un tercer aspecto de la ética cristiana del trabajo, estrechamente ligado a la energía y al entusiasmo, pero que contiene un matiz distintivo e importante, es la sinceridad.

> Siervos, obedeced a vuestros amos terrenales con temor y temblor, con sencillez de vuestro corazón, como a Cristo; no sirviendo al ojo, como los que quieren agradar a los hombres, sino como siervos de Cristo, de corazón haciendo la voluntad de Dios; sirviendo de buena voluntad, como al Señor y no a los hombres, sabiendo que el bien que cada uno hiciere, ése recibirá del Señor, sea siervo o sea libre.
>
> Efesios 6:5-8

Si usted ha observado alguna vez una clase de tracción en un gimnasio, entenderá perfectamente el significado del pasaje anterior. El entrenador ordena a todos que se agachen y luego comienza a decir "¡arriba-abajo, arriba-abajo!" y todos lo obedecen hasta que dirige la mirada la derecha, porque en ese momento los de la izquierda dejan de hacerlo, hasta que la mirada del entrenador comienza a dirigirse de nuevo a la izquierda y los que están de este lado comienzan a moverse nuevamente, mientras que los de la derecha se detienen. Hay empleados que son toda acción cuando el jefe está cerca, pero que se dedican a ir a cada momento al enfriador de agua cuando no está. En ellos no hay energía, ni entusiasmo ni sinceridad.

La sinceridad gozosa aquí recomendada se produce, como hemos dicho anteriormente, cuando nuestro trabajo es hecho como para el Señor. Debemos trabajar como lo hacíamos cuando éramos niños y sabíamos que nuestro padre nos estaba vigilando, ¡porque el Padre que está arriba nunca deja de hacerlo!

Excelencia

Por último, debemos hacer nuestro trabajo buscando siempre la excelencia. Dorothy Sayers ha afirmado acerca de la iglesia moderna:

> Ha olvidado que la vocación secular es sagrada. Ha olvidado que una edificación debe primero ser una buena arquitectura antes de poder ser un

buen templo; que una pintura debe primero estar bien pintada antes de poder ser una pintura sagrada; que el trabajo debe antes ser bien hecho antes que pueda ser llamado un trabajo para Dios.[12]

Un trabajo que sea verdaderamente cristiano es un trabajo bien hecho.

Génesis 1 registra la preocupación de Dios por la excelencia al afirmar: "Y vio Dios todo lo que había hecho, y he aquí que era bueno en gran manera" (v. 31). Los cristianos deben hacer siempre bien su trabajo. Los cristianos deben ser los mejores trabajadores dondequiera que estén; deben tener la mejor actitud, la mejor integridad y ser los mejores en la confianza depositada en ellos.

Si es cierto lo que las encuestas señalan – de que hay poca diferencia entre cristianos y no cristianos en cuanto a ética en el trabajo – tenemos motivos para alarmarnos. Si no hay ninguna diferencia, esto significa que un inmenso número de hijos del Señor han sucumbido a los extremos de la desidia o del trabajo excesivo que son característicos hoy. Esto significa también que un ingente número de cristianos no andan bien espiritualmente, ya que resulta imposible dedicar más de la mitad de las horas de toda una vida – de ochenta a cien mil a una ética subbíblica y no sufrir un enorme trauma espiritual.

Debemos recuperar la verdad bíblica – la verdad de la Reforma Protestante – de que nuestro trabajo, por más humilde que sea, es una vocación divina, lo cual nos deja libre para hacerlo para la gloria de Dios. Este solo hecho serviría para que la iglesia haga sentir su influencia en el mundo.

Si usted siente que no está dando la talla, necesita hacer tres cosas:

En primer lugar, evalúe su vida con sinceridad, utilizando la Biblia como norma al responder las siguientes preguntas:

- ¿Hago mi trabajo para la gloria de Dios?
- ¿Me esfuerzo sinceramente en mi trabajo?
- ¿Trabajo con entusiasmo?
- ¿Me entrego de lleno a mi trabajo?
- ¿Hago un trabajo excelente?

En segundo lugar, después de haberse evaluado sinceramente, confiese al Señor sus pecados.

En tercer lugar, sólo dedique su trabajo a la gloria de Dios.

¿Quisiera hacerlo ahora mismo?

Alimento para pensar

¿Cómo se siente acerca de la declaración de Hughes que "muchos hombres cristianos fallan miserablemente en su ética laboral ya sea a causa de pereza o exceso de trabajo o, irónicamente, ambos"? ¿Cómo iguala su ética del trabajo con sus creencias? Explica.

¿Qué aprendemos nosotros en Génesis 1:1 - 2:2 acerca del ejemplo que Dios ofrece como trabajador? ¿Cómo lo que ve allí pueda aplicarse a su vida laboral?

¿Qué nos dice Génesis 3:17-19 acerca de la naturaleza actual del trabajo? (Compare 2:4-11, 17.) ¿Significa esto que es inútil buscar sentirse realizado o útil o exitoso en nuestro negocio, en la familia, y en los trabajos de la iglesia? ¿Si no, por qué no?

¿De qué trabajo leemos en Efesios 2:10? ¿Qué es el origen de este trabajo? ¿Su propósito? ¿Qué debe hacer para experimentar este trabajo en su vida? ¿Está de acuerdo con Martín Lutero quien dice "Su trabajo es un asunto muy sagrado." ¿Qué puede hacer para recordarte que su trabajo es importante para Dios?

¿Qué es la relación entre una ética sana del trabajo y la sinceridad (ver Efesios 6:5-8)?

La aplicación/Respuesta

¿De qué le habló Dios más específicamente, más poderosamente en este capítulo? ¡Háblale a Él acerca de eso en este momento!

¡Piensa en esto!

Lea Colosenses 3:15-17, 22-25, entonces enumere tantas aplicaciones como pueda para su vida laboral. Entonces honestamente pon una marca al lado de cada aplicación que no ha estado poniendo en práctica. Confiésalo a Dios, y pídale Su ayuda para hacerlo mejor.

EL MINISTERIO

13

La Disciplina de la Iglesia

OBSERVADORES AGUDOS están cada vez más convencidos de que la doctrina de la iglesia se ha debilitado con el tiempo, y que en algunos casos ha sido abandonada por los evangélicos de Norteamérica. Robert W. Patterson, asociado del director ejecutivo de la Asociación Nacional de Evangélicos, expresó esta preocupación en la edición de marzo de 1991 de la revista Christianity Today:

> Cuando el Presidente Dwight Eisenhower se convirtió, hizo profesión pública de fe en Cristo, fue bautizado y se hizo miembro de la Iglesia Presbiteriana Nacional de Washington, D.C. el segundo domingo después de su toma de posesión de la presidencia en 1953. De haber manifestado el Presidente interés en convertirse en cristiano una generación más tarde, quizás nunca habría sido retado a identificarse con el Cuerpo de Cristo mediante el bautismo y la membresía en la iglesia. Una relación personal con Jesús se le habría dicho —es lo único que realmente importa.[1]

Debemos, por supuesto, admitir con toda sinceridad que sin una relación salvadora con Jesucristo toda está perdido. Pero al mismo tiempo no debemos creer equivocadamente que nuestra relación personal con Cristo disminuya la importancia de su Iglesia. Sin embargo, esto es precisamente lo que una gran multitud de evangélicos cree y hace.

La asistencia a la iglesia ha contraído la enfermedad de una lealtad condicionada que ha dado como resultado todo un ejército de "viajeros" que van de iglesia en iglesia. El dedo pulgar extendido del viajero dice: "Usted compra el auto, y entonces me montaré con usted. ¡Pero si tiene un accidente, arrégleselas como pueda! Y es posible que lo demande por eso." Parecido es el modo de pensar de muchos creyentes modernos: "Tengan sus reuniones y ocúpense de todos los asuntos y responsabilidades de la iglesia, y entonces los acompañaré. Pero si no me siento a gusto, me retiraré, los criticaré y hasta es posible que me baje del auto. Recuerden que tengo el dedo siempre listo para pedir otro viaje mejor."

Esta lealtad condicionada está apoyada por una ética consumista - una suerte de mentalidad de sírvase usted mismo - que escoge aquí y allá para satisfacer una lista de compras eclesiástica. Hay viajeros que van a una iglesia por la predicación, pero envían a sus hijos a otra por su programa juvenil dinámico, y a una tercera para el compañerismo cristiano. Esos viajeros de iglesias tienen una forma de hablar característica: "voy a tal iglesia", "asisto a tal iglesia", pero nunca dicen "pertenezco a tal iglesia" o "soy miembro de tal iglesia". El encuestador George Barna lo corrobora al decir: "El adulto promedio cree que pertenecer a una iglesia está bien para los demás, pero que significa una carga y una obligación innecesarias para él."[2]

Tenemos, pues, en las postrimerías del siglo veinte, un fenómeno inimaginable en cualquier otro siglo de la historia del cristianismo: cristianos sin iglesias. Hay una inmensa multitud de cristianos que son nómadas, yendo de un lado a otro, sin rendir cuentas a nadie, sin disciplina ni discipulado, dejando de lado los beneficios normales de la membresía de la iglesia. Apropiándose de la idea de Cipriano de Cartago,[3] tienen a Dios por Padre, pero desprecian a la iglesia como madre y como resultado de eso son inmaduros y enclenques espiritualmente. La calamidad es aun más grave porque las estadísticas revelan que los hombres están menos comprometidos con la iglesia que las mujeres,[4] lo cual da como resultado, inevitablemente, un liderazgo pobre.

En cuanto a la causa del porqué la iglesia se encuentra en esta situación, los analistas nos dicen que el énfasis exagerado en cuanto a la iglesia "invisible" por parte del liderazgo evangélico ha dado como resultado un desinterés tácito por la iglesia visible. De cualquier modo, formar parte de la iglesia invisible, y al mismo tiempo no tener interés por participar en su expresión local visible, es algo que no se encuentra en ninguna parte del Nuevo Testamento.[5]

Otra de las causas de la falta de participación de muchos creyentes es el individualismo histórico del cristianismo evangélico y su rechazo inveterado a toda autoridad espiritual humana. Nuestra tendencia natural es pensar que lo único que hace falta es una relación personal con Cristo y que todo lo demás está sobrando. Tal forma de pensar da como resultado cristiano que son como "llaneros solitarios" y lo muestran cabalgando, no hacia la iglesia, sino a los parajes despoblados, Biblia en mano, para enfrentarse solos a un mundo sin ley.

Tal desdeñosa indiferencia por la doctrina de la iglesia es algo inexplicable, por no decir algo peor, pues hace caso omiso del consenso de los doctores de la iglesia. Agustín de Hipona en su *Enquiridion, a Lorenzo* apuntala a la iglesia visible, diciendo: "Pues fuera de la iglesia no hay remisión de pecados. Porque es la iglesia, en particular, la que ha recibido las arras, el Espíritu Santo, aparte del cual no hay remisión de pecados."[6] Agustín no podía concebir que alguien que hubiera sido regenerado deseara separarse intencionalmente de la iglesia visible: "El desertor de la iglesia - dijo - no puede estar en Cristo, puesto que no está entre los miembros de Cristo."[7]

Martín Lutero se expresó en términos parecidos: "Fuera de esta iglesia cristiana no hay salvación ni perdón de pecados, sino muerte y condenación eterna; aunque puede haber una ostentosa apariencia exterior de santidad . . ."[8]

Juan Calvino se hizo eco del pensamiento de Cipriano de Cartago, de que la demostración de tener a Dios como Padre es teniendo a la Iglesia como madre. En realidad, el título del capítulo uno, cuarto libro, de su Institución de la Religión Cristiana es "de la verdadera iglesia, a la cual debemos estar unidos por ser ella madre de todos los fieles".[9] Y en comentario del libro de Efesios, escribió: "La iglesia es la madre común de todos los hijos de Dios, que sostiene, alimenta y gobierna en el Señor a reyes y plebeyos; y esto lo hace por su ministerio. Los que descuidan o desprecian este mandamiento, quieren ser más sabios que Cristo. ¡Ay de su soberbia![10]

La Segunda Confesión Helvética suiza expuso la idea con mayor fuerza aún:

> Así como no hubo salvación fuera del arca de Noé cuando el mundo pereció anegado en agua, también creemos que no hay seguridad de salvación fuera de Cristo, quien se ofrece a sí mismo para el disfrute de los elegidos en la iglesia; por tanto, enseñamos que los que deseen ser salvos no deben estar separados de la verdadera iglesia de Cristo (capítulo 27).[11]

Por último, la Confesión de Fe de Westminster se refiere a "la iglesia visible...fuera de la cual no hay ninguna posibilidad normal de salvación" (capítulo 25.2).[12]

Concluimos, pues, diciendo que los viajeros de las iglesias, los nómadas eclesiásticos, los llaneros solitarios espirituales y los cristianos que menosprecian hacerse miembros de una iglesia, son aberraciones en la historia de la iglesia cristiana y están en un lamentable error.

LA DOCTRINA DE LA IGLESIA

Son muchos los que hoy necesitan ser sacados de su error mediante una correcta comprensión de la gran doctrina de la iglesia. No hay ningún otro texto que inflame más .nuestra alma en cuanto a esto, que Hebreos 12:22-24, el cual describe los siete grandiosos encuentros que el cristiano experimenta en la iglesia:

> Sin que os habéis acercado al monte de Sion, a la ciudad del Dios vivo, Jerusalén la celestial, a la compañía de muchos millares de ángeles, a la congregación de los primogénitos que están inscritos en los cielos, a Dios el juez de todos, a los espíritus de los justos hechos perfectos, a Jesús el mediador del nuevo pacto, y a la sangre rociada que habla mejor que la de Abel.

En primer lugar, nos acercamos a la ciudad de Dios: "Sino que os habéis acercado al monte de Sion, a la ciudad del Dios vivo, Jerusalén la celestial." El monte de Sion era la ubicación de la fortaleza de los jebuseos, que David capturó y convirtió en el centro religioso de su reino al llevar allí el arca de la presencia de Dios, cubierta de oro puro (2 Samuel 5:6,7). Cuando Salomón construyó el templo y puso allí el arca, Sion/Jerusalén vino a ser sinónimo de la presencia terrenal de Dios. En Cristo nos hemos acercado a su equivalente celestial, la Jerusalén espiritual. En un sentido, aún no estamos allí, pero al mismo tiempo ya hemos llegado en espíritu. Los cristianos somos ya ciudadanos de la ciudad celestial y disfrutamos de sus privilegios.

En segundo lugar, como iglesia nos acercamos a los ángeles: "Os habéis acercado a la compañía de muchos millares de ángeles." Moisés nos dice que "millares de santos" presenciaron la entrega de la ley (Deuteronomio 33:2), y por Daniel sabemos que "millares de millares le servían (al Anciano de días, Dios), y millones de millones asistían delante de él" (Daniel 7:10). David, por su parte, dijo que "los carros de Dios se cuentan por veintenas de millares de millones" (Salmo 68:17). En la iglesia, entonces, nos acercamos a esta aturdidora multitud de ángeles, todos los cuales están en gozosa celebración. Están en todas partes, como poderosos espíritus llameantes, siendo "ministradores, enviados para servicio en favor de los que serán herederos de salvación" (Hebreos 1:14), entrando y saliendo de nuestra vida y moviéndose por encima y alrededor de nosotros, tal como hicieron con Jacob en la antigüedad.

En tercer lugar, nos acercamos a los hermanos en la fe, "a la congregación de los primogénitos que están inscritos en los cielos". Jesús es el primogénito por excelencia, y por nuestra unión con Él los creyentes somos también primogénitos. Todos los derechos de la herencia le pertenecen al primogénito - a nosotros - que somos "coherederos con Cristo" (Romanos 8:17). En la iglesia hacemos más que venir a la presencia mutua: participamos de una membresía colectiva.

En cuarto lugar, nos acercamos a Dios, "el juez de todos". Nos acercamos con temor reverente porque Él es el Juez, pero no lo hacemos con miedo cobarde porque su Hijo sufrió el juicio en lugar nuestro. Este es nuestro regocijo: ¡congregarnos ante nuestro Dios!

En quinto lugar, nos acercamos a la iglesia triunfante, "a los espíritus de los justos hechos perfectos". Aunque éstos ya se encuentran en el cielo, estamos identificados con los que partieron antes de nosotros. La misma vida espiritual se desliza a través nuestro y de ellos, y compartimos los mismos misterios y el mismo gozo de Abraham y de Moisés, y de David y de Pablo.

En sexto lugar, nos acercamos a Jesús, "el Mediador del nuevo pacto". Es por medio de Jesucristo que recibimos la promesa. Es la fuente y el dispensador de todo lo que aguardamos. Él está en nosotros, y nosotros en Él.

En séptimo lugar, nos acercamos al perdón por la sangre rociada "y a la sangre rociada que habla mejor que la de Abel". La sangre caliente de Abel clama por condenación y juicio desde la tierra, pero la sangre de Cristo grita que hemos sido perdonados y que tenemos paz con Dios. ¡Aleluya!

Hermanos, la Biblia nos dice que en la iglesia "os habéis acercado (¡ahora mismo!) a estas siete sublimes realidades: 1) a la ciudad de Dios, 2) a muchos millares de ángeles, 3) a los hermanos en la fe, 4) a Dios, 5) a la iglesia triunfante, 6) a Jesús, y 7) al perdón. Si todo eso no genera una fuente de acción de gracias en su corazón y un anhelo de comunión con la iglesia visible, ¡nada lo hará!

Juan Bunyan cuenta que una vez cayó en un estado de abatimiento que le duró varios días, y buscando desesperadamente una palabra de Dios para su necesidad dio con este magnífico texto de Hebreos 12:22-24. Entonces escribió:

> Pero esa noche me resultó maravillosa, como pocas. Anhelaba la compañía de algunos creyentes para hablarles de lo que Dios me había mostrado. Cristo me fue tan precioso esa noche, que casi no podía permanecer en la cama por el gozo, la paz y el triunfo que sentía en Él.[13]

Señor, si del hogar celeste por gracia un miembro soy,
no me aflige el escarnio del mundo, pues en tu gloria estoy.

— John Newton, 1779

Las deslumbrantes imágenes de la iglesia nos acometen una y otra vez en el Nuevo Testamento, tratando de elevar nuestro pensamiento a la altura cabal. Como iglesia, somos en realidad el *Cuerpo* de Cristo (Efesios 1:22,23). El es la Cabeza, y como miembros que somos de su Cuerpo tenemos al mismo tiempo una profunda unidad, diversidad y reciprocidad. Somos un *templo* (Efesios 2:19,22). Cristo es la piedra fundamental y nosotros piedras vivas (1 Pedro 2:5), formando un lugar vivo de adoración. Somos la *esposa* (Efesios 5:25-33). Y Cristo, como nuestro esposo, nos ama con un amor santo que nos conducirá a la fiesta de bodas del Cordero. Somos sus *ovejas*, y Él es el pastor cuidadoso (Juan 10:14-16, 25-30). Él es la vid y nosotros los *pámpanos*. Estamos orgánicamente en Él, y nos nutrimos totalmente de Él (Juan 15:5 y siguientes).

¿Qué debe, entonces, significar para nosotros la verdad de que somos la iglesia? Debe henchirnos de asombro y gratitud. Debemos cantar: "Soy su cuerpo, su templo, su esposa, su oveja, su pámpano. Me he acercado a su ciudad, a los ángeles, a mis hermanos y hermanas, a Dios mismo, a la iglesia glorificada, a Jesús, al perdón, mediante la sangre de Cristo."

La doctrina de la iglesia nos dice igualmente que la iglesia seguirá existiendo después que el mundo ya no sea más. Harry Blamires escribió:

> El mundo es como un gran tren rápido que se precipita al desastre, quizás a su destrucción total. ¡Y en esta situación realmente angustiosa algunos pasajeros corren de arriba abajo diciéndose entre sí que la iglesia está en grave peligro! La ironía de esto es que la comparación sería risible de no ser tan cruel. Pues no, la mayoría de los miembros de la iglesia ya se habrán apeado en las estaciones del trayecto, y los que aún estamos en el tren lo haremos también en breve. Y si el estrellamiento se produce y el mundo queda reducido a cenizas, lo único que sobrevivirá al desastre será, ciertamente, la Iglesia.[14]

En mi opinión, la doctrina de la iglesia debe decirnos que somos parte de la más grandiosa institución que ha conocido el universo, y que nosotros, al no participar en ella, nos vemos lastimosamente disminuidos; a su vez, la iglesia se ve disminuida por nuestra falta de participación en ella. ¡Usted y yo *necesitamos la iglesia*! La Biblia es muy clara en este sentido. "No descuidemos, como algunos, el deber que tenemos de asistir a la iglesia y cooperar con ella. Animémonos y exhortémonos unos a otros, especialmente ahora que vemos que el día del regreso del Señor se acerca" (Hebreos 10:25, La Biblia al Día).

Tan directa exhortación debe ser suficiente. Sin embargo, hay varias otras poderosas razones para que participemos fielmente en la iglesia, no siendo la menos importante de todas, como dijo Cipriano de Cartago, el que todos necesitamos una madre. La iglesia fue el vientre que cobijó mi alma hasta que, una vez listo para hacer espiritualmente, mi pastor, Verl Lindley, me condujo a Cristo. La iglesia cuidó de mí amorosamente en mis años juveniles a través del ministerio de Howard y Ruby Busse. La iglesia me alimentó con la leche de la Palabra a través de la poderosa enseñanza de mi profesor de Biblia, Robert Seelye. La iglesia me apoyó en tiempos difíciles mediante las oraciones de madres espirituales como Roselva Taylor. La iglesia fue, asimismo, el vientre y la cuna de mi esposa. Y cuando nos nacieron los hijos, la iglesia participó con nosotros cuando dedicamos nuestros hijos al Señor. La iglesia ha sido también la madre de mis mejores amigos.

Es tanto lo que le debo a la iglesia del Señor: mi vida, mi personalidad, mi perspectiva de las cosas, mi vocación, mi visión, mi paz, mi esperanza, en fin, todo. *¡Yo creo en la iglesia!*

Consciente, entonces, de que necesitamos del cuidado maternal de la iglesia, es preciso que comprendamos también que jamás sacaremos el máximo beneficio de ella a menos que nos comprometamos de todo corazón con el que es su Cabeza. Toda la vida cristiana es compromiso, primero y sobre todo con Cristo, pero también con la iglesia, con la familia, con el matrimonio, con nuestros amigos, con el ministerio. Nada de lo anterior florecerá jamás sin el compromiso.

Por ejemplo, el matrimonio jamás dará la seguridad, la satisfacción y el crecimiento que esperamos, a menos que haya compromiso. Esta es la razón por la cual las uniones de conveniencia no duran. El compromiso en las buenas y en las malas es lo que hace florecer al matrimonio y lo que proporciona las mayores satisfacciones.

Básicamente hablando, usted no tiene que ir a la iglesia para indicar que es cristiano. Tampoco necesita ir a la casa para demostrar que está casado. Pero en ambos casos, si no lo hace, tendrá una relación pobre.

Entre los beneficios que se logran mediante el compromiso con la iglesia están:

- *La adoración.* Dejar que nuestra alma se eleve a Dios a través del incomparable poder de la adoración congregacional.
- *El escuchar la Palabra predicada.* Para que nuestra alma se nutra con el alimento adecuado, proporcionando así salud a todo nuestro ser.
- *El participar de la mesa del Señor.* Para ser vivificados y renovados al dar gracias a Dios por la obra expiatoria de Cristo.

Probamos tu sabor, oh Pan de Vida,
y ansiamos comerlo sin medida.

De ti bebemos, oh Fuente sin igual,
anhelan nuestras almas su sed en ti apagar.

Bernardo de Clairvaux

- *El discipulado*. Cuando hay un compromiso con la iglesia, tanto en sus buenos tiempos como en los difíciles, se produce en uno una profundización que el corazón no comprometido jamás podrá experimentar.
- *Visión y misión*. Cuando hay compromiso se apodera de nosotros una visión sobrenatural en cuanto a la vida, que se transforma en misión.

Usted necesita a la iglesia porque así lo dice la Biblia; porque usted necesita una madre; y porque si no hay compromiso con la iglesia no es posible crecer en Dios.

LA DISCIPLINA DE LA IGLESIA

Si la maravillosa y admirable doctrina en cuanto a la iglesia nos enseña algo, esto es que quienquiera que usted sea o lo ocupado que pueda estar (ya sea como Presidente de su país, o como Jefe del Estado Mayor Conjunto de las Fuerzas Armadas, o como un gran ejecutivo de empresas, o como el líder de una organización paraeclesiástica) la iglesia debe estar en todo el centro de su vida. ¡El nomadismo eclesiástico es una aberración, lo mismo que el compromiso tibio!

¿Es usted, con toda sinceridad, un errabundo, una especie de "agente libre" buscando un lugar tentativo en un equipo esta temporada, y en otro la siguiente? Si es así, usted jamás alcanzará su virilidad espiritual, ni tampoco su familia alcanzará madurez espiritual.

Al finalizar el siglo veinte, tanto la Iglesia como el mundo perdido requieren de hombres que practiquen la disciplina de la Iglesia.

La disciplina de la asistencia fiel

En cuanto a esto, usted necesita prometerse a usted mismo asistir fielmente a los cultos de su iglesia, y su agenda de compromisos debe darle prioridad a esa decisión. Cuando viaje, debe tratar de que sus obligaciones no le impidan regresar a tiempo para asistir a su iglesia, y si eso no es posible, entonces vaya a otra iglesia mientras se encuentre de viaje.

La disciplina de la membresía
Si usted todavía no es miembro de alguna iglesia, debe comprometerse delante de Dios a hacerse miembro de una buena iglesia e igualmente a responsabilizarse de apoyarla y someterse a su disciplina.

La disciplina de dar
Su apoyo económico a su iglesia local debe venir antes que el apoyo a las organizaciones paraeclesiásticas, y este apoyo debe ser regular y sistemático (el diez por ciento de sus ingresos es un buen comienzo).

La disciplina de la participación
Su tiempo, sus capacidades y su creatividad debe ponerlos sin reservas al culto de su iglesia, para la gloria de Dios.

La disciplina del amor y de la oración
Timothy Dwight, de herencia puritana, y el más famoso de los rectores de la Universidad de Yale, compuso estos hermosos versos:

> ¡Amo a tu iglesia, oh Dios!
>   cuyos muros ante ti se yerguen.
> A la iglesia, a la que tanto amas,
>   y que en tu mano esculpida llevas.
> Por ella mi llanto verteré;
>   por ella mis preces alzaré;
> Por ella mi sudor y mi afán
>   hasta el final gozoso brindaré.

Alimento para pensar
¿Por qué la idea de ir a la iglesia no es tan popular hoy día? ¿Por qué no hay más gente interesada en asistir a una buena iglesia?

Según Hebreos 12:22-24, ¿qué tesoros espirituales se encuentran en la iglesia? Escríbalos en sus propias palabras. Después, déle gracias a Dios para cada uno de ellos.

¿Qué le sugiere la imagen de la iglesia como el cuerpo de Cristo (Efesios 1:22, 23)? ¿Su templo (Efesios 2:19-22)? ¿Su novia (Efesios 5:25-33)?

¿Qué tienen que ver nuestras actitudes hacia la iglesia y hacia Cristo con cada uno de nosotros? ¿Si confundimos este último, servirá para algo bueno el anterior?

¿Por qué está tentado a hacer lo que dice Hebreos 10:25 que no hagas? ¿Qué bendiciones espirituales quizás se pediera al mantenerse alejado de las reuniones cristianas?

"En el nivel más elemental, no tiene que ir a la iglesia para ser cristiano. Tampoco tiene que irse a su casa para estar casado. Pero en ambos casos si no lo hace, tendrá una relación muy pobre." ¿Verdadero o no verdadero? ¿Cómo la asistencia y participación regulares refuerzan su relación con Dios... con los miembros de la familia... con otros creyentes? Sea específico.

La aplicación/Respuesta

¿De qué le habló Dios más específicamente, más poderosamente en este capítulo? ¡Háblale a Él acerca de eso en este momento!

¡Piensa en esto!

Haga una lista de las muchas fortalezas y debilidades que ve en su iglesia. Ahora anota las maneras en que usted personalmente está contribuyendo con cada una de ellas, y también las maneras específicas en que puede tomar parte para cambiar las debilidades.

14

LA DISCIPLINA DEL LIDERAZGO

WARREN BENNIS, el poeta, filósofo y estudioso de la vida organizacional, ha dicho: "El liderazgo es una palabra de la cual habla todo el mundo. Los jóvenes lo atacan y la policía lo investiga. Los expertos lo pretenden y los artistas lo desprecian; y mientras que los doctos lo reclaman, los burócratas pretenden haberlo alcanzado, y los políticos quieren lograrlo. Todos están de acuerdo en que hay ahora menos liderazgo que lo que hubo en el pasado."[1]

Este consenso pesimista y este anhelo por el liderazgo se extiende también a la iglesia, que según muchos está hoy sufriendo una alarmante falta de liderazgo si se la compara con la historia reciente de los años transcurridos entre la década de los cuarenta y la de los setenta (años en que la iglesia produjo líderes de la talla de Harold John Ockenga, Billy Graham, Carl F. H. Henry y Francis Schaeffer, además de dinámicos pastores y líderes laicos).[2]

¿Hay realmente menos liderazgo que antes? Eso parece, pero el análisis objetivo resulta difícil. Sin embargo, las estadísticas sí indican lo siguiente: el liderazgo masculino de la iglesia ha disminuido a medida que el número de mujeres ha crecido, pues actualmente los hombres representan apenas el cuarenta y uno por ciento de los feligreses adultos, y algunas iglesias pequeñas no pueden encontrar ni siquiera un solo hombre al cual nombrar anciano presbítero. Es cada vez mayor el número de hombres que están satisfechos con dejar que otros se encarguen de las grandes responsabilidades de la iglesia, mientras ellos se cruzan de brazos. Es muy cierto que el liderazgo es más difícil hoy debido a la complejidad de la vida y a la magnitud de las instituciones modernas, y también a la confesión que existe hoy en cuanto a lo que es el liderazgo. El análisis secular ha producido más de trescientas cincuenta definiciones de liderazgo. "El liderazgo es como el abominable hombre de las nieves —escribe Bennis—, cuyas huellas están en todas partes, pero a quien nadie ve."[3]

Pero nada de esto disculpa a la iglesia de hoy, o al cristiano de hoy. A diferencia de nuestra cultura, la Biblia ofrece clara enseñanza en cuanto al liderazgo, a través de la vida de sus grandes líderes, a través de enseñanzas específicas en cuanto al carácter, las cualidades personales y el compromiso de los líderes espirituales. Además de esto, en medio de la confusión de nuestra cultura en cuanto al liderazgo, hay algunos analistas sagaces que han señalado con precisión los elementos esenciales del liderazgo y están produciendo información de enorme beneficio para toda la sociedad, incluida la iglesia. Al abordar el tema de la disciplina del liderazgo nos valdremos de ambas fuentes, pero dando mayor peso a la Palabra de Dios.

LA PREPARACIÓN PARA EL LIDERAZGO ESPIRITUAL

El "texto" para conocer las cualidades fundamentales del liderazgo espiritual está en las menciones que se hacen de Josué en el Pentateuco, donde el Espíritu Santo ha registrado siete experiencias singulares que dotaron a Josué de las cualidades necesarias para suceder a Moisés como el líder del pueblo de Dios. Consideremos estas experiencias, de acuerdo con el orden en que aparecen, donde cada una de ellas contribuye a dar la descripción perfecta de un liderazgo de acuerdo con la voluntad de Dios.

Oración

La primera mención que se hace de Josué aparece en Éxodo 17:9, después del ataque de los amalecitas a los rezagados de Israel: "Y dijo Moisés a Josué: escógenos varones, y sal a pelear contra Amalec; mañana yo estaré sobre la cumbre del collado, y la vara de Dios en mi mano."

Moisés, que ya tenía más de ochenta años de edad, tomó la vara de Dios con la cual había dividido las aguas del Mar Rojo y subió a una colina cercana, mientras que Josué, en la flor de su capacidad guerrera, se encargó de hacer frente al ejército que estaba abajo. En la batalla que siguió, cuando Moisés levantaba sus manos en oración intercesora, Israel prevalecía. Pero al cansarse y bajar sus brazos, el curso de la batalla favorecía a los amalecitas. Entonces, nuevamente, al reunir Moisés todas sus fuerzas y elevar sus manos, la superioridad volvía nuevamente a ser de Israel. De modo que la suerte de Israel disminuía y crecía por obra de las manos vetustas de Moisés. Pronto Aarón y Hur fueron llamados a auxiliar a Moisés, al cual sentaron sobre una piedra, colocándose ellos uno a cada lado de él para sostener sus manos dirigidas al cielo. Cuando el sol se puso, las manos de Moisés estaban todavía alzadas hacia Dios e Israel obtuvo una resonante victoria.

La lección le resultó muy clara a Josué. Aprendió que el verdadero poder no estaba en su espada, sino en Dios. La victoria, sin duda alguna, lo tentó a olvidarlo. Era el héroe del día y esa noche en todo el campamento se alabó el nombre de Josué. Pero en la mente de Josué quedó para siempre grabada la imagen de Aarón y Hur, de pie a ambos lacios de Moisés, levantando las manos de éste a Dios.

Nadie alcanza verdadero liderazgo espiritual si piensa que su poder es suyo, o que las victorias pasadas se debieron a su gran inteligencia. La gran lección que aprendió Josué ese día es que el fundamento de cualquier cosa que se haga para Dios es la oración. E. M. Bounds dijo lo siguiente de los que han tenido un eficiente liderazgo espiritual: "No son líderes por su inteligencia ...sino porque, por el poder de la oración, pudieron disponer del poder de Dios.[4]

¡Qué contrario es eso al pensamiento tradicional en cuanto al liderazgo! La primera cosa que el mundo (¡y también con demasiada frecuencia la iglesia!) considera es el magnetismo del líder y su entusiasmo. "¿Tiene el carisma para magnetizar al pueblo?" es la pregunta. Pero el Espíritu Santo pone en primer lugar la oración.

Visión

La siguiente mención de Josué en la Biblia aparece en Éxodo 24, en medio del relato que describe el ascenso de Moisés al monte Sinaí para recibir la ley. Ese capítulo nos dice que Moisés, Aarón, Nadab y Abiú, y setenta otros líderes reconocidos de Israel (de los cuales Josué era uno) fueron llamados a subir a la montaña. Después de ascender un trecho y ver a lo lejos la gloria de Dios, los setenta se quedarán atrás y Josué y Moisés subieron (v. 13). Allí estuvo Josué con Moisés durante seis días, mientras la nube gloriosa de la presencia de Dios cubría el Sinaí (v. 16). Pero al séptimo día Moisés quedó solo, dejando a Josué solo en el Sinaí durante cuarenta días (v. 18).

La experiencia del Sinaí dejó su marca en Josué. La primera visión que tuvo de Dios majestuosamente de pie sobre un piso de safiro, y los posteriores cuarenta días de meditación solitaria, mientras que Moisés, en medio de la nube refulgente y de truenos recibía la ley, grabaron para siempre en su corazón una profunda sensación de la gloria, santidad y poder de Dios.

La visión que el líder cristiano tiene de Dios es lo que hace toda la diferencia en su vida. Hay una grandiosa cadena visionaria cuyos eslabones unen a todos los grandes líderes que aparecen en la Biblia.

Consideremos a Moisés en medio de los truenos y relámpagos del Sinaí mientras Dios lo oculta en la hendidura de una roca y hace que su gloria pase frente a él (Éxodo 33:21-23).

Josué no únicamente se sentó más abajo de Moisés en el Sinaí presenciando la gloria de Dios, sino que más tarde, en la víspera de la batalla por Jericó, tuvo un encuentro con Dios - con el "Príncipe del ejército de Jehová" - vestido como un guerrero para la batalla, con su espada desenvainada y fulgurando a la luz de la luna. Y Josué lo adoró (Josué 5:13-15).

La visión que tuvo de Dios el joven David cuando pastoreaba su rebaño bajo la luz de las estrellas y contemplaba la inmensidad de Dios fue tal que cuando vio que Goliat desafiaba al Israel carente de líderes, exclamó: "¿Quién es este filisteo incircunciso, para que provoque a los escuadrones del Dios viviente?" (1 Samuel 17:26), y arremetió valientemente contra él.

Isaías vio "al Señor sentado sobre un trono alto y sublime, y sus faldas llenaban el templo" y esta portentosa visión lo hizo lanzarse a un liderazgo y a un servicio excepcional: "Heme aquí, envíame a mí" (Isaías 6:1,8).

Pedro, Juan y Jacobo vieron a Jesús transfigurado, con ropas resplandecientes, y llegaron a ser líderes claves de la iglesia apostólica (Marcos 9:2-8).

Pablo, que no formó parte del grupo apostólico original, se convirtió en el líder misionero de la Iglesia, tras haber sido arrebatado al tercer cielo y haber oído y visto cosas que no podía describir (2 Corintios 2:1-6).

Una visión portentosa y cada vez más grande de Dios es la condición esencial, la magna distinción, la gran vertiente del liderazgo espiritual. Se cuenta de que Robert Dick Wilson, el famoso erudito del Antiguo Testamento, que enseñó en el Seminario de Princeton a comienzos de este siglo, al enterarse de que alguno de sus antiguos alumnos venía a predicar al seminario, entraba calladamente a la Capilla Miller y ocupada el último puesto para escucharlo predicar una sola vez, y comentaba: "Cuando mis muchachos regresan, vengo a ver si son o no visionarios de Dios, después de lo cual sé cómo serán sus ministerios."[5] ¡La visión que uno ha tenido de Dios, la *visio Dei*, lo es todo!

Pero tampoco se desanime ni desestime su potencialidad para el liderazgo por no haber tenido una visión celestial. Usted no necesita tal visión porque ya tiene dos grandes libros de visión: el libro de las Escrituras, que una y otra vez revela la gloria de Dios; y el libro de la Creación, que continuamente da fe de la grandeza de Dios. Tomemos, por ejemplo, las estrellas: "Un día emite palabra a otro día, y una noche a otra declara sabiduría. No hay lenguaje, ni palabras, ni es oída su voz" (Salmo 19:2,3). La imponente visión está siempre frente a nuestros ojos con sólo desear verla. Lea los grandes pasajes de la Biblia para ensanchar su visión de la grandeza de Dios. Mire las estrellas y toda la creación que lo rodea. Ore para que Dios le permita tener una revelación cada vez mayor de su grandeza y para que le conceda la gracia de creer lo que lee y ve.

Devoción

Encontramos otro aspecto de la preparación de Josué para el liderazgo en Éxodo 33, donde entrevemos su devoción cada vez mayor por Dios. Josué se encontraba sirviendo en el tabernáculo con Moisés, mientras la columna de nube se alzaba sobre el tabernáculo. El versículo once nos dice: "Y hablaba Jehová con Moisés cara a cara, como habla cualquiera a su compañero. Y él volvía al campamento; pero el joven Josué hijo de Nun, su servidor, nunca se apartaba de en medio del tabernáculo." ¡Aunque no tenía el privilegio, como Moisés, de hablar con Dios cara a cara, Josué estaba tan subyugado por la presencia de Dios, que no deseaba dejar el tabernáculo! "Señor, tú eres tan maravilloso que no quiero marcharme. Deja que me quede aquí, te lo ruego." ¡Cuánta pasión hay en esa escena!

La contraparte de Josué en el Nuevo Testamento es María de Betania, quien no deseaba abandonar la habitación donde se hallaba con Jesús, a cuyos pies se sentaba, extasiada, a pesar de las críticas de su hermana. ¡Y cuán en lo cierto estaba! De los propios labios de nuestro Señor escuchamos: "María ha escogido la buena parte, la cual no le será quitada" (Lucas 10:42b). Fue esta misma María la que derramó nardo puro sobre la cabeza de Jesús (cuyo precio equivalía al salario anual de un obrero) y la que ungió los pies de Jesús enjugándolos con sus cabellos, y de quien Jesús dijo: "Buena obra me ha hecho" (Marcos 14:6; Juan 12:3).

El verdadero liderazgo espiritual nace con la devoción y exige intimidad con Dios. No se puede nombrar a un gran líder de la iglesia que no haya hecho de la adoración personal a Dios su primera prioridad. Así ocurrió con Martín Lutero, Juan Bunyan, Jonathan Edwards, Juan Wesley, Jorge Müller, David Martyn Lloyd-Jones y con todos los demás líderes espirituales. No hay verdadero liderazgo sin una devoción ardiente.

Hace cien años el gran C. J. Vaughn dijo: "Si yo quisiera que alguien se sintiera humillado, le preguntaría cómo anda su vida de oración. Por las lastimosas respuestas que escucho, no sé de ninguna otra cosa que lo logre mejor."[6] ¿Qué respuesta daría usted?

Magnanimidad

La siguiente mención de Josué que aparece en la Biblia no es tan lisonjera como la anterior. Números 11 nos dice que cuando Josué servía como ayudante de Moisés, recibió unas noticias perturbadoras. Ciertos líderes espirituales llamados Eldad y Medad estaban profetizando (predicando) en el campamento de Israel. Esto, para Josué, constituía una afrenta al liderazgo espiritual de Moisés, ya que éste era para Israel el profeta por excelencia. Alarmado, y sintiendo celos por Moisés, Josué se dirige a él al instante y desaforadamente le dice: "Señor mío, Moisés, impídelos" esperando, por lo menos, que Moisés tomara alguna acción. Pero para mayúscula sorpresa de Josué, Moisés le responde: "¿Tienes tú celos por mí? Ojalá todo el pueblo de Jehová fuese profeta, y que Jehová pusiera su espíritu sobre ellos" (Números 11:28, 29).

Esta fue una experiencia decisiva para Josué, pues de no haber sido refrenado en ese momento por la magnánima respuesta de Moisés, su "desprendido" celo por la honra de Moisés pudo haberlo convertido a la larga en un hombre mezquino y despreciable, incompetente para el liderazgo. Se ve que la lección fue bien aprendida, pues Josué nunca más volvió a exhibir semejante mezquindad, sino que se convirtió en un líder magnánimo que vivió sólo para la gloria de Dios.

Lamentablemente, son muchos los líderes de las iglesias que no han aprendido bien esta lección. John Claypool dijo en sus Conferencias sobre la Predicación, de 1979, en la Universidad de Yale, que cuando él estuvo trabajando en el seminario experimentó celos profesionales y que su vida como pastor tampoco había sido muy diferente. Estos amargos comentarios los hizo después de haber observado en muchas convenciones nacionales de líderes eclesiásticos que la mayor parte de la conversación que se desarrollaba en las habitaciones de los hoteles, o estaban llenas de envidia por algún líder que estaba haciendo bien su trabajo, o a duras penas podían ocultar su regocijo por el fracaso de otro.[7]

El verdadero liderazgo espiritual no participa de nada de esto, como bien se observa en el ejemplo del gran Charles Simeón. Éste, que pastoreó la Iglesia de la Santísima Trinidad de Cambridge a comienzos del siglo diecinueve, tenía el mérito de haber establecido el ala evangélica de la Iglesia Anglicana, gracias a su enorme liderazgo patentizado en su poderosa personalidad, su admirable predicación que llenó veintiún volúmenes, y su disciplina personal como uno de los más grandes líderes misioneros de la iglesia. Un hombre así pudiera haber tenido la tentación de sentirse ofendido por otros que pudieran desplazarlo como, por ejemplo, cuando se enfermó de cuidado y tuvo que pasar ocho meses recuperándose, tiempo en el cual su coadjutor, Thomason, se encargó de la predicación. Éste sorprendió a todo el mundo por su excelente dominio de la predicación que rivalizaba con la de Simeón. ¿Y cuál fue la reacción del gran hombre? ¡Alegrarse! En realidad, como dice su biografía, Simeón se refirió a Juan 3:30 ("Es necesario que él crezca, pero que yo mengüe") y le dijo a un amigo: "Ahora sé por qué fui puesto de lado, y doy gracias a Dios por eso."[8]

El verdadero liderazgo espiritual no tiene nada que ver con un espíritu egoísta.

Confirmando esta verdad está el hecho de que la descripción normal de Josué, usada varias veces en el Pentateuco, es la de "siervo de Moisés". A veces, siervo puede traducirse como "asistente", "ayudante", "lugarteniente", o "ministro", pero el título lleva siempre el concepto de servicio. Es significativo que Josué fue siempre el siervo de Moisés hasta la muerte de éste. Aunque el segundo violín es un instrumento difícil de dominar (¡mucho más que el primero!), Josué lo tocó bien. En realidad, él fue un virtuoso segundo violín.

Los líderes espirituales magnánimos, como Josué, pueden ser número dos, tres, cuatro, cinco ... como nos lo enseñó Jesús, el Josué perfecto. "Porque, ¿cuál es el mayor, el que se sienta a la mesa o el que sirve? ¿No es el que se sienta a la mesa? Mas yo estoy entre vosotros como el que sirve" (Lucas 22:27).

Los que califican para el liderazgo espiritual son Josués magnánimos, para servirse mutuamente y para ayudar a los demás.

Fe

Vemos nuevamente el nombre de Josué con relación al famoso incidente de la exploración del territorio, que aparece en Números 13 y 14. Moisés comisionó a doce espías (uno de cada tribu) para hacer un reconocimiento de la Tierra Prometida antes de conquistarla. Caleb y Josué eran representantes de sus respectivas tribus (13:6,8). Después de cuarenta días de hacer un reconocimiento furtivo del territorio, regresaron los exploradores. Todos coincidían en que había abundancia en la tierra (13:23,24).

No obstante, diez de los espías dijeron que el territorio no podría ser conquistado porque las ciudades estaban bien fortificadas y algunos de sus habitantes eran gigantes (vv. 28,29). Caleb y Josué los refutaron diciendo casi literalmente que la victoria sería "pan comido". Hebreos 14:9 dice literalmente: "No temáis al pueblo de esa tierra, porque nosotros los comeremos como pan." ¡No se preocupen, son pan comido!

Lo único que Israel tenía que hacer, insistieron los dos hombres, era ponerse en marcha (13:30; 14:9). Pero el resto de Israel aceptó el informe de la mayoría, y hasta trataron de apedrear a Josué y a Caleb (14:1-10). Por esto el pueblo cayó bajo el juicio de Dios y habría de pasar cuarenta años vagando por el desierto (un año por cada uno de los cuarenta días de reconocimiento del territorio) hasta que todos se convirtieron en cadáveres, con excepción de Josué y Caleb.

Para Josué, la lección fue clarísima: la mayoría no siempre tiene la razón. En realidad, la mayoría frecuentemente se equivoca. Los hombres que Dios usa siempre han tenido que luchar contra la corriente, como ocurrió con Lutero, Knox, Fox, Wilberforce, Booth, Carey y Bonhoeffer. ¡Cuánto necesitamos recordarlo! Vivimos en un tiempo en el que la verdad está determinada por el consenso; en el que la justicia la determina la diferencia de un voto en la Corte Suprema; en el que el dicho "todo el mundo lo hace" se ha convertido en la argumentación general de la conducta; en un tiempo en que el temor de Jefferson de la tiranía de la mayoría se ha convertido en una realidad. Los líderes espirituales no coinciden necesariamente con la opinión de la mayoría.

Josué y Caleb se enfrentaron solos a todos, una característica común de los buenos líderes. Pero la realidad sobresaliente en cuanto a liderazgo que vemos en su oposición solitaria fue su gran fe. Ellos sencillamente creyeron en el Dios glorioso que Josué había vislumbrado desde lejos en el Sinaí. No podían, de ninguna manera, estar de acuerdo con el complejo de "langosta" de los demás espías, pues, ¿cómo sentirse así si creían realmente en un Dios tan portentoso? Sin ninguna excepción, los grandes líderes espirituales tienen una fe que sobresale por encima de la de sus contemporáneos, y el lenguaje de su vida es: "Por la fe, por la fe, por la fe ..." (véase Hebreos 11).

Es significativo el hecho de que fue en ese tiempo que Moisés le cambió a Josué su nombre original de Oseas ("salvación") a Josué ("Jehová es salvación") (Números 13:16). Este es un augusto nombre de liderazgo, ya que Jesús es la forma griega de Josué. "Y llamarás su nombre Jesús - dijo el ángel -, porque él salvará a su pueblo de sus pecados" (Mateo 1:21).

El Espíritu

Después de vagar cuarenta años, estando el pueblo en los campos de Moab, "no quedó varón de ellos, sino Caleb hijo de Jefone, y Josué hijo de Nun" (Números 26:25). Había llegado el momento de que Josué se hiciera cargo de Israel: "Y Jehová dijo a Moisés: Toma a Josué (hijo de Nun) quien tiene el Espíritu, y llévalo ante Eleazar el sacerdote; y en presencia de todo el pueblo, encárgale la responsabilidad de dirigir la nación" (Números 27:18,19, La Biblia al Día). Notemos que el Espíritu con E mayúscula, es decir, el Espíritu Santo - estaba sobre y en Josué. Él tenía el requisito indispensable de todo liderazgo espiritual. J. Oswald D dice: "El liderazgo espiritual no es cuestión de un poder espiritual superior, y nunca puede ser autogenerado. El líder espiritual como producto del esfuerzo humano propio no existe, pues el liderazgo viene de Dios."[9] El Nuevo Testamento concuerda con esto:

Buscad, pues, hermanos, de entre vosotros a siete varones de buen testimonio, llenos del Espíritu Santo y de sabiduría, a quienes encarguemos de este trabajo. Y nosotros persistiremos en la oración y en el ministerio de la palabra ...y eligieron a Esteban, varón lleno de fe y del Espíritu Santo. Hechos 6:3-5

No hay liderazgo espiritual sin la llenura del Espíritu Santo. Por consiguiente, si aspiramos al liderazgo en la iglesia, debemos ser llenos del Espíritu Santo. Esto significa, en realidad, que debemos confesar siempre nuestros pecados, mantenernos obedientes a la Palabra de Dios, y someternos permanentemente a Dios pidiendo que su Espíritu Santo nos llene. La prueba reveladora de esto será nuestra efervescencia en Cristo (Efesios 5:17-20). Al andar y servir en el Espíritu, éste nos conducirá a tareas específicas dentro de la iglesia, y estas serán tareas de liderazgo, a todos los niveles, ya sea sirviendo a las mesas o proclamando el evangelio.

Prescindibilidad

Hay una mención más de Josué en el último capítulo del Pentateuco, Deuteronomio 34, donde su preparación para el liderazgo se ha perfeccionado al producirse la muerte de Moisés:

> Subió Moisés de los campos de Moab al monte Nebo, a la cumbre del Pisga, que está enfrente de Jericó; y le mostró Jehová toda la tierra de Galaad hasta Dan, todo Neftalí, y la tierra de Efraín y de Manasés, toda la tierra de Judá hasta el mar occidental; el Neguev, y la llanura, la vega de Jericó, ciudad de las palmeras, hasta Zoar.
>
> Y dijo Jehová: Esta es la tierra de que juré a Abraham, a Isaac y a Jacob, diciendo: A tu descendencia la daré. Te he permitido verla con tus ojos, mas no pasarás allá.
>
> Y murió allí Moisés siervo de Jehová, en la tierra de Moab, conforme al dicho de Jehová. Y lo enterró en el valle, en la tierra de Moab, enfrente de Bet-peor; y ninguno conoce el lugar de su sepultura hasta hoy. Era Moisés de ciento veinte años cuando murió; sus ojos nunca se oscurecieron, ni perdió su vigor.
>
> Y lloraron los hijos de Israel a Moisés en los campos de Moab treinta días, y así se cumplieron los días del lloro y del luto de Moisés. Y Josué hijo de Nun fue lleno del espíritu de sabiduría, porque Moisés había puesto sus

manos sobre él; y los hijos de Israel le obedecieron, e hicieron como Jehová mandó a Moisés.

Y nunca más se levantó profeta en Israel como Moisés, a quien haya conocido Jehová cara a cara; nadie como él en todas las señales y prodigios que Jehová le envió a hacer en tierra de Egipto, a Faraón y a todos sus siervos y a toda su tierra, y en el gran poder y en los hechos grandiosos y terribles que Moisés hizo a la vista de todo Israel.

Deuteronomio 34:1-12

Moisés fue el más grande líder espiritual que tuvo Israel, mucho más grande que Josué. La transición de Moisés fue como ir de la poesía a la prosa. Sin embargo, Dios no necesitaba de Moisés. *¡Hasta Moisés era prescindible!*

¡Qué verdad tan grande para todo líder! Dios no necesita de nosotros, ¡y hasta asnos ha utilizado para proclamar su Palabra! (Números 22:28-33). Dios es perfectamente capaz de llevar a cabo sus planes sin nuestro liderazgo. Pero ¡qué cosa tan maravillosa, qué felicidad tan grande, que él nos haya escogido! Debemos tomar en serio este llamamiento al liderazgo. Debemos gloriarnos en la tarea, pero nunca en nosotros mismos.

No hace falta decir que el liderazgo implica de por sí más elementos, más allá de las siete cualidades presentes en Josué. Pero una cosa es indiscutible: el liderazgo debe tener un sueño, una *visión*, una imagen mental, un objetivo preciso de lo que queremos lograr. La visión es lo que le da valor al liderazgo. Una visión, o un sueño, deben posesionarse del líder, y cuando lo hace, cautivará también a otros. El desafío del liderazgo es tan grande hoy porque el hombre moderno ya no sueña.

Por otra parte, el líder no sólo debe tener un sueño, sino que debe también *comunicarlo*. Esto es cierto en cuanto a los artistas, a los educadores, a los líderes militares, y a los que administran negocios. Los grandes líderes comunican con claridad, ya sea con palabras, con metáforas, con gráficos o con ejemplos.

Los buenos líderes *delegan y planifican*, se rodean de personas competentes, crean consenso e inspiran a las personas que trabajan con ellos.

Los buenos líderes lideran mediante la *demostración*. Atraen a las personas en vez de empujarlas. El general Eisenhower acostumbraba demostrar el arte del liderazgo de una manera sencilla pero contundente. Él solía colocar un cordel sobre una mesa y decía: "Hálenlo e irá a donde ustedes quieren que vaya; empújenlo y no se moverá."

Los buenos líderes tienen *determinación*. Ray Kroc, fundador de la famosa cadena de comida rápida McDonald, expuso en forma primorosa esta aseveración de Calvin Coolidge:

Nada en el mundo puede tomar el lugar de la perseverancia.
No es el talento; pues nada es más común que los fracasados con talento.
Tampoco el genio; pues decir genio no reconocido es casi un refrán.
Tampoco la educación; pues el mundo está lleno de delincuentes ilustrados.
Sólo la perseverancia y la determinación, y nada más, todo lo logran.

Si deseamos ser buenos líderes, debemos reconocer y aceptar este sabio consejo: visión, comunicación, delegación y organización. Las alabamos y las recomendamos, pero debemos practicarlas también.

Pero hay mucho más que esto en nuestro llamado al liderazgo espiritual, ya que las siete características presentes en el liderazgo de Josué no tienen un paralelo exacto en ningún manual de liderazgo en el mundo secular, especialmente como son presentadas en el ramillete bíblico. Lo que es más, si estas características son aceptadas como disciplinas de liderazgo espiritual, su energía combinada proporcionará el arrojo para superar sabiamente el concepto tradicional que se tiene en cuanto al liderazgo. Dicho de otra manera, la sabiduría trascendente que hay en el liderazgo espiritual comunicará energía y dará realce a otros tipos de sabiduría que hayamos recibido, produciendo así un liderazgo dinámico.

El liderazgo masculino maduro es poco común en la iglesia. ¿Es usted parte del problema o de la solución? Sea sincero con usted mismo y con Dios.

La preparación que tuvo Josué para llegar a ser un líder nos enseña que si queremos sinceramente mejorar nuestras capacidades como líderes hay ciertas cosas en las cuales hay que esforzarse. Estas son:

- Comprometerse con, y practicar la oración intercesora.
- Buscar tener una visión de Dios, grande y creciente.
- Practicar una adoración y devoción a Dios cada vez mayores.
- Tener una magnanimidad que sea de inspiración para los demás.
- Tener una fe que venza las dudas de los demás.
- Tener una comprensión liberadora de que no somos indispensables.

El ejemplo de la preparación de Josué nos llama, pues, a esforzarnos de una manera santa:

¡Alzaos, hombres de Dios,
    la Iglesia os necesita!
¡Fortalecedla, apoyad sus esfuerzos,

pues grande es su tarea!
¡A hacerla grande, a todos nos invita!

—William P. Merrill

Alimento para pensar

¿Qué es la relación entre el liderazgo, ya sea en casa o en el trabajo o en la iglesia, y la oración? Sea honesto, y específico.

"No hay liderazgo espiritual afuera de la devoción apasionada." ¿Está de acuerdo o no? ¿Qué papel juega esto en su vida?

¿En qué maneras los celos le aguantan para que no pueda ser un líder más efectivo? ¿Qué líderes envidias? ¿Qué específicamente codicia en su vida o ministerio o trabajo?

¿En qué maneras quiere Dios que tome una posición de fe más grande? ¿Con respecto a qué asuntos o problemas? ¿Por qué no lo está haciendo?

¿Qué rasgos de carácter de liderazgo de Esteban se mencionan en Hechos 6:3, 5? ¿Son evidentes en su vida como líder, como padre, o jefe o líder en la iglesia? ¿Qué puede hacer para permitirle a Dios desarrollar más completamente estos rasgos en usted?

¿Qué significa el principio prescindible para liderazgo? Aplícalo a los papeles de su propio liderazgo. En vista de esto, ¿qué pasos debería tomar?

La aplicación/Respuesta

¿De qué le habló Dios más específicamente, más poderosamente en este capítulo? ¡Háblale a Él acerca de eso en este momento!

¡Piensa en esto!

Repasa la vida de Josué como está descrita en los pasajes de las Escrituras citados en este capítulo. Enumera los aspectos de su trabajo que tienen significado para usted; después, identifica por qué esos aspectos le tocaron. Enumera también esos principios que actualmente son débiles en su desempeño como líder y lo que hará para crecer más fuerte en esas áreas.

15

La Disciplina del Dar

EN 1923 SE LLEVÓ a cabo una reunión muy importante en el hotel Edgewater Beach de Chicago. A esta famosa reunión asistieron nueve de los financistas más exitosos del mundo, a saber: el presidente de la compañía siderúrgica privada más grande del mundo; el presidente de la mayor compañía de servicios del mundo; el presidente de la compañía más grande de gas; el mayor comerciante de trigo del mundo; el presidente de la Bolsa de Nueva York; un miembro del Gabinete del Presidente de los Estados Unidos; el bajista más grande de Wall Street; el director del monopolio más grande del mundo; y finalmente, el presidente del Bank of International Settlements (Banco de Arreglos Internacionales). ¡Estos hombres eran los amos supremos del mundo de las finanzas!

Pero veinticinco años después, en 1948, el cuadro era muy diferente. Charles Schwab había muerto en la ruina, después de haber vivido con dinero prestado los últimos cinco años de su vida. Samuel Insull había muerto en el extranjero, sin un centavo, y como prófugo de la justicia. Howard Hopson se había vuelto loco. Arthur Critten murió en el extranjero, en la ruina. Richard Whitney acababa de ser liberado de la prisión de Sing Sing. Albert Fall fue dejado libre para que pudiera morir al lado de su familia. Jesse Livermore se suicidó, al igual que Leon Fraser e Ivan Kreuger. ¡Todos esos señores de las finanzas vivieron dominados por las riquezas!

★ "Bajista" es el que en la bolsa de valores especula con la baja de los fondos públicos.

El extraordinario parecido en cuanto a la infernal seriedad de sus famosas vidas constituye una advertencia divina, pues Dios ha puesto como testigos, a los espectros de estos gigantes de las finanzas de mediados de este siglo, para una nación a punto de enloquecer por el materialismo. Hoy sus espectros se han desvanecido, y una nueva galería de espíritus desdichados se está formando con nombres tales como Ivan Boesky y Michael Milken.

Sin embargo, son pocos los que toman esto con la debida seriedad. Esto quizás se deba a que la mayoría,. particularmente si son cristianos, no aspiran a ser dueños de los grandes monopolios del mundo, ni tampoco exhibir el aparatoso estilo de vida de los ricos y famosos. En vez de ello, se contentan con cultivar un nivel de riqueza menos ostentoso, sin darse cuenta de que el peligro que los acecha es el mismo que acecha a los ricos: el engaño de que este mundo lo es todo; de que algún día estarán satisfechos; de que "proveer para la familia" significa darles siempre más y mejor; de que las relaciones sociales prosperarán mediante las riquezas; y de que las riquezas los convertirán en mejores personas.

Evidentemente, la sempiterna realidad es que las riquezas representan peligros considerables para todos, muy especialmente para el pueblo cristiano que cada día se vuelve más próspero. ¿Pero qué podemos hacer para escapar del poder del materialismo? ¿Salir del mundo de la competencia? ¿Abandonar los negocios? ¿Evitar tener una profesión? ¿Unirnos a una comuna? Hay quienes piensan así, a pesar de las firmes advertencias en contra del aislamiento.

Hay, sin embargo, un camino mejor, enseñado una y otra vez en la Palabra de Dios. En realidad, la Biblia lo presenta como una gracia: *la gracia de dar*.

La enseñanza más explícita en cuanto a este tema está en 2 Corintios 8, donde el apóstol Pablo enseña magistralmente a la iglesia de los corintios en cuanto al dar, citando el hermoso ejemplo en cuanto a ofrenda de la iglesia de los macedonios: "Asimismo, hermanos, os hacemos saber la gracia (es decir, la gracia de dar) de Dios, que se ha dado a las iglesias de Macedonia" (v. 1). Para Pablo, el dar es una tal gracia que él utiliza la palabra griega cinco veces en este breve texto: En el versículo uno dice "la gracia" (*charin*); en el versículo cuatro, "el privilegio" (*charas*); en el versículo seis, "esta obra de gracia" (*charin*); en el versículo siete, "en esta gracia (de dar)" (*chariti*); y en el versículo ocho, "la gracia" (*charin*). Dar es un asunto de gracia, de comienzo a fin, como veremos.

LA GRACIA DE DAR, EN LA HISTORIA DE ISRAEL

Para comprender exactamente la dinámica enseñanza de Pablo en cuanto a la gracia de dar, necesitamos recordar la enseñanza bíblica que había sido dada al pueblo de Israel. Hay cierta confusión hoy en cuanto a lo que Dios exigía realmente de su pueblo en el Antiguo Testamento. La mayoría piensa que era algo como el diez por ciento, lo cual es una lastimosa equivocación. En realidad, había varias otras ofrendas obligatorias en Israel que totalizaban mucho más del diez por ciento.

El diezmo del Señor

El diezmo básico era llamado el diezmo del Señor (o el diezmo de los levitas, Números 18:21-29, porque estaba destinado al sostén del ministerio sacerdotal). Levítico 27:30 dice: "Y el diezmo de la tierra, así de la simiente de la tierra como del fruto de los árboles, de Jehová es; es cosa dedicada a Jehová." Eso significaba que un diezmo (el diez por ciento) de toda la producción agrícola y animal se entregaba a los levitas. Ningún israelita escapaba de ello. De modo que el hombre que no entregaba el diezmo estaba robando a Dios. Malaquías 3:8 se refiere a esto, diciendo: "¿Robará el hombre a Dios? Pues vosotros me habéis robado. Y dijisteis: ¿En qué te hemos robado? En vuestros diezmos y ofrendas."

El diezmo de la celebración

Aparte de este primer diez por ciento, había un segundo diezmo, llamado comúnmente el diezmo de la celebración. Según Deuteronomio 12:10,11,17,18, este diezmo se estableció cuando Israel conquistó la Tierra Prometida, pues un diez por ciento debía darse para tener una celebración anual, una fiesta con la familia, los amigos y los criados. Mientras que el propósito del diezmo del Señor fue perpetuar el ministerio sacerdotal, el diezmo de la celebración tuvo como objetivo tener una gran fiesta religiosa y compañerismo mutuo entre el pueblo de Dios. De modo que la suma de los dos diezmos constituía ya una mordida económica, es decir, un veinte por ciento obligatorio.

El diezmo de los pobres

Pero había aún más, ya que Deuteronomio 14:28,29 ordenaba un tercer diezmo, el diezmo de los pobres:

> Al final de cada tres años sacarás todo el diezmo de tus productos de aquel año, y lo guardarás en tus ciudades. Y vendrá el levita, que no tiene parte ni heredad contigo, y el extranjero, el huérfano y la viuda que hubiere en tus poblaciones, y comerán y serán saciados; para que Jehová tu Dios te bendiga en toda obra que tus manos hicieren.

Este diezmo proporcionaba la ayuda social a los que no podían sostenerse a sí mismos. Ya que el diezmo era el diez por ciento cada tres años, esto significaba 3,3 por ciento por año, siendo así el total de diezmos más del veintitrés por ciento al año.

Estos tres diezmos obligatorios servían para sostener el sacerdocio, realizar una fiesta nacional y ayudar a los pobres. ¡Suficiente! podríamos pensar. Pero Levítico 19:9,10 ordenaba aún más, ya que el pueblo debía además abstenerse de segarlo todo, o de recoger hasta la última uva, a fin de dejar los rebuscos para los pobres. Pero además de esto, hubo otros impuestos ocasionales, tales como el impuesto de la tercera parte de un siclo que se debía pagar después por los materiales utilizados para la ofrenda en el templo (Nehemías 10:32,33). El meollo del asunto era éste: El pueblo de Dios debía dar un mínimo del veinticinco por ciento al año.

El dar de gracia
Uno podría pensar que un veinticinco por ciento era, sin duda, el límite. Pero era en este punto que el dar de corazón hacía su aparición: "el dar de gracia" o hacer ofrendas que no eran obligatorias. Había la ofrenda de las primicias en la cual un israelita, por amor a Dios, traía los primeros frutos de su cosecha o de su ganado a Dios (Números 18:11-13). Lo hermoso de esto era que lo hacía cuando todavía no lo había cosechado todo y no sabía cuánto cosecharía realmente. Pero daba lo mejor a Dios, confiando en que Él lo supliría todo. Era un dar por fe, y un dar totalmente voluntario.

Había también la ofrenda voluntaria, la ofrenda que Dios pidió cuando Moisés ordenó constituir el tabernáculo: "Di a los hijos de Israel que tomen para mí ofrenda; de todo varón que la diere de su voluntad, de corazón, tomaréis mi ofrenda" (Éxodo 25:1,2). Nada se especificaba, excepto que fuera voluntaria y de todo corazón. En esa ocasión la respuesta del pueblo fue tan grande que Moisés tuvo que decirles que no siguieran trayendo más (Éxodo 36:2-7).

El dar con un corazón rebosante de la gracia de Dios, ya sea por obligación o voluntariamente, ha sido el ideal en cuanto al pueblo de Dios, antes y después de la venida de Cristo. Cuando el corazón de un hombre rebosa de la gracia de dar, una cantidad sustancial de los ingresos que percibe va a Dios.[1]

EL DAR DE GRACIA EN EL NUEVO TESTAMENTO

Como ya hemos dicho, Pablo comenzó su exposición en cuanto a la gracia de dar alabando el ejemplo en cuanto a ofrendar dado por los cristianos pobres de Macedonia: "Asimismo, hermanos, os hacemos saber la gracia de Dios que se ha dado a las iglesias de Macedonia; que en grande prueba de tribulación, la abundancia de su gozo y su profunda pobreza abundaron en riquezas de su generosidad" (2 Corintios 8:1,2). Los macedonios eran profundamente pobres, pobres de verdad.

Hoy nos consideramos pobres si tenemos que pensarlo dos veces antes de decidir cenar fuera de casa. El "estilo norteamericano" de hoy es la tarjeta de crédito, es decir, comprar cosas que no se necesitan, con dinero que no se tiene, para impresionar a gente que no se quiere. Pero ese no era el caso de los cristianos macedonios.

No sólo eran paupérrimos, sino que además estaban "en grande prueba de tribulación". El sentido literal de esto es que estaban siendo acosados por las dificultades de su condición de cristianos. Su entorno social los rechazaba y los acosaba más y más por su devoción a Cristo, de modo que se encontraban dentro de una implacable olla de presión. Su situación era insoportable: pobreza extrema y dura pruebas. Pero de todo esto brotaba una gracia increíble, de modo que su profunda pobreza y sus duras pruebas se combinaban para producir un gozo abundante y "abundaron en riquezas de su generosidad". Esto era el resultado del dar de gracia.

Esto es en realidad admirable. Pero si esto pone a prueba nuestra credulidad, notemos lo que sigue diciendo Pablo en los versículos 3 y 4: "Pues doy testimonio de que con agrado han dado conforme a sus fuerzas, y aun más allá de sus fuerzas, pidiéndonos con muchos ruegos que les concediésemos el privilegio de participar en este servicio para los santos." Dieron "más allá de (literalmente, "contrario a") sus fuerzas". San Crisóstomo se maravilló de esto y comentó: "Fueron ellos, no Pablo, quienes imploraron." "¡Vamos, Pablo, sé bueno! ¡Déjanos dar más!"

La gracia de dar no tiene nada que ver con tener buena situación económica, ni es el resultado de la capacidad de hacerlo. Es la disposición a dar, en la que el dar es visto como un privilegio. Es algo que se hace con entusiasmo gozoso y que implora la oportunidad de dar más.

¿Qué otra cosa da origen el dar? Pablo da la respuesta en el versículo cinco al referirse a los aspectos verticales y horizontales de la entrega de los macedonios: "Y no como lo esperábamos, sino que a sí mismos se dieron primeramente al Señor, y luego a nosotros por la voluntad de Dios." Su admirable ofrenda fue el resultado de darse primero al Señor. Es que es muy simple: cuando uno le da al Señor todo lo que tiene, el dar a los demás se convierte en la respuesta natural del alma.

Resulta fácil rendir una parte cuando ya hemos dado el todo. Eso lo demuestra la vida de un joven noruego llamado Peter Torjesen cuando, a la edad de diecisiete años, su corazón estaban tan tocado por el reto de dar para la obra misionera, que puso en la ofrenda todo lo que tenía en su cartera, y después de pensarlo brevemente echó también un pedazo de papel en el cual decía: *Og mit liv* [Y mi vida].² Resulta significativo que el joven Torjesen tuvo después una fructífera vida como misionero en la China.

Los macedonios hicieron lo correcto: primero dieron su corazón a Dios y después a sí mismos a sus hermanos en Cristo, lo que, a su vez, dio como resultado que entregaran todo lo que tenían para la obra de Cristo. Es aquí donde el dar de gracia debe comenzar: en el darnos primero completamente a Dios. El dar de gracia no puede existir sin esto (Cf. Romanos 12:1).

LA INFLUENCIA DEL DAR DE GRACIA

El radiante ejemplo de dar de los macedonios fue alabado por el apóstol Pablo con el propósito de convencer y motivar a la iglesia de los corintios. Ahora Pablo no deja dudas en cuanto a lo que él esperaba que ocurriera: "De manera que exhortamos a Tito para que ...acabe también entre vosotros esta obra de gracia. Por tanto, como en todo abundáis, en fe, en palabra, en ciencia, en toda solicitud, y en vuestro amor para con nosotros, abundad también en esta gracia (de dar)" (vv. 6,7).

Los creyentes de Corinto eran una comunidad con muchos dones en muchas cosas dignas de encomio, excepto en el de dar. Pero Pablo sabía que a pesar de lo buenos que eran en las demás cosas, nunca llegarían a lo que podrían y debieran ser. El inmutable hecho espiritual es que no hay forma de lograr madurez espiritual sin entregar al Señor todo lo que tenemos. Dios puede tener nuestro dinero y no nuestro corazón, pero no puede tener nuestro corazón sin tener también nuestro dinero. Jesús dijo: "Porque donde esté vuestro tesoro, allí estará también vuestro corazón" (Mateo 6:21).

Los espectros de los gigantes de Wall Street que fueron a la ruina, no son los únicos que proclaman los peligros del dinero. Todo el Nuevo Testamento está lleno de advertencias, muchas de las cuales salieron de los labios del mismísimo Jesús, quien habló a los que le escuchaban, más de dinero que acerca del cielo y del infierno, o de la inmoralidad sexual o de la violencia. Después que el joven rico se marchó triste al decirle Jesús que lo vendiera todo, Jesús les dijo a sus discípulos: "Más fácil es pasar un camello por el ojo de una agua, que entrar un rico en el reino de Dios" (Marcos 10:25). Lo que Él quiso decir es que es imposible que un hombre que confíe en sus riquezas vaya al cielo. Pero gracias a Dios remató con algo más: "Para los hombres (salvarse, v. 26) es imposible, mas para Dios, no; porque todas las cosas son posibles para Dios" (v. 27).

Jesús aseguró con toda claridad que las riquezas son un estorbo si uno pone su confianza en ellas ante que en Dios. Hacia el final del Sermón del

Monte, dijo: "No os hagáis tesoros en la tierra, donde la polilla y el orín corrompen, y donde ladrones minan y hurtan; sino haceos tesoros en el cielo, donde ni la polilla ni el orín corrompen, y donde ladrones no minan ni hurtan." Poco después advirtió: "Ninguno puede servir a dos señores, porque o aborrecerá al uno y amará al otro, o estimará al uno y menospreciará al otro. No podéis servir a Dios y a las riquezas."

Y a un hombre que disputaba a otro una herencia, Jesús le gritó: "Mirad, y guardaos de toda avaricia; porque la vida del hombre no consiste en la abundancia de los bienes que posee" (Lucas 12:15). Luego les relató la parábola del rico que edificó graneros cada vez más grandes, pero que esa misma noche moriría. Terminó la parábola con esta solemne declaración: "Así es el que hace para sí tesoro y no es rico para con Dios" (v. 21).

Los "ricos para con Dios" son los que no sólo se dan a sí mismos, sino que también dan sus riquezas, atesorando de esa manera tesoros en el cielo. El secreto de la liberación del poder del materialismo no es huir de la sociedad, ni abandonar los negocios, ni dejar a los demás las riquezas de la nación, sino el dar de gracia.

El dar de gracia va más allá del simple diezmo, sino que da con abnegación. El dar de gracia afecta nuestro estilo de vida. Hay cosas que no se pueden tener y cosas que uno no puede permitirse cuando practica el dar de gracia. Como apuntó C. S. Lewis:

> Si lo que gastamos en comodidades, lujos y diversiones es lo mismo que gastan los que tienen ingresos semejantes a los nuestros, eso significa que probablemente estamos dando muy poco. Si lo que damos no limita en absoluto nuestros gastos ni nos impide hacer ciertas cosas, yo diría que es muy poco. Debe haber cosas que nos gustaría hacer, pero no podemos hacerlas porque lo que damos no nos lo permite.[3]

Los que dan generosamente por amor a Dios son los que restan importancia al poder del dinero. Estos son los que invitan a la gracia de Dios a fluir a través de ellos.

Es posible que usted esté enfrentando alguna traba en su desarrollo espiritual y se encuentre perplejo. Después de todo, usted asiste a su iglesia regularmente, disfruta del compañerismo de los creyentes y hasta lee la Biblia y ora regularmente. El problema puede ser que no está dando, simplemente que Dios no tiene esa parte suya. Si es así, lo que usted necesita es el dar de gracia: la ofrenda de las primicias, el mejor anticipo a Dios, confiando en que

Él proveerá el resto; la gozosa ofrenda voluntaria tal como lo experimentaron los israelitas hasta que Moisés tuvo que decir: "¡Basta!"; el dar de gracia de los macedonios cuya liberalidad sobreabundó al punto de implorar que se les diera la oportunidad de dar más.

El apóstol Pablo argumentó el asunto convincentemente, pero lo coronó con una excelente ilustración: "Porque ya conocéis la gracia de nuestro Señor Jesucristo, que por amor a vosotros se hizo pobre, siendo rico, para que vosotros con su pobreza fueseis enriquecidos" (v. 9). Aunque Jesús tenía las estrellas al alcance de su mano se despojó a sí mismo, convirtiéndose por nosotros en un miserable siervo terrenal. Ese es el "programa" celestial de mayordomía, y también el modelo para nosotros. Los creyentes corintios participaron colectivamente en la ofrenda, pero no por temor ni por una exhortación manipuladora. Fue más bien el ejemplo perfecto en cuanto a dar - "la gracia de nuestro Señor Jesucristo" - lo que produjo la gracia de dar en su vida. Lo hicieron simplemente por Jesucristo.

LA DISCIPLINA DE DAR

Es preciso que comprendamos que la gracia de Dios en nuestra vida exige disciplina. Esta es la razón por la cual el gran apóstol de la gracia dice: "Ejercítate para la piedad" (1 Timoteo 4:7b). Y en este asunto del dar de gracia, para dar también es necesario disciplinarse.

La disciplina de la mente
Antes que haya una disciplina exterior en cuanto al dar, debe haber una comprensión disciplinada del dar.

En primer lugar, usted debe tener presente que dar no es una obra meritoria que realzará su posición delante de Dios. De igual manera, el hecho de que usted dé no lo hará mejor que los demás cristianos.

En segundo lugar, usted debe comprender que a pesar de que el dar no le dará méritos ante Dios, ¡el dar trae bendiciones! Jesús dijo: "Dad, y se os dará; medida buena, apretada, remecida y rebosando darán en vuestro regazo; porque con la misma medida con que medís, os volverán a medir" (Lucas 6:38). En la misma línea de pensamiento, Pablo escribió: "Pero esto digo: El que siembra escasamente, también segará escasamente; y el que siembra generosamente, generosamente también segará" (2 Corintios 9:6).

Hay que reconocer que estas bendiciones son básicamente espirituales. Pero ¿qué preferiría usted: bendiciones espirituales o tener dinero en el banco? ¿Satisfacción interior o un nuevo artefacto eléctrico?

En tercer lugar, usted debe tener presente que lo que dé debe ser algo decidido entre usted y Dios. El dar nunca debe ser hecho a la ligera ni con petulancia, sino después de haber orado sinceramente pidiendo a Dos que lo dirija en cuanto a lo que usted debe dar.

La disciplina de la voluntad

Con la disciplina de dar firmemente en cuenta, el camino está expedito para el acto de dar.

Para comenzar, el acto de dar debe estar acompañado de la ofrenda de uno mismo al Señor, tal como lo hicieron los macedonios que "a sí mismos se dieron primeramente al Señor" (2 Corintios 8:5). Esto debe hacerse calladamente, para que nadie se dé cuenta de nuestro piadoso acto de adoración. Y darse uno mismo a Dios es indudablemente un acto de adoración (Romanos 12:1).

En segundo lugar, se recomienda primeramente - a la luz de las grandes exigencias en cuanto al dar impuestas al antiguo Israel teocrático - que todos los creyentes deben empezar dando a Dios el diez por ciento de sus ingresos, como mínimo. En el caso de la ofrenda de gracia de los creyentes de Macedonia la cantidad debió haber sido mucho más del diez por ciento, ya que el diez por ciento de su "profunda pobreza" (2 Corintios 8:2) no habría sido de ayuda para nadie. En tercer lugar, usted debe dar al Señor regularmente. Pablo aconsejó a estos mismos creyentes corintios en otra ocasión: "Cada primer día de la semana cada uno de vosotros ponga aparte algo, según haya prosperado, guardándolo para que cuando yo llegue no se recojan entonces ofrendas" (1 Corintios 16:2). El apóstol sabía que el ofrendar regular y sistemáticamente los ayudaría a cumplir sus compromisos normales y darle frente a la mayoría de las situaciones de emergencia.

En cuarto lugar, usted debe comenzar a dar inmediatamente. La tendencia natural es diferirlo hasta que uno sienta que puede hacerlo, pero tal criterio es lo que hace que muchos jamás comiencen a dar. En cierta ocasión un pastor vino a ver a un granjero y le dijo:

— Si usted tuviera doscientos dólares, ¿le daría cien al Señor?

— Sí.

— Si tuviera dos vacas, ¿daría una de ellas al Señor?

— Claro que sí.

—Y si tuviera dos cerdos, ¿daría uno de ellos al Señor?

A lo que el granjero respondió:

— ¡Eso no es justo! Usted sabe que tengo dos cerdos.[4]

El ofrendar no sólo debe hacerse con regularidad, sino que además debe ser espontáneo y como respuesta a una necesidad, como en el caso de los macedonios y de María de Betania, quienes dieron con largueza lo que tenían.

Por último, su ofrenda debe ser gozosa "porque Dios ama al dador alegre" (2 Corintios 8:9). Como mucho se ha dicho, "alegre" puede traducirse "con regocijo", indicando un gozo que desconoce todo freno.

El acto de ofrendar es un acto bendito. Haríamos bien en recordar que el propio Señor Jesucristo dijo: "Más bienaventurado es dar que recibir" (Hechos 20:35). ¡Ojalá que seamos fieles y disciplinados en el darnos primeramente a nosotros mismos a Dios, y luego todo lo que tenemos!

Alimento para pensar

¿Qué significa para usted la expresión "la gracia que da"? ¿Qué tiene que ver la gracia con dar? Cuando da a la iglesia o varios ministerios cristianos, ¿generalmente lo hacer por obligación o buena voluntad?

¿Cuánto de sus ingresos cree que Dios quiere que le dés? Apoya su respuesta con la Escritura; después pregúntale a Dios en la oración si Él está de acuerdo.

¿Qué dice Malaquías 3:8ff. acerca de dar a Dios? ¿Generalmente obedece o desobedece lo que dice este pasaje?

¿Debemos dar sólo cuando tenemos de sobra, por así decirlo - en tiempos cuando Dios "nos ha bendecido"? Compare 2 Corintios 8:1, 2.

¿Qué quiere decir Mateo 6:19, 20, 21, 24 para su vida? ¿Cuáles son algunas de las maneras específicas en que puede aplicar estos versículos?

¿Qué ejemplo se encuentra en 2 Corintio 8:9? ¿Qué le dice este versículo?

La aplicación/Respuesta

¿De qué le habló Dios más específicamente, más poderosamente en este capítulo? ¡Háblale a Él acerca de eso en este momento!

¡Piensa en esto!

¿Qué principios se destacan en este tema en 2 Corintios? Enumere tantos como puedas, después califícate a si mismo en cada uno de ellos.

16

La Disciplina de Testificar

CUANDO MI ESPOSA y yo estamos en el sur de California, vamos siempre a un conocido restaurante de la ciudad de Newport Beach a comer una deliciosa ración de pescado y mariscos. Después de comer, damos una caminata por la playa para ver a los *surfistas*, y luego nos dirigimos en el auto a un lugar donde tomamos un transbordador que nos lleva a Balboa Island donde disfrutamos de un exquisito postre. ¿Qué cosa mejor puede haber? Pero al cruzar el puerto, invariablemente pienso en Jim ("el gran Jim" como le decían sus amigos). Siendo un estudiante universitario a principios de la década de los años treinta, Jim capitaneaba estas mismas embarcaciones durante su período de vacaciones. Yo le decía a mi esposa: "Jim piloteaba estos barcos." Luego nos poníamos a hablar de algunos recuerdos agradables que nada tenían que ver con el océano.

Cuando conocí a Jim por primera vez en 1975, era un empresario altivo y autosuficiente que estaba jubilándose; no le interesaba el evangelio y muchas veces hasta se mostraba hostil. El apodo de "el gran Jim" no se debía a su estatura, pues medía quizás un metro sesenta y cinco, sino a su personalidad enérgica. No me tenía confianza y hablaba mal de los que tenían fe en Cristo. Pero nos hicimos compañeros de boxeo y después amigos. Las conversaciones que tuvimos me mostraron que Jim estaba consciente de sus necesidades espirituales y que sentía un interés secreto por Cristo.

Y llegó el día, en agosto de 1976, en el que fui testigo de la admirable conversión de Jim en la intimidad de la sala de su casa. Tenía los ojos llenos de lágrimas y éstas le corrían por las mejillas cuando me dijo:

—Sé que no valgo nada, pero prefiero a Cristo antes que ir al infierno.

Entonces oramos juntos. Jim era tosco en su hablar. Las pocas veces que vino a la iglesia decía:

—¡Diablos, pastor, qué buen sermón!

Pero estaba aprendiendo y se convirtió en un discípulo, y algunas de sus asperezas comenzaron a desaparecer.

Mi recuerdo favorito de Jim es en el que está sobre la arena, con las piernas cruzadas, en pantalones cortos y sin camisa, tostado por el sol (como el típico muchacho de playa), trabajando en el sistema de irrigación del terreno de la iglesia, y rechazando el consejo de irse a casa a descansar, diciendo:

—Después de todo lo que Cristo ha hecho por mí, esto es lo menos que podría hacer.

Este es, en realidad, mi último recuerdo de él, pues una semana después, cuando me disponía a llamarlo para invitarlo a cenar fuera, el teléfono sonó para informarme que Jim había muerto mientras se encontraba sentado en la misma silla en la cual lo había visto recibir a Cristo.

LAS ALEGRÍAS "TÍPICAS"

¡Qué recuerdos tan agradables! Y lo son aun más porque no forman parte de mi ministerio profesional como pastor, sino por ser tan intensamente personales. Visto retrospectivamente, las alegrías espirituales más duraderas de mi familia se han producido por el testimonio personal diario a personas como Susie, la maestra de preescolar de nuestra hija Holly, quien semana tras semana le prometía a Holly que vendría a la iglesia, hasta que al fin lo hizo y siguió viniendo, hasta convertirse en una buena amiga de la familia y, luego, recibir a Cristo.

También tengo el recuerdo de nuestro vecino Juan, el profesor de imagen corporativa de empresas industriales, el tipo más simpático de la manzana, quien después de varios años de amistad familiar mutua se hizo cristiano y después diácono de nuestra iglesia.

Otro recuerdo particularmente grato es el de nuestro cartero, Damon, que había sido soldado de la marina, y de su esposa Bobbie. Nuestro contacto diario se transformó en una amistad que culminó con la conversión de Bobbie a Cristo a través de un estudio bíblico para mujeres, y de Damon en un retiro para hombres.

Nada en mis años de ministerio productivo nos ha dado a mí y a mi esposa más gozo que haber contribuido a ver a nuestros vecinos, Jamie y Deby Fellowes, crecer en su relación profunda con Cristo y después transformarse en auténticos testigos del Señor en la iglesia, en la comunidad y en su trabajo. (Usted puede leer su testimonio en la sección de Recursos de este libro: "James y Deby Fellowes testifican de su fe.")

Ha sido una progresiva revelación, tanto para mí como para mi esposa, que las mayores alegrías del ministerio pastoral no se han producido en los eventos extraordinarios, tales como un especialísimo culto de oración o la puesta de la primera piedra de un gran proyecto de construcción, sino en la actividad normal, "típica", del testimonio diario de persona a persona, las cosas que todo cristiano puede hacer, independientemente de sus dones o vocación.

En cuanto a esto, es sumamente significativo que Andrés, una de las personas más asociadas con el testimonio personal en la Biblia, era un hombre común y corriente que testificaba de su fe en Cristo de manera abierta y natural. En realidad, parece haber cierta inspiración divina intencional en su nombre, ya que "Andrés" proviene de la raíz griega *andros*, que significa "hombre". Por tanto, Andrés sirve de ejemplo para todo seguidor de Cristo. Él es lo que todo hombre debe ser en cuanto a testificar de Cristo. Por ello, un vistazo a su vida nos desafiará y motivará convenientemente a todos.

Los evangelios nos dicen que Andrés fue uno de los primeros seguidores de Jesús, cuando éste inició su ministerio. El ya era un seguidor de la causa profética de Juan el Bautista (Juan 1:35 y siguientes), lo que indica que era un hombre espiritualmente sensible que se había dado cuenta de que los días eran malos; era un hombre que había experimentado el bautismo de arrepentimiento y que aguardaba la llegada del Mesías. Andrés tuvo también el honor de ser hermano de Simón Pedro, el futuro líder el grupo de los apóstoles (Juan 1:40).

Pero el derecho original de Andrés a la fama fue que él, junto con Juan, fue el primero de los doce discípulos que siguió a Jesús. La Iglesia primitiva reconoció eso dándole el honroso título de *Protokletos*, que significa "el primero de los llamados".[1]

Sin embargo, a pesar de su envidiable comienzo, Andrés nunca alcanzó una posición prominente entre los apóstoles. No perteneció al círculo íntimo de Pedro, Juan y Jacobo y no estuvo presente en las grandes experiencias que ellos compartieron con el Maestro: la transfiguración, la curación de la hija de Jairo y la aflicción de Jesús en el Getsemaní. Además, no fue un líder. No predicó ningún sermón que mereciera quedar escrito. No escribió ninguna epístola, ni hay evidencias escritas de que haya realizado algún milagro. Tampoco parece haber tenido la osadía de su hermano Pedro, y nunca aparece en primer plano. Pero sí tenía un honor, un gran honor: ¡*Nadie lo superaba trayendo a las personas a Cristo!*

Es interesante notar que este humilde honor lo ha hecho ser querido por culturas completas, de modo que Andrés es hoy el santo patrón de tres naciones distintas.[2] Eusebio dice en su Historia Eclesiástica (3,1,1) que Andrés se marchó después a Escitia, el país que quedaba al norte del Mar Negro, entre los ríos Danubio y Tanais* que hoy forman parte de la Rusia moderna. Otra tradición lo ha hecho el santo patrón de Grecia. Según la misma, fue martirizado en una cruz en forma de equis (x), sobre la cual estuvo colgado durante tres días, alabando a Dios y orando por sus enemigos. El tercer país que tiene como patrón a Andrés es Escocia, por la imaginaria creencia de que, después del siglo octavo, el monje Régulo trajo las reliquias de Andrés (tres dedos de la mano derecha, un hueso del brazo, un diente y una rótula) a lo que hoy es la Catedral de San Andrés de Escocia. En esa época los escoceses fueron dirigidos a una batalla por una cruz blanca en forma de equis (x) que levitaba sobre los soldados, bajo un cielo azul. Desde entonces, la cruz blanca de San Andrés, sobre un cielo azul de trasfondo, ha sido la bandera de Escocia.

¿Fue realmente Andrés a Grecia, Rusia y Escocia? Nadie lo sabe. ¿Por qué, pues, tres países lo reclaman para sí como su patrón? La respuesta está en la atractiva personalidad de Andrés, tal como es presentada en las Escrituras. Era un hombre noble y generoso, de aptitudes corrientes, que disfrutaba llevando a las personas a Cristo. El extraordinario corazón evangelístico de Andrés, un hombre común y corriente, ha hecho de su nombre una de esas bellezas inmarchitables que naciones enteras reclaman para sí.

El corazón de Andrés es un ejemplo a imitar por todo hombre. Su corazón ha sido puesto como modelo de lo que debe ser la experiencia común del cristiano común.

EL CORAZÓN EXTRAORDINARIO DE ANDRÉS

Un corazón sabio
Andrés conoció a Cristo personalmente y desarrolló un conocimiento íntimo de Él. Su primer encuentro se produjo cuando Andrés y otro de los discípulos estaban parados junto a Juan el Bautista, y Jesús se encontraba cerca. Juan exclamó: "He aquí el Cordero de Dios" (Juan 1:36), provocando que éstos siguieran a Jesús y pasaran el resto del día conversando con Él (vv. 39,40). Aunque lo que hablaron no quedó escrito, esa conversación tuvo un impacto espiritual decisivo en Andrés. La atractiva humanidad del Dios encarnado ensanchó el horizonte espiritual de Andrés y provocó su fidelidad. Andrés escuchó a Jesús expresar palabras que fueron las más irrefutables que jamás había oído, y su corazón fue encendido. ¡Ahora Andrés conocía y amaba a Jesucristo!

El eco inmediato del corazón de Andrés como resultado del nuevo conocimiento de Cristo fue que toda persona debía conocer al Señor. Lo mismo ha sucedido con todos los que han tenido un verdadero encuentro

---
* El Tanais es el nombre antiguo del Don.

con Cristo. Cuando el Peregrino, de Juan Bunyan, se encontró con Cristo al pie de la cruz, su alegría fue tan grande que quiso gritarla a los árboles, a las estrellas, a los arroyos, a las aves. ¡Quería proclamarla a todo y a todos!³

Jorge Whitefield, el evangelista del Gran Avivamiento, registra en su diario el mismo fenómeno cuando conoció a Cristo:

> ¡Oh, con qué gozo - gozo inefable - gozo pleno y abundante de gloria, se llenó mi alma! ...Fue, sin duda, el día de mi connubio, ¡un día para ser recordado por toda la eternidad! Al comienzo mi gozo fue como una gran corriente primaveral que se desbordó, inundando las orillas!⁴

Mi corazón vibra con esto porque esa fue precisamente mi experiencia cuando conocí a Cristo. En realidad, algunos de mis amigos cristianos bien intencionados trataron de que me refrenara un poco, diciéndome: "Estamos felices por ti ...¡pero tómalo con calma!"

La realidad era que, sencillamente, no podía dejar de expresarlo, pues al encontrarme con Jesús había experimentado la motivación esencial y la justificación para compartirlo. No debemos permitir que la incontrovertible naturaleza de la verdad nos impida ver su profundidad, la cual es ésta: cuanto más directo y personal sea nuestro conocimiento de Cristo, tanto más natural será querer hablarles de Él a los demás. Esa es la razón por la cual los que acaban de conocer a Cristo son, por lo general, tan comunicativos y tienen tanto éxito llevando a otros al Señor, a pesar de la ausencia de una argumentación aprendida.

Si usted conoce a Cristo tiene también, como el Andrés común, la justificación de corazón intrínseca para testificar de Él, aunque no tenga todas las respuestas. Y el secreto para ser siempre eficiente en eso es la permanente lozanía de su conocimiento cada vez mayor del Señor.

Un corazón magnetizado

La segunda característica del extraordinario corazón del Andrés común es que había sido magnetizado por Cristo. Había sido tan atraído por Cristo que estaba seguro que con sólo confrontar a los demás con Él sería suficiente. La primera cosa que hizo Andrés, según lo refiere la Biblia, fue buscar a su hermano Simón, a quien dijo: "Hemos hallado al Mesías" (Juan 1:41).

¡Indudablemente, Andrés hizo lo correcto! Porque, a diferencia de las caricaturas que se hacen de Cristo, el Cristo de la Biblia es tan atractivo, tan radicalmente diferente, tan definitivamente distinto a los estereotipos, que cuando Él es visto de verdad, atrae los más recalcitrantes a Él. Aunque los hombres y las mujeres han resistido siempre a Cristo, y continuarán haciéndolo, hay incontables millares que serán magnetizados por el Señor cuando entiendan la verdad en cuanto a Él.

Si queremos tener un corazón como el de Andrés, debemos comprometernos una y otra vez con la cruda realidad de Cristo, tal como aparece registrada en las Sagradas Escrituras. Los I corazones magnetizados atraen a los demás a Cristo.

Un corazón generoso

Andrés poseía un corazón sabio, un corazón magnetizado y un corazón generoso, como nos lo dice Juan:

> Andrés, hermano de Simón Pedro, era uno de los dos que habían oído a Juan, y habían seguido a Jesús. Este halló primero a su hermano Simón, y le dijo: Hemos hallado al Mesías (que traducido es el Cristo). Y le trajo a Jesús. Y mirándole Jesús, dijo: Tú eres Simón, hijo de Jonás; tu serás llamado Cefas (que quiere decir, Pedro).
>
> Juan 10:40-42

Lo que observamos aquí, y que está corroborado por los otros evangelios, es que Andrés era identificado comúnmente como "el hermano de Simón Pedro" y no a la inversa. Las listas oficiales de los apóstoles que aparecen en Mateo 10:2-4 y Lucas 6:14-16 lo identifican ambas de esa manera. El relato de Juan en cuanto a la alimentación de los cinco mil identifica igualmente a Andrés como "el hermano de Simón Pedro" (6:8).

Todos conocían al jactancioso y entusiasta Pedro. Él atraía por naturaleza a las personas, mientras que Andrés quedaba "pintado en la pared", especialmente cuando el tipo estaba presente.

—¿Andrés? Oh, ya sabes, ese hermano de Pedro. Un tipo insignificante, que no huele ni hiede.

Un hombre de menor estatura espiritual se habría topado aquí con un problema. Habiendo vivido con Pedro durante toda su vida, sabía que sólo habría un puesto para él, una vez que trajera a Pedro a Cristo: ¡el último puesto! Pero Andrés se encontraba libre de las trabas del yo personal y presentó a Cristo a Pedro de todos modos, ¡y Pedro se convirtió de verdad en todo un campeón!

Hay hombres que ingresan a las Fuerzas Armadas sólo si pueden llegar a ser jefes, y hombres que sólo harán evangelización si ellos son los evangelistas. Pero el corazón del auténtico evangelista es un corazón generoso, libre de egoísmo. El corazón de Andrés era quizás un corazón común, pero extraordinario por su generosidad.

Un corazón optimista
El cuarto elemento del corazón de Andrés era su optimismo en cuanto a lo que sucedería si las personas traían sus problemas a Cristo. Fue Andrés quien, mientras que Felipe expresaba su desánimo ante la imposibilidad de alimentar a los cinco mil, presentó a Cristo los cinco panes y los dos peces del muchacho (Juan 6:5-9). Andrés puede haber lucido como un imbécil al sugerir a Jesús que hiciera algo, pero él sabía que Cristo podía utilizar poderosamente todo lo que pusieran en sus manos. El resultado fue estupendo: ¡el almuerzo campestre más grande de todos los tiempos! Después de esto, el optimismo de Andrés no conoció límites.

Es nuestra actitud lo determinante cuando se trata de llevar personas a Cristo. Fue la fe en la suficiencia de Cristo lo que estimuló las grandes obras de Wesley y de Whitefield. En realidad, toda gran obra evangélica ha tenido este optimismo en el fondo. ¿Somos optimistas en cuanto a lo que Cristo puede hacer? Si lo somos, lo veremos convirtiendo en extraordinario lo ordinario. Lo vio el Andrés común.

Un corazón comunicativo
La última característica que notamos en el corazón de Andrés es su comunicabilidad. Juan 12:20-22 conserva un detalle que exhibe este aspecto:

> Había ciertos griegos entre los que habían subido a adorar en la fiesta. Estos, pues, se acercaron a Felipe, que era de Betsaida de Galilea, y le rogaron, diciendo: Señor, quisiéramos ver a Jesús. Felipe fue y se lo dijo a Andrés; entonces Andrés y Felipe se lo dijeron a Jesús.

Los griegos que querían ver a Jesús eran, por supuesto, gentiles y, por lo tanto, personas execrables a los ojos del judaísmo tradicional. Felipe no estaba seguro en cuanto a qué hacer con la petición de ellos, por lo que se acercó a Andrés, y éste, sin titubear, fue directamente a hablar con Jesús. Andrés tiene el gran honor de haber sido el primer discípulo que comprendió que Jesús es la respuesta a todos y que también aplicó la universalidad del ministerio de Jesús. No es extraño, por tanto, que Andrés sea el santo patrón de griegos, rusos y escoceses.

UN INCENTIVO EXTRAORDINARIO

¡Qué incentivo tan grande hay aquí para todos nosotros, ya que Andrés era sólo un tipo común sanamente motivado. Él no recibió una educación tan buena como la de Lucas, el médico, ni poseía una inteligencia tan grande como la del apóstol Pablo. Tampoco tenía la personalidad avasallante ni las dotes oratorias de su famoso hermano Pedro, pero contribuyó a su manera a darle forma al mundo cristiano, para su gran sorpresa.

Cuando pensamos en personas que están siendo traídas a Cristo, nuestro pensamiento se vuelve hacia Andrés. La Asociación Billy Graham nos ha estimulado acertadamente a llevar a las personas a sus campañas mediante la llamada "Operación Andrés". Andrés es uno de los nombres más gratos al oído de toda la cristiandad.

El corazón extraordinario del Andrés común es un corazón que todos debemos imitar: un corazón sabio, un corazón magnetizado, un corazón generoso, un corazón optimista y un corazón comunicativo. Es un corazón que cualquier cristiano común y corriente puede tener si lo desea, si se rinde a la obra del Espíritu Santo en su vida. El corazón del Andrés común no sólo nos desafía sino que santifica la vida cotidiana común y ordinaria. Las mayores alegrías no están en los acontecimientos extraordinarios del ministerio, sino en la actividad normal del testimonio diario al llevar personas a Cristo.

LA ESTRATEGIA EVANGELÍSTICA DEL ANDRÉS COMÚN

Las estadísticas demuestran que la estrategia evangelística relacional es la más eficaz. Hace poco el Instituto Norteamericano de Crecimiento de la Iglesia encuestó a unas ocho mil personas que suelen asistir a la iglesia, y descubrió que entre el uno y el dos por ciento eran personas con necesidades especiales; que entre dos y tres por ciento eran curiosos; que entre cinco y seis por ciento van a la iglesia atraídos por un predicador particular; que entre dos y tres por ciento van porque les gusta el programa de la iglesia; que entre cuatro y cinco por ciento fueron alcanzados por la Escuela Bíblica Dominical; que medio por ciento va atraído por las campañas evangelísticas o por programas de televisión; mientras que un colosal setenta y cinco a noventa por ciento asisten por la influencia de amigos o familiares.[5] Eso muestra claramente que la estrategia del contacto personal tipo Andrés es el aspecto más importante en la evangelización, superando inmensamente a las estrategias institucionales.

Además, según Search Ministries (Ministerio de Búsqueda), una organización dedicada a capacitar a los creyentes en la evangelización a través del estilo de vida sencillo, aproximadamente sólo el 0,01 por ciento de todos los cristianos tienen el don de evangelizar a través de la predicación; entre 0,50 y el diez por ciento tienen el don de la evangelización confrontacional personal directa; mientras que el ciento por ciento pueden hacer la evangelización relacional[6] (es decir, la evangelización mediante sus relaciones sociales y familiares). La implicación resulta clara: a pesar de que todas las formas de evangelización son importantes para la iglesia, la más importante de todas es, sin duda alguna, el estilo tipo Andrés de "cada uno gana uno".

LA DISCIPLINA DE TESTIFICAR

Esto significa, suponiendo que uno ya sabe cómo llevar a una persona a Cristo, que los que hemos sido abrazados por la iglesia debemos esforzarnos devotamente a ser Andreses, practicando la disciplina de testificar.

El valor de las relaciones [7]
Debemos estar conscientes de que tenemos un Dios soberano que lo dispone todo en la vida, incluidas nuestras relaciones, y que tanto nuestras amistades como los conocidos ocasionales no son accidentes sociales. Dios nos ha colocado en nuestras familias, vecindarios y lugares de trabajo por una sola razón: nos ha puesto junto a personas que Él quiere que influenciemos para Cristo. Susie, la maestra de preescolar de nuestra hija, no fue un accidente relacional. Tampoco lo fue Damon, nuestro cartero, ni Jamie y Deby, nuestros queridos amigos y vecinos. Todas las personas con las que nos relacionamos son almas eternas, de inmensa importancia, a las cuales debemos ver con el mismo valor que Dios las ve. Como dijo memorablemente C.S. Lewis, el célebre rector de la Universidad de Oxford:

> Es una cosa seria vivir en una sociedad de dioses y diosas potenciales y recordar que la persona más opaca e insípida a la cual usted dirige la palabra puede ser algún día un ser que, al contemplarlo, usted puede sentirse fuertemente tentado a adorarlo, o bien ver en él algo horroroso y pútrido, que sólo se halla presente en una fea pesadilla. Todo el tiempo cada uno de nosotros está, en mayor o menor grado, ayudando a los demás a llegar a uno de ambos destinos. A la luz de estas abrumadoras potencialidades, debemos proceder con temor reverente y el adecuado comedimiento que en todo trato con ellos, en toda amistad, en todo amor, en todo entretenimiento, en toda política. No hay ninguna persona que sea común. Usted nunca ha dirigido la palabra a un simple mortal. Las naciones, las culturas, las artes, la civilización, todas son perecederas, y su vida es a la nuestra como la vida de un mosquito. Pero es con inmortales que bromeamos, que trabajamos, que nos casamos; son inmortales a quienes desairamos y explotamos; espantos inmortales o llamas eternas.[8]

Identificando nuestras relaciones [9]

Todos nosotros tenemos una compleja red de relaciones a nuestro alrededor, para nuestros cuatro contactos naturales: biológicos (familia y parientes) y, por extensión, la familia de la iglesia; geográficos (donde vivimos); vocacionales (con quienes trabajamos); y recreativos (donde nos divertimos). Debemos descubrir nuestras redes, hacer una lista de contactos posibles, y comenzar a orar por ellos.

Invirtiendo en las relaciones[10]

Finalmente, al orar, debemos invertir nuestro tiempo, talentos y dinero en favor de las relaciones.

- Participe personalmente en la vida de los demás. Haga planes para emplear tiempo valioso con aquellos a quienes usted quisiera alcanzar con el evangelio, y luego asegúrese de que estos planes estén incluidos en su agenda diaria.
- Salga con sus amigos a almorzar o a cenar, o invítelos a su casa para tomar un café.
- Hagan cosas juntos. Vayan a obras de teatro, a juegos, a exposiciones de artes, o de pesca.
- Utilice días especiales para compartir sus intereses: cumpleaños, graduaciones, días feriados, bodas, nacimientos. Visite, telefonee o escriba una nota.
- Hágase miembro de organizaciones cívicas, tales como el Club de Rotarios, el Club de Leones, u otros.
- Afíliese a un club de pasatiempo creativo, tales como de jardinería, caza, cocina o carpintería.
- Colabore con equipos deportivos de jóvenes, como entrenador voluntario asistente, o bien dé parte de su tiempo al trabajo hospitalario o a alguna de las muchas organizaciones de ayuda social.
- Abra su hogar a la comunidad. Convierta su hogar en el más hospitalario de la cuadra, tanto para los jóvenes como para los adultos.

> *Cada día los veo pasar*
>   *y en sus ojos puedo ver*
> *su vacío y preocupación*
>   *marchando sin dirección.*
> *Sufriendo están muy adentro*
>   *y viven siempre en temor*
> *disimulando con risas*
>   *lo que hay en su corazón.*
> *Necesitan al Señor,*
>   *necesitan al Señor.*

> *Cuando ya no hay ilusión*
> *Jesús es la solución.*
> *Necesitan al Señor,*
> *necesitan al Señor.*
> *¿Cuándo nos daremos cuenta*
> *que precisan del Señor?*
>
> Greg Nelson y Phill McHugh

Alimento para pensar

¿Por qué las personas que usted conoce necesitan escuchar el mensaje de Juan el Bautista: "¡He aquí el Cordero de Dios!" (Juan 1:36)?

"Si conoce a Cristo, usted ... tiene el requisito, el corazón esencial, para compartirlo, incluso aunque no tenga todas las respuestas." ¿Está de acuerdo con esta declaración? ¿El no tener todas las respuestas le hace vacilar para hablar en favor de Cristo? ¿Cómo puede vencer esto?

¿Con qué individuos le ha dado Dios una relación para que pueda ser un testigo en la práctica o en palabras? Ore por ellos a diario durante el próximo mes, y esté alerta para aprovechar las oportunidades de compartir a Cristo con ellos.

¿En qué es sentido es evangelismo un estilo de vida? ¿Utiliza usted esta clase de alcance personal? ¿Por qué sí o por qué no?

Si usted es como muchos cristianos, las personas con las que se le hace más difícil testificar son los miembros de su familia o parientes. ¿Por qué? ¿Cómo puede construir puentes para llegar a ellos?

"Debemos invertir nuestro tiempo, talento, y tesoro en relacionarnos con otros." ¿Debemos hacer esto solamente para ganar a otros para Cristo? ¿Qué otras razones debemos tener? En la práctica, ¿cómo podemos invertir en relacionarnos con otros?

La aplicación/Respuesta

¿De qué le habló Dios más específicamente, más poderosamente en este capítulo? ¡Háblale a Él acerca de eso en este momento!

¡Piensa en esto!

Analice el ejemplo de Andrés y su testimonio para Cristo en Mateo 10; Lucas 6; Juan 1, 6 y 12. ¿Qué causó que su testimonio fuera tan efectivo? ¿Por qué testificó él? ¿Cuál era su mensaje? Ahora compara su experiencia en esta área con los suyos. Sea honesto.

17

LA DISCIPLINA DEL SERVICIO

PARA LOS HOMBRES que se llaman cristianos hay dos sendas precisas que escoger en la vida. Una es cultivar un corazón pequeño. Esta parece, sin duda alguna, la vía más segura a tomar porque minimiza las aflicciones de la vida. Si todo lo que usted ambiciona es evadir los problemas de la existencia humana, la fórmula es sencilla: evite las relaciones complicadas, no se dé a los demás, y asegúrese de no abrazar con seriedad ideales nobles y elevados. Si lo hace, se verá a salvo de una multitud de aflicciones. E s t e principio de vida confirma también otros razonamientos. Cultive la sordera y evitará oír las discordancias de la vida. Cultive la ceguera y estará a salvo de ver la fealdad. Si quiere que su vida transcurra con un mínimo de problemas, lo único que tiene que hacer es usar unos tapaojos. Así es como muchas personas, aun las que profesan ser cristianas, van por la vida sin acarrearse problemas. Son las que han cultivado con éxito la pequeñez de corazón.

La otra senda es cultivar un corazón que evangelice. Abrase a los demás y se hará susceptible a un elenco de congojas, difícilmente imaginables a un corazón estrecho. Ensanche y ennoblezca sus ideales y su vulnerabilidad aumentará proporcionalmente.

Hay una oración en el diario de James Gilmour, misionero pionero en Mongolia, escrita en el ocaso de su carrera, que tiene que ver con este punto: "En cuanto a convertidos, no he visto resultados, y no encontré, hasta donde pude apreciar, a nadie que siquiera deseara ser cristiano." Son palabras dolorosas. Pero la profundidad del dolor de Gilmour sólo puede apreciarse opacamente hasta que uno lee las primeras palabras de su diario, escritas cuando llegó por primera vez a Mongolia: "Hay varias cabañas a la vista. ¿Cuándo podré hablar con la gente? Oh Señor, indícame por medio de tu Espíritu cómo debo acercármeles, y cómo debo prepararme para enseñarles la vida y el amor de Jesucristo." "No encontré, hasta donde pude apreciar, a nadie que siquiera deseara ser cristiano."[1]

Sus palpitantes palabras trazuman el meollo de su existencia. Pensamos, naturalmente: "¡pobre Gilmour!" Pero en realidad, la causa está en Gilmour mismo, pues él tenía un "problema": un corazón ensanchado. Gilmour jamás habría escrito esas líneas conmovedoras si no hubiera cultivado un corazón dispuesto a servir, si él no hubiera estado interesado en el bienestar de los demás. Si él hubiera escuchado el consejo de sus amigos, se habría quedado en la cómoda Inglaterra en vez de marcharse a aquel país hostil.

Ensanche su corazón, cultive su corazón, disciplínese para el servicio y ensanchará su experiencia del dolor. Este es un axioma espiritual indiscutible. No hay nadie que haya cultivado un corazón dispuesto a servir que pueda decir después que no tuvo problemas en la vida.

Por supuesto, los efectos de estas dos clases de corazón son drásticamente diferentes. Los corazones pequeños, aunque están a salvo y protegidos, no hacen nunca ninguna contribución. Nadie se beneficia de su limitada visión y simpatía. Por otra parte, los corazones que han abrazado la disciplina del servicio - aunque son vulnerables - son también los corazones que disfrutan de las mayores alegrías y que dejan su huella en el mundo.

Cultivemos la sordera y nunca escucharemos disonancias, pero tampoco oiremos los gloriosos acordes de una gran sinfonía. Cultivemos la ceguera y nunca veremos la fealdad, pero tampoco veremos jamás la belleza de la creación de Dios. O, para ponerlo en términos de nuestra experiencia común, nunca juguemos béisbol y nunca nos "poncharemos", ¡pero tampoco daremos un batazo cuadrangular al final de la novena entrada con las bases llenas para ganar el partido! Nunca subamos una montaña y nunca nos golpearemos con uno de sus flancos, pero tampoco llegaremos jamás a su cima para regocijarnos viendo las exuberantes bellezas naturales que desde ella se contemplan.

Hace algunos años experimenté la gran realidad de este principio. Mi esposa, Bárbara, me informó que había recibido una llamada de nuestra liga juvenil de fútbol, de la cual formaban parte mis hijos, para notificarle que faltaban entrenadores y que algunos de los muchachos no podían participar en las competencias, a menos que algunos padres (¡como yo!) se encargaran de entrenar a alguno de los equipos. Bárbara les dijo que yo tal vez estaría interesado en colaborar.

Mi respuesta fue que yo estaba demasiado ocupado y que ella tendría que decirles eso. Ella contestó que yo mismo podría hacerlo, ya que llamarían esa misma noche para saber mi decisión. Entonces le respondí:

—Muy bien, por supuesto que lo haré.

La fatal llamada se produjo durante la cena estando toda mi familia como testigos. Mientras que el que hizo la llamada explicaba el aprieto en que se encontraba la liga, me encontré conviniendo en todo y comprometiéndome a ser entrenador de los Temibles Aztecas.

La Biblia dice sabiamente: "Y si la trompeta diere sonido incierto, ¿quién se preparará para la batalla?" (1 Corintios 14:8), y esa fue la primera experiencia con mis pobres Aztecas. Yo ni siquiera sabía el nombre de las posiciones de los jugadores ni las reglas del juego, y nos dieron varias palizas en los primeros juegos.

Humillado y desesperado, me puse a ver películas de fútbol y leía frenéticamente hasta altas horas de la noche. También recluté a un escocés jubilado que había sido una vez jugador profesional, y convencí a otro papá de que me ayudara. Descubrimos que teníamos algunos buenos jugadores y comenzamos a ganar, y lo hicimos tan bien que llegamos a los juegos semifinales. Y fue aquí donde tuve una de las grandes experiencias de mi vida al jugar contra el equipo del señor G en la primera vuelta. El señor G era el equipo fundador de la liga y un triunfador permanente.

Sin embargo, maravilla de maravillas, lo aventajábamos 1 a 0 después de haber transcurrido los dos primeros tiempos del juego, y en el tercer tiempo el señor G nos empató y la puntuación de 1 a 1 se mantuvo firme hasta el último tiempo. Quedaban cinco minutos de juego, luego tres, después uno, treinta segundos, diez, dos ¡y anotamos otro gol antes que se acabara el tiempo! No hay palabras para describir la emoción de ese momento.

Nunca haga de entrenador y jamás conocerá la ignominia de ser el "aguantalotodo" de la liga, ¡pero tampoco experimentará jamás la emoción de vencer al señor G!

Cultive un corazón pequeño y su vida no tendrá sobresaltos, pero tampoco conocerá jamás el viento impetuoso del Espíritu Santo sobre sus velas, ni el regocijo de ser utilizado por Dios. Cultive un corazón pequeño y nunca será semejante en heroísmo a Gilmour de Mongolia, y con toda seguridad jamás tendrá el corazón que Dios desea que usted tenga.

Sólo nos basta echar una mirada al periódico para recordarnos que vivimos en un tiempo en el que hay una urgente necesidad de corazones ensanchados y solícitos, disciplinados para el servicio. Algunos hombres están experimentando la emoción arrebatadora y de asombro que acompaña el ensanchamiento del corazón y necesitan ser animados para que cultiven la compasión que hay en su corazón y ensanchen sus horizontes. Si ese es su caso, el relato bíblico que consideraremos a continuación - la historia del encuentro de Jesús con la mujer samaritana – es para usted, porque la narración muestra brillantemente la disciplina de Jesús en cuanto al servicio, a quien debemos imitar como sus seguidores.

DISCIPLINADOS PARA TRABAJAR

El Evangelio según San Juan nos dice que cuando Jesús puso fin a su trabajo de bautizar en Judea, y decidió regresar a Galilea, creyó necesario atravesar Samaria, llegando a la antigua población de Sicar. Juan nos dice, concretamente: "Y estaba allí el pozo de Jacob. Entonces Jesús, cansado del camino, se sentó así junto al pozo" (Juan 4:6). La hora sexta era el mediodía, tiempo de comer, y el Señor había enviado a sus discípulos a la ciudad en busca de comida, mientras Él se sentó fatigado junto al pozo para descansar un poco. Las palabras "cansado del camino" parecen indicar que se sentó como quien se derrumba, quedando inerte, un hombre cansado después de un duro día de trabajo.[2]

El Señor estaba cansado, y con buenas razones. Un vistazo a los evangelios nos revela que Él rara vez disponía de tiempo para sí mismo, a menos que lo robara. Cuando no estaba oprimido por las multitudes, Jesús estaba ministrando a los apóstoles, o a su círculo íntimo de los tres, o al indomable Pedro. Él siempre se encontraba sobre los caminos polvorientos. En cierta ocasión dijo: "Las zorras tienen guaridas, y las aves del cielo nidos; mas el Hijo del Hombre no tiene dónde recostar su cabeza" (Mateo 8:20). No es de extrañar, entonces, que estuviera más cansado que sus discípulos, pues cuando la fatiga mental y el cansancio físico se combinan, el hombre se agota. Por esa razón Jesús se desplomó del todo.

Era tan agradable estar a solas bajo el cálido sol, sin moverse. Es muy probable que el Señor tuviera sus ojos cerrados cuando oyó que alguien se acercaba y los abrió para ver que se trataba de una mujer samaritana. Habría sido muy fácil para Él volverlos a cerrar, diciéndose a sí mismo: "He estado sirviendo a miles ...ella está sola ...es apenas una sola persona, y yo tengo que descansar. Si no cuido de mi cuerpo, ¿quién lo hará?"

¡Cualquier otro habría pensado así, menos Jesús! Nuestro Señor fue tras el corazón de aquella mujer en uno de los más grandiosos casos de abordaje espiritual jamás registrado. El corazón de Jesús era tan dado al cuidado de las almas, que sacó fuerzas de donde no tenía para servir a las personas, aun estando Él al límite de sus capacidades físicas. Quienes siguen las disciplinas del corazón de Cristo tendrán el mismo interés por las personas, aun cuando estén físicamente agotados.

Se ha dicho que el mundo es dirigido por hombres fatigados, y es cierto, porque vemos cada día que la nación es dirigida por líderes políticos fatigados;

que las guerras son ganadas por generales fatigados; que la paz es lograda por diplomáticos fatigados; y que las grandes leyes las dictan los legisladores fatigados. La razón de esto es que esos líderes están dispuestos a prodigarse cuando hace falta para ver realizados sus importantes objetivos.

De igual forma, el mundo cristiano recibe el servicio de personas agotadas. Europa Oriental está siendo evangelizada por misioneros fatigados que están aprovechando al máximo el efímero día de la oportunidad. Muéstreme una iglesia grande y le mostraré a unas cuantas personas fatigadas, tanto al frente como tras bastidores, porque la grandeza depende de un núcleo de personas dispuestas a gastarse si las circunstancias lo demandan. Tenemos que entender que nunca haremos grandes cosas para Dios a menos que tengamos la voluntad de ensancharnos por causa del evangelio, aun cuando estemos cansados hasta los huesos.

El ejemplo de Cristo nos enseña que un corazón dispuesto a servir tiene necesariamente que ser un corazón incansable. El apóstol Pablo tuvo un corazón así: "Porque os acordáis, hermanos, de nuestro trabajo y fatiga; cómo trabajando de noche y de día, para no ser gravosos a ninguno de vosotros, os predicamos el evangelio de Dios" (1 Tesalonicenses 2:9). Esta ética apostólica del trabajo es un tema destacado en Pablo: "[He estado] en trabajo y en fatiga, en muchos desvelos . . ." (2 Corintios 11:27).

La realidad es que todo el que ha hecho algo para Dios ha tenido un corazón infatigable, sin excepción alguna. Se dice que Lutero trabajaba tan duro y caía exhausto en la cama a tal punto que no tuvo tiempo para cambiar las sábanas ¡durante todo un año! Y en cierta ocasión, la oración de D.L. Moody al acostarse, fue: "Señor, ¡estoy cansado! ¡Amén!"

Los corazones grandes, los corazones ensanchados que Dios usa, son corazones incansables que, aunque fatigados, están dispuestos a llegar al punto del agotamiento, de ser necesario. Usted puede suponer que tiene un corazón dispuesto a servir, pero si no está afanado por anunciar el evangelio en el lugar donde Dios lo ha puesto, o no se halla confrontando problema a causa de su compromiso, usted se está engañando a sí mismo. El corazón dispuesto a servir está disciplinado para el trabajo; sacrifica, por lo general, sus comodidades; se hace vulnerable; hace compromisos que le cuestan; se fatiga por causa de Cristo; paga el precio; se enfrenta a mares embravecidos. Pero sus velas se yerguen con el viento del Espíritu de Dios.

DISCIPLINADOS PARA LA EVANGELIZACIÓN PERSONAL

La conversación que siguió después entre Jesús y la mujer samaritana nos enseña también que el corazón disciplinado para servir no sólo trabaja duro sino que, además, traspasa difíciles barreras para llegar a los demás. El relato sigue diciendo: "Vino una mujer de Samaria a sacar agua; y Jesús le dijo: Dame de beber. Pues sus discípulos habían ido a la ciudad a comprar de comer. La mujer samaritana le dijo: ¿Cómo tú, siendo judío, me pides a mí de beber, que soy mujer samaritana? Porque judíos y samaritanos no se tratan entre sí" (vv. 7-9). Las diferencias raciales constituyen uno de los obstáculos más desalentadores de este mundo.

El obispo anglicano australiano, John Reed, cuenta que al comienzo de su ministerio conducía una vez, durante un paseo, un autobús lleno de muchachos negros aborígenes y muchachos blancos. Al subir, los muchachos blancos se sentaron de un lado y los negros del otro. A medida que seguía el viaje, los muchachos se mofaban entre sí con una intensidad cada vez mayor.

Finalmente, Reed no aguantó más. Detuvo el autobús y ordenó que todos bajaran. Entonces se paró a la puerta del vehículo y obligó a cada uno de los muchachos que dijera "soy verde" antes de permitirle subir de nuevo.

Tomó un poco de trabajo, pero finalmente el autobús estuvo nuevamente lleno. El obispo Reed se sentía muy bien por lo logrado, hasta que escuchó decir a uno desde la parte de atrás del autobús: "¡De acuerdo, los verde claro de este lado, y los verde oscuro del otro!"

La mujer samaritana estaba admirada de la actitud desenvuelta de Jesús. Pero para los judíos era un asunto aún más sorprendente. El odio entre Judea y Samaria se remontaba a cuatrocientos años atrás y giraba en torno a la pureza racial; pues mientras los judíos habían mantenido su pureza durante el cautiverio babilónico, los samaritanos habían perdido la suya al mezclarse con los invasores asirios. Esto, a los ojos de los judíos, era algo imperdonable, y por ello despreciaban a los infieles samaritanos híbridos. Como era de suponer, los samaritanos construyeron entonces un templo rival en el monte de Gerizim, el cual fue destruido por los judíos en la época de los macabeos.

Así, pues, en la época de Jesús el odio de los judíos contra los samaritanos estaba fuertemente arraigado y era definitivas mente implacable. Los rabinos decían: "Que ningún hombre coma el pan de los cutitas (samaritanos), pues el que lo coma es como el que come carne de cerdo." Y el mayor vilipendio estaba en una maléfica oración judía que terminaba diciendo: "...y no te acuerdes de los cutitas en la resurrección." Vemos, por tanto, que el acercamiento de Jesús a esta mujer constituía una violación radical de los tradicionalismos raciales y religiosos.

Una mayor afrenta era el vergonzoso hecho de que la samaritana era una mujer. Los rabinos más estrictos prohibían a otros rabinos saludar a las mujeres en público. Y hasta había los fariseos que piadosamente se llamaban a sí mismos "los magullados y sangrantes" porque a la vista de una mujer cerraban sus ojos y por tanto chocaban contra las paredes y tropezaban con cualquier cosa que estuviera en su sagrado camino. Sin embargo, Jesús le habló a una mujer, ¡a una mujer que era, además, una despreciable samaritana! Y, para hacer mayor la falta, Jesús escandalosamente le pidió que le permitiera utilizar su vaso de beber, volviéndose así ceremonialmente impuro.[3]

La temeraria actitud de Jesús de hablar al alma de aquella mujer samaritana perdida, hizo añicos del todo las barreras tradicionalistas de su tiempo, y escandalizó a todo el mundo.

Con su magnífico gesto, Jesús exhibió una de las mayores grandezas de la iglesia: que ella traspasa todas las barreras, ya sean raciales, sociales, económicas o psicológicas. Esto es exactamente lo que hizo la iglesia del primer siglo cuando judíos y gentiles, ricos y pobres, libres y esclavos, hombres y mujeres, se sentaron todos juntos alrededor de la mesa como una sola familia en Cristo. Esto fue algo tan radical que el mundo antiguo comenzó a acusar a la iglesia de hechicería, pues tal destrucción de barreras era incomprensible en esos tiempos.

Nos sentimos naturalmente más cómodos ganando a otros que son como nosotros - iguales ganando a iguales - los ricos ganando a los ricos, los abogados ganando a los abogados, los deportistas ganando a los deportistas, los empleados ganando a los empleados. Pero ese no es el ideal establecido por Jesús, ni por la Iglesia primitiva. Más bien, debemos tener un corazón tan henchido de amor, tan dispuesto a recorrer la segunda milla, que debemos testificar a todos los que están en contacto con nosotros, cualesquiera que sean las barreras de separación.

¿Cómo hacerlo? Lo primero es entender que no debe hacerse con una actitud de condescendencia, antes bien con una igualdad inspirada en la enseñanza de la Palabra de Dios, con la conciencia de que al acercarnos a las personas lo hacemos de pecador a pecador, de igual a igual. Las oportunidades son prácticamente ilimitadas: estudiantes extranjeros solitarios, ansiosos de tener contacto con alguien que se interese sinceramente por ellos; refugiados inmigrantes buscando desesperadamente hallar cabida en una cultura extraña a la de ellos; mujeres embarazadas solas y necesitando abrigo y protección; las siempre presentes personas en lo más bajo de la escala salarial - los que estacionan y lavan vehículos, los que limpian casas, los que atienden las mesas en los restaurantes, los que trabajan en las estaciones de servicio o cortan el césped - a los cuales la mayoría de las personas no dan más atención que la que dan a los postes telefónicos que encuentran a lo largo de las carreteras.

No es fácil traspasar las barreras. Hace falta tener el corazón sobrenatural de Cristo, un corazón que sólo se logra a través de la oración preocupada y de la disciplina. Todo creyente está llamado a tener un corazón dispuesto a servir. ¿Está usted dispuesto a orar para tener un corazón así? ¿Está dispuesto a disciplinar su corazón para el servicio? Jesús anhela que el corazón de usted palpite con el de Él.

DISCIPLINADOS EN LA PERSPECTIVA

La conversación que tuvo lugar entre Jesús y la mujer samaritana junto al pozo sugiere otra cualidad más del corazón dispuesto a servir: una perspectiva disciplinada para ver la vida propia - al pasar de una persona a otra - como una serie de encuentros predeterminados por Dios. Esto está implícito en la expresión del versículo cuatro: "Y le era necesario pasar por Samaria", lo que indica que esa era la voluntad o el plan de Dios.[4] En un sentido, Jesús no tenía que pasar por Samaria. Podía haberla bordeado, pero Él siempre estaba consciente del ordenamiento supremo de su vida y de las personas que encontraría en su camino.

Las personas con un corazón dispuesto a servir están conscientes de esta dimensión. Saben que no hay hechos fortuitos en los planes de Dios.

En 1968 llevé a veinticinco estudiantes de secundaria a Parker, Arizona, para que testificaran de su fe en Cristo a decenas de miles de jóvenes californianos que habían viajado a Arizona para disfrutar de las vacaciones de Semana Santa. Mis planes habían sido cuidadosamente hechos, porque un amigo y yo habíamos ido previamente a Parker en un pequeño aeroplano para tomar fotografías aéreas del río Colorado, desde Parker hasta la represa, y finalmente nos dirigimos por automóvil a ambos lados del río para escoger un lugar donde habríamos de acampar esos días. Sin embargo, al llegar al lugar descubrí que el sitio previamente seleccionado había sido tomado. Como resultado de ello, pasé el resto del caluroso día llevando a mi caravana de jóvenes de un sitio a otro, sin ningún éxito, hasta que, finalmente, antes que cayera la tarde, encontramos un lugar donde plantamos nuestras tiendas a unos seis metros de distancia del campamento de cinco estudiantes de último año de secundaria, cuatro de los cuales hicieron profesión de fe en Cristo al terminar la semana; tres de ellos continúan siguiendo a Cristo hasta el día de hoy, ¡y dos de ellos están en el pastorado!

Es un descubrimiento sagrado saber que "por Jehová son ordenados los pasos del hombre" (Salmo 37:23) y que las personas con las que nos relacionamos en la vida son encuentros determinados por Dios. Entonces se produce una santa responsabilidad al tener conciencia de que ninguno de nuestros encuentros es con simples mortales, sino que toda persona (ya se trate de la mujer junto al pozo o en la lavandería, del líder religioso o del joven que reparte pizzas a domicilio) seguirá viviendo eternamente, bien como un ser glorioso o como un alma perdida. El corazón dispuesto a servir, como el corazón de Jesús, siente esto instintivamente y trata a todas las almas como corresponde.

La positiva manifestación del corazón servicial de Jesús que ganó para Dios a la mujer samaritana, ha mostrado para siempre las disciplinas que son necesarias para una vida de servicio.

En primer lugar, debe haber un corazón disciplinado para el trabajo. El hombre que tiene este corazón se entrega totalmente a Cristo y a su Iglesia. Es alguien que renuncia voluntariamente a su bienestar, permitiendo que sus áreas de confort sean invadidas, y habrá veces que trabajará hasta el punto del agotamiento.

En segundo lugar, el corazón dispuesto a servir es un corazón disciplinado para allegarse a las personas. Por causa del evangelio vence todas las barreras sociales y hasta se arriesga a recibir oprobios por actuar así. Es un corazón que con humildad se acerca a las personas que son totalmente diferentes a él.

En tercer lugar, el corazón que Dios usa es uno disciplinado en la perspectiva, y que ve todas sus relaciones humanas como encuentros soberanamente predeterminados por Dios, con seres que son eternos. Para este corazón, todas las relaciones de la vida están cubiertas de lo divino, palpitando con potencial espiritual, y como parte de un drama eterno en el cual cada cristiano tiene un papel importante que desempeñar.

El corazón disciplinado para trabajar, para allegarse a los demás y para ver las relaciones de la vida llenas de un potencial divino es, sobre todo, un corazón amenazadoramente ensanchado. Sus elevados ideales y su expansividad lo hacen susceptible de una serie de aflicciones desconocidas para un corazón mezquino, pero es también un corazón abierto a unas alegrías que el corazón estrecho jamás experimentará.

Nunca sirva de entrenador voluntario de un equipo infantil de fútbol y nunca será el "aguantalotodo" de la liga, pero nunca vencerá a un señor G unos segundos antes que finalice el partido; y tampoco tendrá la emoción y el gozo de ser sorprendido por la sorpresiva visita de los Temibles Aztecas y sus padres, sentados todos un domingo en la primera fila de asientos de la iglesia.

Cultivemos un corazón estrecho y la travesía de la vida puede resultar fácil, pero jamás experimentaremos el alborozo del viento del Espíritu soplando contra nuestras velas.

Hombres: la decisión es nuestra. Dios quiere que nos disciplinamos para el servicio.

Alimento para pensar

¿Tiene usted un corazón pequeño o un corazón para ministrar, de la manera en que el autor describió los dos? Describa, en sus propias palabras, estos dos corazones.

¿Qué razones podría haber encontrado Jesús, humanamente hablando, para no ministrar a la mujer samaritana (Juan 4)? ¿Por qué Él la alcanzó?

¿Qué lección aprendemos de 1 Tesalonicenses 2:9 y 2 Corintios 11:27? ¿Cómo calzas usted aquí? ¿Qué barreras o distracciones le retraen?

¿Qué clase de prejuicios interfieren con el ministerio cristiano efectivo? ¿Qué prejuicios practica usted, aunque sea ocasionalmente? ¿Qué ministerios se abortan a causa de esto? ¿Qué hariá acerca de esto?

Es una realización santa el saber: "Por Jehová son ordenados los pasos del hombre" (Salmos 37:23, RVR 1960) y que las personas que pasan por nuestro camino son las citas divinas." ¿Es así cómo ve a las muchas personas con las que asocia en el trabajo, en su cuadra, en la iglesia, en el tráfico a la hora pico, en un restaurante, etc.?

"El corazón que se disciplina para trabajar, alcanzar a otros, y ver las relaciones de la vida repletas del potencial divino es, sobre todo, un corazón peligrosamente ensanchado." ¿Por qué puede ser tan peligroso, para usted, el tener un corazón que ministre? ¿Qué podría costarle el servir a Dios y alcanzar a otros?

La aplicación/Respuesta

¿De qué le habló Dios más específicamente, más poderosamente en este capítulo? ¡Háblale a Él acerca de eso en este momento!

¡Piensa en esto!

¿En qué ministerios está involucrado actualmente para Cristo? Haga una lista de ellos; entonces evalúa su servicio, positivo y negativo. ¿De qué ministerios siente que Dios quizás quiera que se retire? ¿Qué otros ministerios quizás quiera Dios que entre? ¿Qué preparación se requiere que haga?

DISCIPLINA

18

La Gracia de la Disciplina

Tal y como hemos aprendido en el primer capítulo de este libro, la palabra disciplina del versículo "ejercítate para la piedad" (1 Timoteo 4:7) es una palabra con olor a gimnasio, el esfuerzo de un buen ejercicio de entrenamiento. Es un atrevido llamado a fatigarse espiritualmente.

La rica etimología de la palabra "disciplina" sugiere despojarse conscientemente de toda carga y luego revestirse con todas las energías que uno tiene. De la misma manera que los antiguos atletas se despojaban de todo y competían *gumnos* (desnudos), también el cristiano disciplinado debe renunciar a toda asociación, hábito y tendencia que estorbe su santidad. Luego, habiendo logrado esta magra desnudez espiritual, debe dedicar todo su esfuerzo y sus energías a la búsqueda de la santidad.

La esbelta y escultórica figura del clásico corredor griego nos da la idea. Completamente desnudo, el atleta ha sudado tras correr muchos kilómetros con el único propósito de correr bien. Así también, la vida cristiana victoriosa es siempre, sin excepción alguna, un asunto en el que nos desnudamos, nos disciplinamos y nos esforzamos.

La comprensión de que una disciplina espiritual vigorosa es fundamental para la santidad, concuerda con el concepto universal de que la disciplina es necesaria para el logro de cualquier cosa en esta vida. El legendario éxito de Mike Singletary, el dos veces campeón como jugador Defensa del Año de la Liga Nacional de Fútbol de los Estados Unidos, es un testimonio de su notable vida de disciplina. La sólida disciplina literaria de Ernesto Hemingway transformó la manera de utilizar el idioma del mundo angloparlante. Los innumerables bocetos de Miguel Angel, de Vinci y de Tintoreto, la disciplina cuantitativa de su trabajo, preparó el camino para la calidad cósmica de sus obras. Winston Churchill, el gran orador de este siglo, fue todo menos que peculiar, a menos que por "peculiar" nos refiramos a un hombre peculiarmente disciplinado que venció sus notables limitaciones a través de mucho trabajo y de esfuerzos especiales. Ignacio Juan Paderewski, el brillante pianista polaco, lo dijo cuando corrigió a una apasionada admiradora: "Señora, antes de ser un genio, bregué como un esclavo."

Es un hecho comprobado que jamás alcanzaremos nada en la vida sin disciplina, especialmente en los asuntos espirituales. Hay algunos que tienen aptitudes atléticas y musicales innatas. Pero nadie puede pretender una aptitud espiritual r innata. Ninguno es intrínsecamente recto, ninguno de nosotros busca por naturaleza a Dios ni tampoco es deliberadamente bueno. En consecuencia, como hijos de la gracia nuestra disciplina espiritual lo es todo.

¡Sin disciplina no hay discipulado!
¡Sin esfuerzo no hay santificación!
¡Sin sudor no hay inspiración!
¡Sin sufrimiento no hay rendimiento!
¡Sin intrepidez no hay madurez!

Este gran axioma espiritual nos da la base para nuestro examen de las dieciséis disciplinas que son fundamentales para una vida de santidad. Son las disciplinas de: la pureza, el matrimonio, la paternidad, la amistad, la mente, la vida devocional, la oración, la adoración, la integridad, la lengua, el trabajo, la iglesia, el liderazgo, el dar, el testimonio y el servicio.

¡Es una lista que asusta, para no decir algo peor! Y lo es aún más, porque cada una de las disciplinas ha sido intencionalmente presentada como una orden afirmativa. En realidad, cada uno de los dieciséis encabezamientos contiene un promedio de siete de las disciplinas recomendadas, todo lo cual hace ¡más de cien "haga esto"!

LA RESPUESTA CORRECTA

¿Cómo hemos, entonces, de responder? Indudablemente no con la pasividad de "no hacer nada" que se ha vuelto cada vez más característica de los hombres hoy. Para muchos, el desafío es una oportunidad para eludir el asunto, para quedarse cómodamente en cama y no hacer nada, diciendo: "Hay tanto que hacer …No sé por dónde empezar..." Esa es la parálisis del análisis.

Por otra parte, una respuesta igualmente fatal es el legalismo autosuficiente. Hay que reconocer que este es un peligro menor que la pasividad. Sin embargo, hay muchos cuya mente pudiera fácilmente apropiarse de las dieciséis disciplinas y de sus múltiples "haga esto" como una estructura draconiana para un rígido legalismo híbrido. ¡Ay, cuántas posibilidades para confeccionar una lista! "¿Así que dejaste de leer la Biblia durante algunos días esta semana? ¡Qué vergüenza! Recuerda que "si no lees cinco páginas al día, con la Biblia no tienes compañía". "Si fulano fuera realmente el marido que dice ser, se habría preocupado más por su esposa."

¡Que Dios nos libre del reduccionismo de ese legalismo que atesora religiosamente la espiritualidad como una serie de leyes sacrosantas y dice luego: "Si puedes cumplir con seis, dieciséis o sesenta y seis cosas, serás espiritual."

El ser cristiano, el ser espiritual, es mucho más que cumplir con una lista de cosas. Estar "en Cristo" es una relación, y como toda relación, merece que se observe una disciplina, pero nunca un reduccionismo legalista.

¡Que Dios nos libre de la actitud condenatoria farisaica. Con cuánta facilidad nuestros pecaminosos corazones pueden imaginar listas para nuestra propia exaltación, y al mismo tiempo para proporcionarnos un potro de tormento inmisericorde con el cual martirizar a los demás con nuestros juicios.

Como dijimos al comienzo de este libro, hay todo un universo de diferencia entre las motivaciones tras el legalismo y las motivaciones tras la disciplina. El legalismo dice: "Haré esto para ganar méritos para con Dios", mientras que la disciplina dice: "Haré esto porque amo a Dios y deseo agradarlo." El legalismo se centra en el hombre; la disciplina se centra en Dios. Pablo, el archiantilegalista, dijo: "Ejercítate para la piedad."

LA SABIDURÍA NECESARIA PARA LA DISCIPLINA

A lo largo de todo este libro he mantenido frente a mí una imagen mental de los hombres jóvenes que hay en mi familia, es decir, mis hijos y mis yernos, a los que imagino sentados conmigo a la mesa, tomando una taza de café, discutiendo las disciplinas de un hombre espiritual, que me dicen: "¿Cómo hacerlo? Dínos cómo disciplinarnos para la santidad, sin ser legalistas." Al responderles, me vuelvo intensamente directo y personal.

Establezca prioridades
Yo comenzaría - les diría - repasando las dieciséis disciplinas y las dividiría en dos grupos: en uno de ellos ubicaría las que estoy haciendo bien, y en el otro aquellas áreas en las cuales necesito ayuda. Si estuviera casado, le diría a mi esposa que me ayudara a objetivar las listas. De no tener esposa, acudiría entonces a un amigo de confianza que sea espiritualmente maduro.

Daría, luego, un número a cada área de necesidad de acuerdo con el orden de importancia. Por ejemplo: 1) la pureza, 2) la mente, 3) la oración, 4) el testimonio, 5) el dar, 6) el trabajo, 7) la amistad y 8) el liderazgo. Después, comenzando con la primera necesidad - la pureza - echaría un vistazo a las subdisciplinas sugeridas y escogería entre una y tres cosas que piense que me resultarían de mayor ayuda para mejorar. Al hacerlo, resistiría la tentación de someterme a demasiadas disciplinas, pues es mejor tener éxito en unas pocas antes que fracasar por abarcar demasiado. Quizás, en lo que respecta a la disciplina de la pureza, me dedicaría primero a memorizar algunos versículos bíblicos que me ayuden a fortalecerme frente a la tentación, y luego, no ver nada que tenga contenido sexual en la televisión ni el cine. Y quizás, en cuanto a la disciplina del testimonio, me dedicaría a orar para que Dios me presente a alguien a quien hablarle del evangelio, y me haría miembro de algún club de pasatiempo creativo para conocer personas que no asisten a ninguna iglesia.

Siguiendo con la lista, tendría quizás veinte cosas específicas que podría hacer para mejorar mis ocho áreas más débiles.

Sea realista
Antes de obligarme a una disciplina específica, consideraría la lista con sincero realismo, y me haría esta pregunta: "¿Están realmente a mi alcance, con la ayuda de Dios, las cosas que me propongo lograr?"

Quizás, en cuanto a la disciplina de la mente, esté tan convencido de mi culpabilidad, que esté considerando imponerme leer, en un año, todo el Antiguo Testamento una vez y el Nuevo Testamento dos veces, además de leer también La guerra y la paz en enero. ¡Convendría pensarlo mejor! Ya que no he estado leyendo mucho últimamente, ¿qué tal si me fijo la meta de leer sólo una vez el Nuevo Testamento en un año, y La guerra y la paz entre enero y abril? Asegúrese de que lo que se propone le exija esfuerzo, pero también que pueda manejar bien ambas cosas. Es mejor hacer poco bien, y aumentar gradualmente los compromisos, antes que abarcar demasiado al comienzo. Un logro lleva a otro logro.

Busque dirección divina
Antes de concretizar su compromiso, dése una semana para pensarlo y orar por ello, y busque la dirección del Espíritu Santo en cuanto a otras formas de disciplina personal no mencionadas en este libro.

Sea moralmente responsable ante otra persona
Pídale a su esposa o a algún amigo que le exija responsabilidad en cuanto al cumplimiento de las disciplinas. Asegúrese de hablar y orar regularmente con

esa persona aunque sea por teléfono. Sea sincero en cuanto a sus triunfos y fracasos, y esté dispuesto a recibir consejos y a hacer cambios.

En caso de que falle . . .
Usted, sin duda, tropezará y fracasará por completo algunas veces. Cuando eso suceda, por su orgullo herido y la vergüenza tal vez quiera desistir y olvidarse de todo. No nos gusta hacer cosas en las que fracasamos, pero debemos tener presente que el fracaso es también parte del éxito, siempre y cuando admitamos nuestro fracaso y sigamos adelante. Además, no hay que olvidar que no estamos bajo la ley sino bajo la gracia. Dios no está llevando un registro de nuestros fracasos para echárnoslo en cara, ni tampoco estamos atesorando méritos por nuestros éxitos. Estamos sencillamente tratando de llevar una vida disciplinada que agrade a nuestro amante Padre celestial, y Él entiende nuestros fracasos mejor de lo que nosotros entendemos los de nuestros propios hijos.

LA GRACIA DE LA DISCIPLINA

El hombre que se disciplina sabiamente a sí mismo para la santidad entiende la necesidad de tener prioridades, de ser realista, de orar, y de ser moralmente responsable ante otros, y que el fracaso es parte del éxito; pero su mayor sabiduría y motivación nacen de su comprensión de la gracia. Todo esto en su vida es resultado de la gracia de Dios - *la sola gratia*-¡sólo de la gracia!

La salvación misma es sólo por gracia. Estábamos muertos en nuestros delitos y pecados, cautivos de los poderes de las tinieblas, sin más poder que el que tiene un cadáver para lograr su propia salvación. "Pero Dios, que es rico en misericordia ...aun estando nosotros muertos en pecados nos dio vida juntamente con Cristo (por gracia sois salvos) ...Porque por gracia sois salvos por medio de la fe; y esto no de vosotros, pues es don de Dios; no por obras, para que nadie se gloríe" (Efesios 2:4,5,8,9, cursivas añadidas). Somos salvos por la gracia de Dios, por su favor inmerecido. Aun la obra más pequeña de nuestra parte desvalorizaría la gracia salvadora de Dios, como dijo Pablo muy clara y categóricamente: "Y si por gracia, ya no es por obras; de otra manera la gracia ya no es gracia" (Romanos 11:6). *Sola gratia.*

La salvación es únicamente por gracia, y la vida cristiana es igualmente sólo por gracia. Santiago hace esta sorprendente declaración, en cuanto a la experiencia universal del creyente en este mundo: "Pero él da mayor gracia" (4:6). Aquí no se trata de gracia salvadora, sino de gracia para llevar nuestra vida como debemos en este mundo caído. Siempre hay "mayor gracia".

En cierta ocasión, un artista mostró en una exhibición una pintura de las cataratas del Niágara, pero olvidó darle un nombre al cuadro. La galería, enfrentada a la necesidad de roturarlo, lo llamó: "Y habrá más." Las vetustas cataratas del Niágara, vertiendo miles de millones de litros de agua durante miles de años, pueden dar más para suplir las necesidades de agua de los que están abajo, y constituyen una alegoría adecuada de la abundancia de la gracia de Dios que Él vierte sobre nosotros. ¡Siempre habrá más! El apóstol Juan se refirió a esta realidad, diciendo: "Porque de su plenitud tomamos todos, y gracia sobre gracia" (Juan 1:16), literalmente "gracia en cambio de gracia", o como otros lo han traducido: "gracia tras gracia" o "gracia apilada sobre gracia". "Para la necesidad diaria, hay gracia diaria; para la necesidad repentina, hay la gracia repentina; para la necesidad abrumadora, hay la gracia abrumadora", dice John Blanchard.[1]

Al bordar el tema de las disciplinas de un hombre piadoso, debemos recordar siempre que se trata de un asunto de gracia, de principio a fin.

Considere detenidamente y con atención las palabras de Pablo: "Pero por la gracia de Dios soy lo que soy; y su gracia no ha sido en vano para conmigo, antes he trabajado más que todos ellos; pero no yo, sino la gracia de Dios conmigo" (1 Corintios 15:10, cursivas añadidas). Como puede ver, no hay ninguna contradicción entre la gracia y el trabajo duro. En realidad, ¡la gracia produce esfuerzo espiritual!

La gracia de Dios nos comunica energía para vivir las disciplinas de un hombre piadoso, pues siempre habrá más gracia.

Gracia para la pureza
    Gracia para el matrimonio,
        Gracia para la paternidad
            Gracia para la amistad
                Gracia para la mente
                    Gracia para la vida devocional
                        Gracia para la oración
                            Gracia para la adoración

Gracia para la integridad
    Gracia para la lengua
        Gracia para el trabajo
            Gracia para la iglesia
                Gracia para el liderazgo
                    Gracia para el dar
                        Gracia para el testificar
                            Gracia para el servicio

Hermanos, si intentamos hacer la voluntad de Dios, Él siempre nos dará más gracia.

> *Cuando agotado está nuestro acopio de aguante,*
> *y nuestras fuerzas muertas sin terminar el día;*
> *Al llegar al final de todos los recursos,*
> *la provisión del Padre apenas se ha iniciado.*
> *Su amor no tiene límites, su gracia es sin medida;*
> *Los hombres no conocen su poder infinito,*
> *pues por su infinitud de riquezas en Cristo,*
> *el Padre da, y da con gracia incircunscrita.*
>
> — Annie Johnson Flint

Alimento para pensar

¿Cómo responde usted al desafío de 1 Timoteo 4:7? ¿Qué piensa Dios de esas respuestas?

Repase las diecisiete disciplinas estudiadas en este libro, entonces ponlas en prioridad con relación a su propia vida – las habilidades y los intereses que Dios le ha dado, las oportunidades que está delante de usted, su propio nivel de comprensión espiritual y madurez, su voluntad para ir adelante.

¿Tiene problemas con hacerle promesas a Dios o demasiado poco a la iglesia y de ser un cristiano perezoso, o de prometer demasiado y ser incapaz de cumplirlo?

¿Cómo se siente al pedirle a un amigo cristiano cercano que demande responsabilidad de sus hechos? ¿El pensar esto le alienta o le espanta? ¿Por qué necesitamos demandarnos responsabilidad de nuestros hechos los unos a los otros? ¿No es suficiente ser responsables ante Dios?

¿Cómo responde generalmente cuando tropieza espiritualmente? ¿Qué causa generalmente que se caiga o se desvíe de la ruta? ¿Qué puede hacer para permitir que Dios le ayude a no tropezar tan frecuentemente? ¿Qué tiene que ver la disciplina y la gracia la una con la otra? Define cada término con cuidado. ¿Cuál es la importancia de cada una para su vida? ¿Qué aspecto del carácter de Dios le alienta más y le mantiene andando?

La aplicación/Respuesta

¿De qué le habló Dios más específicamente, más poderosamente en este capítulo? ¡Háblale a Él acerca de eso en este momento!

¡Piensa en esto!

Haga una lista completa de todas las áreas de su vida en la que necesita mayor disciplina. Entonces, para cada una, anota lo que usted puede hacer para experimentar un incremento en la disciplina. Ya que no puede alcanzar esto en sus propias fuerzas y debe tener la ayuda de Dios, sus respuestas deben incluir las maneras en que puede recibir ayuda divina y poder.

RECURSOS

A

JAMES Y DEBY FELLOWES TESTIFICAN DE SU FE

James: Mi esposa Deby y yo nos sentimos contentos de poder dar testimonio del cambio que se produjo en nuestra vida desde que aceptamos a Jesucristo como nuestro Señor y Salvador, y estamos agradecidos a quienes nos inspiraron con su fe e influyeron en nuestra decisión por Cristo.

Durante nuestro noviazgo y los primeros años de nuestro matrimonio, jamás asistimos a ninguna iglesia, ni recuerdo haber hablado de Dios ni de lo que creíamos, ya que estábamos demasiado ocupados en nuestras profesiones y en nosotros mismos.

Yo había nacido en el seno de una familia que asistía a la iglesia, y mis padres eran y son maravillosos ejemplos del ideal cristiano. Son generosos, amorosos, benévolos, compasivos, amables y humildes. A pesar de todo su buen ejemplo, jamás comprendí lo que significaba la vida, muerte y resurrección de Jesucristo. Yo me consideraba un buen cristiano porque asistía a la iglesia y trataba de ser una buena persona, como mis padres.

Deby: Al igual que James, también me crié en la iglesia. Mi madre fue maestra de la Escuela Bíblica Dominical durante muchos años y se ocupó de que tanto mi hermano como yo asistiéramos al culto todos los domingos. Fue en la iglesia, creo, donde los tres encontramos consuelo y fortaleza para enfrentar los difíciles problemas de la familia.

En medio de un período de incertidumbre e inseguridad que experimenté siendo estudiante de los primeros años de secundaria, recuerdo haber tenido un vivo interés por los asuntos espirituales. Sentía un fuerte deseo de asistir a la iglesia, pero no podía encontrar respuestas. Recuerdo un vitral de la iglesia que representaba a un ángel arrodillado y con sus alas desplegadas. ¡Cómo anhelaba poder acurrucarme bajo esas alas en busca de paz, protección y seguridad!

Cuando me enamoré de James, me pareció que podría encontrar en él y en nuestra relación todas esas cosas que había estado buscando. Nos teníamos el uno al otro, y di la espalda a Dios. Vivíamos para el momento y para nosotros mismos.

James: El 23 de diciembre de 1975, a las dos de la tarde, nació nuestra primogénita, Jennifer. El presenciar el nacimiento del bebé en la sala de partos fue más de lo que este padre novato podía soportar. Lloré sin poder controlarme, preso de las emociones de gozo, temor y gratitud. Este maravilloso momento del nacimiento de mi hija aflojó las cuerdas espirituales que había dentro de mí.

El domingo siguiente buscamos una iglesia en el vecindario donde vivíamos, en el área de Lincoln Park, de Chicago, y finalmente dimos con una que nos gustó. Yo realmente disfrutaba de esta nueva dimensión de mi vida. Comencé a aprender, como adulto, lo que era la vida cristiana. Disfrutaba de la compañía de la gente y de ser parte de la comunidad de la iglesia. Con el tiempo llegué a ser ujier, después anciano presbítero y posteriormente presidente del cuerpo de ancianos.

Deby: Al mismo tiempo que James se sentía satisfecho y encontraba una nueva dimensión para su vida, yo estaba resentida por este nuevo interés suyo. Él tenía ahora más reuniones a las cuales asistir y más obligaciones que cumplir, que no me incluían a mí. Pero sabiendo lo mucho que esa iglesia significaba para James, comencé a acompañarlo.

Pero en lo espiritual sentía una gran necesidad. El solo cantar los himnos me ponía al borde de las lágrimas. Quería saber qué creer. Buscaba significado para mi vida, pero estaba tratando de hallarlo en los lugares equivocados. Las cosas materiales y el éxito mundano eran demasiado importantes para mí. Y estas eran metas realizables ya que las responsabilidades y la importancia de James crecían en el negocio que pertenecía a su familia. Sin embargo, a pesar de nuestros éxitos materiales, sentía un vacío en mi vida.

Tanto los antecedentes de James como los míos nos hacían recelosos de las iglesias evangélicas, de modo que cuando nos mudamos a Wheaton (Illinois) en 1979, buscamos una casa que estuviera bien lejos de los terrenos del Seminario Evangélico Wheaton. Sin embargo, la casa de nuestros sueños quedaba precisamente a una cuadra del lugar que estábamos tratando de evitar.

Cinco meses después de nuestra mudanza, el nuevo pastor de la iglesia del seminario, Kent Hughes, y su familia, se mudaron a una casa que quedaba en la misma calle, frente a la nuestra, y me hice amiga de su esposa, Bárbara.

Ella me invitó a asistir a un estudio bíblico de su iglesia los miércoles por la mañana, y decidí probarlo. Desde el momento que entré a esa habitación sentí que había una diferencia en este grupo. Las mujeres parecían tener un genuino interés mutuo, y no había la superficialidad que había encontrado en muchos otros grupos sociales y profesionales. En poco tiempo el estudio bíblico se convirtió en parte importante de mi semana. Admiraba la fortaleza de carácter de esas mujeres, que yo sentía que me faltaba a mí, y comencé a reconocer que ellas eran diferentes, por las enseñanzas de la Biblia. Estaban comprometidas a manifestar en su vida lo que la Biblia enseñaba, poniendo en práctica lo aprendido. Habían confiado en la dirección de Cristo para su vida, en vez de confiar en ellas mismas. Eso era tan diferente a la manera como mi esposo y yo estábamos llevando nuestra vida.

Fue en esa época que James y yo recibimos una invitación a cenar en un club campestre, por invitación de un empresario amigo de James. Parte central de la reunión sería escuchar los testimonios de un ejecutivo y de su esposa en cuanto a lo que había significado para ellos su relación con Cristo. Por consideración a nuestro amigo, asistimos. Aquí oí lo que había estado oyendo en el grupo de estudio bíblico, pero esta vez de labios de la esposa de un dueño de empresas, una mujer que había estado luchando con las mismas cosas que yo, de modo que podía identificarme ciertamente con ella. Entonces me di cuenta de que Apocalipsis 3:20 me hablaba a mí: "He aquí, yo estoy a la puerta y llamo; si alguno oye mi voz y abre la puerta, entraré a él, y cenaré con él, y él conmigo."

Esa noche fue una de las de mayor tensión para mí. En un momento de ansiedad oré que mi amiga Bárbara viniera a hablar conmigo el día siguiente. Y lo hizo. Después de mencionarle lo sucedido la noche anterior, pudo sentir la lucha que yo estaba teniendo. Entonces me invitó a leer con ella algunos pasajes de la Biblia, mientras me explicaba las palabras de Jesús; y bajo su conducción dí un paso de fe y entregué mi vida a Cristo. Sabía que mi decisión implicaría cambios muy grandes en mi matrimonio, pero también que esto era lo que tenía que hacer.

James: Yo había asistido a la misma cena, por supuesto, y al final de los testimonios nos dieron una tarjeta para llenar. Marqué el recuadro que decía "no me llamen". Desconfiaba de los tipos "renacidos", pues pensaba que eran unos hipócritas y con frecuencia peores que el resto de nosotros. Además de eso, yo había sido presidente de la junta de ancianos presbíteros y también había servido en mi iglesia en varias otras actividades. ¿No era eso ya lo suficientemente religioso?

Me molestaba que mi susceptible esposa hubiera mostrado interés por este asunto de "nacer de nuevo". Quizás no le duraría mucho.

Pero pronto empezó a surgir una división entre Deby y yo. Ella se pasaba el tiempo leyendo la Biblia, y si no los libros de Chuck Swindolll, C. S. Lewis o Kent Hughes, nuestro vecino. Pasaba todo el tiempo en estudios bíblicos y grupos de oración. Ella iba a reuniones sociales con gente de la iglesia y eso a mí me resultaba aburrido. Me sentía fuera de lugar, y tampoco quería formar parte del grupo. De modo que por muchas razones comenzamos a alejarnos.

Deby: Realmente lo que yo temía que ocurriera, ocurrió. James no podía entender el súbito cambio de mis prioridades. ¿Dónde cabía él en mi nuevo esquema de cosas? Aunque nuestra relación seguía siendo importante para mí, como había sido siempre, una nueva relación se hacía más intensa dentro de mí: la relación con Cristo. Mi deseo de seguir, de servir y de obedecer a Cristo se había hecho prioritario en mi vida, de modo que con esa decisión deseaba invertir mi vida de manera diferente. Mi estilo de vida cambió y la división que había en nuestro matrimonio se hizo mayor. Pero yo sencillamente tenía que confiar en Cristo.

James: Trataba de ser comprensivo y paciente, pero las más de las veces me sentía resentido y molesto. Me sentía un ser solitario en mi propia casa. Si Dios era bueno, ¿cómo podía Él ser el centro de un matrimonio que hasta ahora había sido exitoso y feliz? Me hallaba verdaderamente confundido.

Yo tenía mis propios puntos de vista fundamentados en no sé qué. Pensaba que merecía ir al cielo por ser una persona muy buena; y que Dios sería misericordioso conmigo. Pero Débora refutaba mis argumentos apoyándose en la Biblia. Hablaba de la salvación mediante la fe y la gracia de Dios.

En bien de la unidad de la familia, decidí asistir con Deby a un culto dominical nocturno. Aquí mi experiencia fue muy parecida a la que había tenido Deby la primera vez que visitó el grupo de estudio bíblico de las mujeres. Yo sentía algo diferente a las otras experiencias que había tenido antes, de modo que decidí regresar el domingo siguiente. Ahora sentía la presencia de Cristo de una manera nueva y más intensa.

Quizás había algo bueno en todo esto –pensaba–, no obstante lo difícil que me resultaba admitirlo. A pesar de todo el disgusto que me producía nuestro nuevo estilo de vida, Deby había cambiado positivamente en muchos aspectos. Para empezar, estaba en paz con nuestra relación; yo era quien estaba bajo tensión emocional. Ella indiscutiblemente se había transformado en una persona más fuerte y segura de sí misma. Ahora discutía menos y era más perdonadora. Y la cosa más irónica de todas: se había vuelto algo más romántica durante este período de tensión conyugal.

Entonces decidí leer algunos de sus libros esparcidos por allí: *En sus pasos*, de Charles Sheldon; *Cristianismo... ¡y nada más!* de C. S. Lewis, y *Lo* que significa amar a Dios, de Chuck Colson. Kent Hughes y yo leímos juntos Cristianismo básico, de John Stott, y comenzamos a hablar de las cosas de la fe. En un difícil viaje de negocios que hice a San Francisco leí el Evangelio según San Juan en una Biblia de los Gedeones que estaba en la cómoda del hotel. El poder de la Palabra de Dios estaba comenzando a echar raíces por primera vez en mi vida.

Deby: James había experimentado un cambio. No había sido una experiencia repentina como la mía, pero sentía en él un espíritu cada vez más abierto y sensible por conocer al Señor, y nuestra relación se desarrolló - a nivel espiritual como nunca antes. Comenzamos a depender de Dios en cuanto a nuestras decisiones de cada día, y tomamos conciencia de que Dios era soberano y que tenía el control de nuestra vida. Éramos más felices y más unidos de lo que habíamos sido antes. Mirando retrospectivamente los años transcurridos, pudimos ver cómo Dios nos había atraído a Él, suave pero firmemente, y al hacerlo nos acercó más como pareja. Dios había hecho lo prometido en Ezequiel 11:19,20: "Y les daré un corazón, y un espíritu nuevo pondré dentro de ellos; y quitaré el corazón de piedra de en medio de su carne, y les daré un corazón de carne, para que anden en mis ordenanzas, y guarden mis decretos y los cumplan, y me sean por pueblo, y yo sea a ellos por Dios."

James: Había tenido un vacío en mi vida, a pesar de un buen matrimonio, hijos, y de todas las cosas buenas que podíamos disfrutar. ¿Cómo definir ese vacío? Es difícil. La mayor parte del tiempo lo ocultamos, o intentamos a duras penas llenarlo con algo superficial.

Al comenzar a comprender las demandas de Cristo y la razón por la cual Él había venido a la tierra a morir por mí, me detuve a considerar lo que había sido mi vida. Me sentía avergonzado al reflexionar en todo lo que el Señor me había dado, y compararlo con el egoísmo e iniquidad que había en mi corazón. Me sentía humillado.

Fui una y otra vez al pie de la cruz implorando perdón. Oré específicamente confesando cada uno de mis pecados, a pesar de todo lo angustioso que eso me resultaba. Y cuanto más leía y escuchaba, tanto más comprendía en qué había pecado. Y lo que es más importante: descubrí cómo tomar el buen camino. Así pues, a través del perdón y de la gracia de Dios comencé a sentirme libre y vivificado de una manera diferente.

En esos primeros días, Dios pareció llenarme con un nuevo poder y una nueva sensación de valía, totalmente nuevos. Gracias a mi confianza en Él, las cosas parecían funcionar mejor. El tratar de agradarlo a Él en vez de a mí mismo, de alguna manera me liberó de presiones y me hizo sentir mejor en cuanto a mi propia vida.

Jesucristo había hecho toda la diferencia en nuestra vida. Nuestra vida es ahora un testimonio vivo de su poder. A través de incontables pruebas, luchas y acontecimientos diarios, Él ha guiado nuestros pasos y nos ha bendecido más allá de lo que esperábamos. Estamos agradecidos a las muchas personas que oraron por nosotros, que nos ayudaron y que nos discipularon.

Como empresario de profesión, poseo un saludable escepticismo natural. Mi propia conversión fue lenta y pensada, a diferencia de la de Deby. Pero descubrí el camino, la verdad y la vida, es decir, al Señor Jesucristo. He aprendido dónde poner mi confianza. Dios es fiel. Él lo ama a usted y me ama a mí. Confíe en Él.

B

EL CALENDARIO M'CHEYNE DE LECTURAS BÍBLICAS DIARIAS

Un método sucinto de lectura de toda la Biblia en un año, más Salmos y el Nuevo Testamento dos veces.

Preparado por Robert Murray M'Cheyne.

1. Este calendario de lecturas da el día del mes, así como los capítulos a leerse en familia, y porciones para leerse privadamente.
2. El padre de familia debe leer previamente el capítulo indicado para el culto familiar y marcar dos o tres de los versículos más destacados, los que podrá comentar, expresando algunos pensamientos y haciendo varias preguntas sencillas.
3. Las porciones leídas, tanto en familia como privadamente, pueden ser mejor interpretadas si han sido precedidas por un momento de oración silenciosa: "Abre mis ojos y miraré las maravillas de tu ley" (Salmo 119:18).
4. La conversación de la familia alrededor de la mesa debe dirigirse hacia el capítulo leído; de esa manera toda comida tendrá un carácter sacramental y será santificada por la Palabra y la oración.
5. Haga su lectura privada al amanecer, para que sea la voz de Dios lo primero que usted escuche en la mañana. Marque dos o tres de los versículos que más le llamen la atención y pida que Dios lo ilumine para que los pueda aplicar a su vida.
6. Por sobre todas las cosas, utilice la Palabra de Dios como lámpara a sus pies y lumbrera a su camino. Que ella sea su guía en los momentos de perplejidad; su armadura frente a la tentación; y su alimento en los momentos de desánimo.

ENERO

Este es mi Hijo amado, en quien tengo complacencia; a él oíd.
Mateo 17:5

EN FAMILIA			EN PRIVADO		
DÍA	LIBRO Y CAPÍTULO		DÍA	LIBRO Y CAPÍTULO	
☐ 1	Gn 1	Mt 1	☐ 1	Esd 1	Hch 1
☐ 2	Gn 2	Mt 2	☐ 2	Esd 2	Hch 2
☐ 3	Gn 3	Mt 3	☐ 3	Esd 3	Hch 3
☐ 4	Gn 4	Mt 4	☐ 4	Esd 4	Hch 4
☐ 5	Gn 5	Mt 5	☐ 5	Esd 5	Hch 5
☐ 6	Gn 6	Mt 6	☐ 6	Esd 6	Hch 6
☐ 7	Gn 7	Mt 7	☐ 7	Esd 7	Hch 7
☐ 8	Gn 8	Mt 8	☐ 8	Esd 8	Hch 8
☐ 9	Gn 9,10	Mt 9	☐ 9	Esd 9	Hch 9
☐ 10	Gn 11	Mt 10	☐ 10	Esd 10	Hch 10
☐ 11	Gn 12	Mt 11	☐ 11	Neh 1	Hch 11
☐ 12	Gn 13	Mt 12	☐ 12	Neh 2	Hch 12
☐ 13	Gn 14	Mt 13	☐ 13	Neh 3	Hch 13
☐ 14	Gn 15	Mt 14	☐ 14	Neh 4	Hch 14
☐ 15	Gn 16	Mt 15	☐ 15	Neh 5	Hch 15
☐ 16	Gn 17	Mt 16	☐ 16	Neh 6	Hch 16
☐ 17	Gn 18	Mt 17	☐ 17	Neh 7	Hch 17
☐ 18	Gn 19	Mt 18	☐ 18	Neh 8	Hch 18
☐ 19	Gn 20	Mt 19	☐ 19	Neh 9	Hch 19
☐ 20	Gn 21	Mt 20	☐ 20	Neh 10	Hch 20
☐ 21	Gn 22	Mt 21	☐ 21	Neh 11	Hch 21
☐ 22	Gn 23	Mt 22	☐ 22	Neh 12	Hch 22
☐ 23	Gn 24	Mt 23	☐ 23	Neh 13	Hch 23
☐ 24	Gn 25	Mt 24	☐ 24	Est 1	Hch 24
☐ 25	Gn 26	Mt 25	☐ 25	Est 2	Hch 25
☐ 26	Gn 27	Mt 26	☐ 26	Est 3	Hch 26
☐ 27	Gn 28	Mt 27	☐ 27	Est 4	Hch 27
☐ 28	Gn 29	Mt 28	☐ 28	Est 5	Hch 28
☐ 29	Gn 30	Mr 1	☐ 29	Est 6	Ro 1
☐ 30	Gn 31	Mr 2	☐ 30	Est 7	Ro 2
☐ 31	Gn 32	Mr 3	☐ 31	Est 8	Ro 3

FEBRERO

Guardé las palabras de su boca más que mi comida.
Job 23:12

EN FAMILIA			EN PRIVADO		
DÍA	LIBRO Y CAPÍTULO		DÍA	LIBRO Y CAPÍTULO	
☐ 1	Gn 33	Mr 4	☐ 1	Est 9,10	Ro 4
☐ 2	Gn 34	Mr 5	☐ 2	Job 1	Ro 5

EL CALENDARIO M'CHEYNE DE LECTURAS BÍBLICAS DIARIAS

☐	3	Gn 35,36	Mr 6	☐	3	Job 2	Ro 6
☐	4	Gn 37	Mr 7	☐	4	Job 3	Ro 7
☐	5	Gn 38	Mr 8	☐	5	Job 4	Ro 8
☐	6	Gn 39	Mr 9	☐	6	Job 5	Ro 9
☐	7	Gn 40	Mr 10	☐	7	Job 6	Ro 10
☐	8	Gn 41	Mr 11	☐	8	Job 7	Ro 11
☐	9	Gn 42	Mr 12	☐	9	Job 8	Ro 12
☐	10	Gn 43	Mr 13	☐	10	Job 9	Ro 13
☐	11	Gn 44	Mr 14	☐	11	Job 10	Ro 14
☐	12	Gn 45	Mr 15	☐	12	Job 11	Ro 15
☐	13	Gn 46	Mr 16	☐	13	Job 12	Ro 16
☐	14	Gn 47	Lc 1 v.38	☐	14	Job 13	1 Col
☐	15	Gn 48	Lc 1 v.39	☐	15	Job 14	1 Co 2
☐	16	Gn 49	Lc 2	☐	16	Job 15	1 Co 3
☐	17	Gn 50	Lc 3	☐	17	Job 16,17	1 Co 4
☐	18	Éx 1	Lc 4	☐	18	Job 18	1 Co 5
☐	19	Éx 2	Lc 5	☐	19	Job 19	1 Co 6
☐	20	Éx 3	Lc 6	☐	20	Job 20	1 Co 7
☐	21	Éx 4	Lc 7	☐	21	Job 21	1 Co 8
☐	22	Éx 5	Lc 8	☐	22	Job 22	1 Co 9
☐	23	Éx 6	Lc 9	☐	23	Job 23	1 Co 10
☐	24	Éx 7	Lc 10	☐	24	Job 24	1 Co 11
☐	25	Éx 8	Lc 11	☐	25	Job 25,26	1 Co 12
☐	26	Éx 9	Lc 12	☐	26	Job 27	1 Co 13
☐	27	Éx 10	Lc 13	☐	27	Job 28	1 Co 14
☐	28	Éx 11,12v21	Lc 14	☐	28	Job 29	1 Co 15

MARZO

Pero María guardaba todas estas cosas, meditándolas en su corazón.
Lucas 2:19

EN FAMILIA **EN PRIVADO**

DÍA	LIBRO Y CAPÍTULO		DÍA	LIBRO Y CAPÍTULO	
☐ 1	Éx 12 v.22	Lc 15	☐ 1	Job 30	1 Co 16
☐ 2	Éx 13	Lc 16	☐ 2	Job 31	2 Co 1
☐ 3	Éx 14	Lc 17	☐ 3	Job 32	2 Co 2
☐ 4	Ex 15	Lc 18	☐ 4	Job 33	2 Co 3
☐ 5	Éx 16	Lc 19	☐ 5	Job 34	2 Co 4
☐ 6	Ex 17	Lc 20	☐ 6	Job 35	2 Co 5
☐ 7	Ex 18	Lc 21	☐ 7	Job 36	2 Co 6
☐ 8	Ex 19	Lc 22	☐ 8	Job 37	2 Co 7
☐ 9	Ex 20	Lc 23	☐ 9	Job 38	2 Co 8
☐ 10	Éx21	Lc 24	☐ 10	Job 39	2 Co9
☐ 11	Éx 22	Jn 1	☐ 11	Job 40	2 Co 10
☐ 12	Éx 23	Jn 2	☐ 12	Job 41	2 Co 11
☐ 13	Éx 24	in 3	☐ 13	Job 42	2 Co 12
☐ 14	Éx 25	Jn 4	☐ 14	Pr 1	2 Co 13
☐ 15	Éx 26	Jn 5	☐ 15	Pr 2	Gá 1

☐ 16	Éx 27	Jn 6	☐ 16	Pr 3	Gá 2
☐ 17	Éx 28	Jn 7	☐ 17	Pr 4	Gá 3
☐ 18	Éx 29	Jn 8	☐ 18	Pr 5	Gá 4
☐ 19	Éx 30	Jn 9	☐ 19	Pr 6	Gá 5
☐ 20	Éx 31	Jn 10	☐ 20	Pr 7	Gá 6
☐ 21	Éx 32	Jn 11	☐ 21	Pr 8	Ef 1
☐ 22	Éx 33	Jn 12	☐ 22	Pr 9	Ef 2
☐ 23	Éx 34	Jn 13	☐ 23	Pr 10	Ef 3
☐ 24	Éx 35	Jn 14	☐ 24	Pr 11	Ef 4
☐ 25	Éx 36	Jn 15	☐ 25	Pr 12	Ef 5
☐ 26	Éx 37	Jn 16	☐ 26	Pr 13	Ef 6
☐ 27	Éx 38	Jn 17	☐ 27	Pr 14	Fil 1
☐ 28	Éx 39	Jn 18	☐ 28	Pr 15	Fil 2
☐ 29	Éx 40	Jn 19	☐ 29	Pr 16	Fil 3
☐ 30	Lv 1	Jn 20	☐ 30	Pr 17	Fil 4
☐ 31	Lv 2,3	Jn 21	☐ 31	Pr 18	Col 1

ABRIL

Envía tu luz y tu verdad; éstas me guiarán.
Salmo 43:3

EN FAMILIA

DÍA	LIBRO Y CAPÍTULO	
☐ 1	Lv 4	Sal 1,2
☐ 2	Lv 5	Sal 3,4
☐ 3	Lv 6	Sal 5,6
☐ 4	Lv 7	Sal 7,8
☐ 5	Lv 8	Sal 9
☐ 6	Lv 9	Sal 10
☐ 7	Lv 10	Sal 11,12
☐ 8	Lv 11,12	Sal 13,14
☐ 9	Lv 13	Sal 15,16
☐ 10	Lv 14	Sal 17
☐ 11	Lv 15	Sal 18
☐ 12	Lv 16	Sal 19
☐ 13	Lv 17	Sa120,21
☐ 14	Lv 18	Sal 22
☐ 15	Lv 19	Sal 23,24
☐ 16	Lv 20	Sal 25
☐ 17	Lv 21	Sal 26,27
☐ 18	Lv 22	Sal 28,29
☐ 19	Lv 23	Sal 30
☐ 20	Lv 24	Sal 31
☐ 21	Lv 25	Sal 32
☐ 22	Lv 26	Sal 33
☐ 23	Lv 27	Sal 34
☐ 24	Nm 1	Sal 35
☐ 25	Nm 2	Sal 36

EN PRIVADO

DÍA	LIBRO Y CAPÍTULO	
☐ 1	Pr 19	Col 2
☐ 2	Pr 20	Col 3
☐ 3	Pr 21	Col 4
☐ 4	Pr 22	1 TS 1
☐ 5	Pr 23	1 Ts 2
☐ 6	Pr 24	1 Ts 3
☐ 7	Pr 25	1 Ts 4
☐ 8	Pr 26	1 Ts 5
☐ 9	Pr 27	2 Ts 1
☐ 10	Pr 28	2 Ts 2
☐ 11	Pr 29	2 Ts 3
☐ 12	Pr 30	1 Ti 1
☐ 13	Pr 31	1 Ti 2
☐ 14	Ec 1	1 Ti 3
☐ 15	Ec 2	1 Ti 4
☐ 16	Ec 3	1 Ti 5
☐ 17	Ec 4	1 Ti 6
☐ 18	Ec 5	2 Ti 1
☐ 19	Ec 6	2 Ti 2
☐ 20	Ec 7	2 Ti 3
☐ 21	Ec 8	2 Ti 4
☐ 22	Ec 9	Tit 1
☐ 23	Ec 10	Tit 2
☐ 24	Ec 11	Tit 3
☐ 25	Ec 12	Flm 1

☐	26	Nm 3	Sal 37	☐ 26	Cnt 1	Heb 1
☐	27	Nm 4	Sal 38	☐ 27	Cnt 2	Heb 2
☐	28	Nm 5	Sal 39	☐ 28	Cnt 3	Heb 3
☐	29	Nm 6	Sal 40,41	☐ 29	Cnt 4	Heb 4
☐	30	Nm 7	Sal 42,43	☐ 30	Cnt 5	Heb 5

MAYO

Desde la niñez has sabido las Sagradas Escrituras.
2 Timoteo 3:15

EN FAMILIA   **EN PRIVADO**

DÍA	LIBRO Y CAPÍTULO		DÍA	LIBRO Y CAPÍTULO	
☐ 1	Nm 8	Sal 44	☐ 1	Cnt 6	Heb 6
☐ 2	Nm 9	Sal 45	☐ 2	Cnt 7	Heb 7
☐ 3	Nm 10	Sal 46,47	☐ 3	Cnt 8	Heb 8
☐ 4	Nm 11	Sal 48	☐ 4	Is 1	Heb 9
☐ 5	Nm 12,13	Sal 49	☐ 5	Is 2	Heb 10
☐ 6	Nm 14	Sal 50	☐ 6	Is 3,4	Heb 11
☐ 7	Nm 15	Sal 51	☐ 7	Is 5	Heb 12
☐ 8	Nm 16	Sal 52-54	☐ 8	Is 6	Heb 13
☐ 9	Nm 17,18	Sal 55	☐ 9	Is 7	Stg 1
☐ 10	Nm 19	Sal 56,57	☐ 10	Is 8,9v7	Stg 2
☐ 11	Nm 20	Sal 58,59	☐ 11	Is 9v8,10v4	Stg 3
☐ 12	Nm 21	Sal 60,61	☐ 12	Is 10v5	Stg 4
☐ 13	Nm 22	Sal 62,63	☐ 13	Is 11,12	Stg 5
☐ 14	Nm 23	Sal 64,65	☐ 14	Is 13	1 P 1
☐ 15	Nm 24	Sal 66,67	☐ 15	Is 14	1 P 2
☐ 16	Nm 25	Sal 68	☐ 16	Is 15	1 P 3
☐ 17	Nm 26	Sal 69	☐ 17	Is 16	1 P 4
☐ 18	Nm 27	Sal 70,71	☐ 18	Is 17,18	1 P 5
☐ 19	Nm 28	Sal 72	☐ 19	Is 19,20	2 P 1
☐ 20	Nm 29	Sal 73	☐ 20	Is 21	2 P 2
☐ 21	Nm 30	Sal 74	☐ 21	Is 22	2 P 3
☐ 22	Nm 31	Sal 75,76	☐ 22	Is 23	1 Jn 1
☐ 23	Nm 32	Sal 77	☐ 23	Is 24	1 Jn 2
☐ 24	Nm 33	Sal 78v37	☐ 24	Is 25	1 Jn 3
☐ 25	Nm 34	Sal 78v38	☐ 25	Is 26	1 Jn 4
☐ 26	Nm 35	Sal 79	☐ 26	Is 27	1 Jn 5
☐ 27	Nm 36	Sal 80	☐ 27	Is 28	2 Jn 1
☐ 28	Dt 1	Sal 81,82	☐ 28	Is 29	3 Jn 1
☐ 29	Dt 2	Sal 83,84	☐ 29	Is 30	Jud 1
☐ 30	Dt 3	Sal 85	☐ 30	Is 31	Ap 1
☐ 31	Dt 4	Sal 86,87	☐ 31	Is 32	Ap 2

JUNIO

Bienaventurado el que lee, y los que oyen.
Apocalipsis 1:3

EN FAMILIA

DÍA	LIBRO Y CAPÍTULO	
☐ 1	Dt 5	Sal 88
☐ 2	Dt 6	Sal 89
☐ 3	Dt 7	Sal 90
☐ 4	Dt 8	Sal 91
☐ 5	Dt 9	Sal 92,93
☐ 6	Dt 10	Sal 94
☐ 7	Dt 11	Sal 95,96
☐ 8	Dt 12	Sal 97,98
☐ 9	Dt 13,14	Sal 99-101
☐ 10	Dt 15	Sal 102
☐ 11	Dt 16	Sal 103
☐ 12	Dt 17	Sal 104
☐ 13	Dt 18	Sal 105
☐ 14	Dt 19	Sal 106
☐ 15	Dt 20	Sal 107
☐ 16	Dt 21	Sal 108,109
☐ 17	Dt 22	Sal 110,111
☐ 18	Dt 23	Sal 112,113
☐ 19	Dt 24	Sal 114,115
☐ 20	Dt 25	Sal 116
☐ 21	Dt 26	Sal 117,118
☐ 22	Dt 27,28v19	Sal 119v24
☐ 23	Dt 28v20	Sal v25-48
☐ 24	Dt 29	Sal v49-72
☐ 25	Dt30	Sal v73-96
☐ 26	Dt 31	Sal v97-120
☐ 27	Dt 32	Sal v121-144
☐ 28	Dt 33,34	Sal v145-176
☐ 29	Jos 1	Sal 120-122
☐ 30	Jos 2	Sal 123-125

EN PRIVADO

DÍA	LIBRO Y CAPÍTULO	
☐ 1	Is 33	Ap 3
☐ 2	Is 34	Ap 4
☐ 3	Is 35	Ap 5
☐ 4	Is 36	Ap 6
☐ 5	Is 37	Ap 7
☐ 6	Is 38	Ap 8
☐ 7	Is 39	Ap 9
☐ 8	Is 40	Ap 10
☐ 9	Is 41	Ap 11
☐ 10	Is 42	Ap 12
☐ 11	Is 43	Ap 13
☐ 12	Is 44	Ap 14
☐ 13	Is 45	Ap 15
☐ 14	Is 46	Ap 16
☐ 15	Is 47	Ap 17
☐ 16	Is 48	Ap 18
☐ 17	Is 49	Ap 19
☐ 18	Is 50	Ap20
☐ 19	Is 51	Ap 21
☐ 20	Is 52	Ap 22
☐ 21	Is 53	Mt 1
☐ 22	Is 54	Mt 2
☐ 23	Is 55	Mt 3
☐ 24	Is 56	Mt 4
☐ 25	Is 57	Mt 5
☐ 26	Is 58	Mt 6
☐ 27	Is 59	Mt 7
☐ 28	Is 60	Mt 8
☐ 29	Is 61	Mt 9
☐ 30	Is 62	Mt 10

JULIO

Estos recibieron la palabra con toda solicitud, escudriñando cada día las Escrituras.
Hechos 17:11

EN FAMILIA

DÍA	LIBRO Y CAPÍTULO	
☐ 1	Jos 3	Sal 126-128
☐ 2	Jos 4	Sal 129-131
☐ 3	Jos 5,6v5	Sal 132-134
☐ 4	Jos 6v6	Sal 135,136

EN PRIVADO

DÍA	LIBRO Y CAPÍTULO	
☐ 1	Is 63	Mt 11
☐ 2	Is 64	Mt 12
☐ 3	Is 65	Mt 13
☐ 4	Is 66	Mt 14

☐	5	Jos 7	Sal 137,138	☐	5	Jer 1	Mt 15
☐	6	Jos 8	Sal 139	☐	6	Jer 2	Mt 16
☐	7	Jos 9	Sal 140,141	☐	7	Jer 3	Mt 17
☐	8	Jos 10	Sal 142,143	☐	8	Jer 4	Mt 18
☐	9	Jos 11	Sal 144	☐	9	Jer 5	Mt 19
☐	10	Jos 12,13	Sal 145	☐	10	Jer 6	Mt 20
☐	11	Jos 14,15	Sal 146,147	☐	11	Jer 7	Mt 21
☐	12	Jos 16,17	Sal 148	☐	12	Jer 8	Mt 22
☐	13	Jos 18,19	Sal 149,150	☐	13	Jer 9	Mt 23
☐	14	Jos 20,21	Hch 1	☐	14	Jer 10	Mt 24
☐	15	Jos 22	Hch 2	☐	15	Jer 11	Mt 25
☐	16	Jos 23	Hch 3	☐	16	Jer 12	Mt 26
☐	17	Jos 24	Hch 4	☐	17	Jer 13	Mt 27
☐	18	Jue 1	Hch 5	☐	18	Jer 14	Mt 28
☐	19	Jue 2	Hch 6	☐	19	Jer 15	Mr 1
☐	20	Jue 3	Hch 7	☐	20	Jer 16	Mr 2
☐	21	Jue 4	Hch 8	☐	21	Jer 17	Mr 3
☐	22	Jue 5	Hch 9	☐	22	Jer 18	Mr 4
☐	23	Jue 6	Hch 10	☐	23	Jer 19	Mr 5
☐	24	Jue 7	Hch 11	☐	24	Jer 20	Mr 6
☐	25	Jue 8	Hch 12	☐	25	Jer 21	Mr 7
☐	26	Jue 9	Hch 13	☐	26	Jer 22	Mr 8
☐	27	Jue 10,11v11	Hch 14	☐	27	Jer 23	Mr 9
☐	28	Jue l 1v12	Hch 15	☐	28	Jer 24	Mr 10
☐	29	Jue 12	Hch 16	☐	29	Jer 25	Mr 11
☐	30	Jue 13	Hch 17	☐	30	Jer 26	Mr 12
☐	31	Jue 14	Hch 18	☐	31	Jer 27	Mr 13

AGOSTO

Habla, Jehová, porque tu siervo oye.
1 Samuel 3:9

EN FAMILIA

EN PRIVADO

	DÍA	LIBRO Y CAPÍTULO			DÍA	LIBRO Y CAPÍTULO	
☐	1	Jue 15	Hch 19	☐	1	Jer 28	Mr 14
☐	2	Jue 16	Hch 20	☐	2	Jer 29	Mr 15
☐	3	Jue 17	Hch 21	☐	3	Jer 30,31	Mr 16
☐	4	Jue 18	Hch 22	☐	4	Jer 32	Sal 1,2
☐	5	Jue 19	Hch 23	☐	5	Jer 33	Sal 3,4
☐	6	Jue 20	Hch 24	☐	6	Jer 34	Sal 5,6
☐	7	Jue 21	Hch 25	☐	7	Jer 35	Sal 7,8
☐	8	Rt 1	Hch 26	☐	8	Jer 36,45	Sal 9
☐	9	Rt 2	Hch 27	☐	9	Jer 37	Sal 10
☐	10	Rt 3,4	Hch 28	☐	10	Jer 38	Sal 11,12
☐	11	1 S 1	Ro 1	☐	11	Jer 39	Sal 13,14
☐	12	1 S 2	Ro 2	☐	12	Jer 40	Sal 15,16
☐	13	1 S 3	Ro 3	☐	13	Jer 41	Sal 17
☐	14	1 S 4	Ro 4	☐	14	Jer 42	Sal 18
☐	15	1 S 5,6	Ro 5	☐	15	Jer 43	Sal 19

☐ 16	1 S 7,8	Ro 6	☐ 16	Jer 44	Sal 20,21
☐ 17	1 S 9	Ro 7	☐ 17	Jer 46	Sal 22
☐ 18	1 S 10	Ro 9	☐ 18	Jer 47	Sal 23,24
☐ 19	1 S 11	Ro 9	☐ 19	Jer 48	Sal 25
☐ 20	1 S 12	Ro 10	☐ 20	Jer 49	Sal 26,27
☐ 21	1 S 13	Ro 11	☐ 21	Jer 50	Sal 28,29
☐ 22	1 S 14	Ro 12	☐ 22	Jer 51	Sal 30
☐ 23	1 S 15	Ro 13	☐ 23	Jer 52	Sal 31
☐ 24	1 S 16	Ro 14	☐ 24	Lm 1	Sal 32
☐ 25	1 S 17	Ro 15	☐ 25	Lm 2	Sal 33
☐ 26	1 S 18	Ro 16	☐ 26	Lm 3	Sal 34
☐ 27	1 S 19	1 Co 1	☐ 27	Lm 4	Sal 35
☐ 28	1 S 20	1 Co 2	☐ 28	Lm 5	Sal 36
☐ 29	1 S 21,22	1 Co 3	☐ 29	Ez 1	Sal 37
☐ 30	1 S 23	1 Co 4	☐ 30	Ez 2	Sal 38
☐ 31	1 S 24	1 Co 5	☐ 31	Ez 3	Sal 39

SEPTIEMBRE

La ley de Jehová es perfecta, que convierte el alma.
Salmo 19:7

EN FAMILIA

DÍA	LIBRO Y CAPÍTULO	
☐ 1	1 S 25	1 Co 6
☐ 2	1 S 26	1 Co 7
☐ 3	1 S 27	1 Co 8
☐ 4	1 S 28	1 Co 9
☐ 5	1 S 28,30	1 Co 10
☐ 6	1 S 31	1 Co 11
☐ 7	2 S 1	1 Co 12
☐ 8	2 S 2	1 Co 13
☐ 9	2 S 3	1 Co 14
☐ 10	2 S 4,5	1 Co 15
☐ 11	2 S 6	1 Co 16
☐ 12	2 S 7	2 Co 1
☐ 13	2 S 8,9	2 Co 2
☐ 14	2 S 10	2 Co 3
☐ 15	2 S 11	2 Co 4
☐ 16	2 S 12	2 Co 5
☐ 17	2 S 13	2 Co 6
☐ 18	2 S 14	2 Co 7
☐ 19	2 S 15	2 Co 8
☐ 20	2 S 16	2 Co 9
☐ 21	2 S 17	2 Co 10
☐ 22	2 S 18	2 Co 11
	2 S 19	2 Co 12
	2 S 20	2 Co 13
	2 S 21	Gá 1
	2 S 22	Gá 2
	2 S 23	Gá 3

EN PRIVADO

DÍA	LIBRO Y CAPÍTULO	
☐ 1	Ez 4	Sal 40,41
☐ 2	Ez 5	Sal 42,43
☐ 3	Ez 6	Sal 44
☐ 4	Ez 7	Sal 45
☐ 5	Ez 8	Sal 46,47
☐ 6	Ez 9	Sal 48
☐ 7	Ez 10	Sal 49
☐ 8	Ez 11	Sal 50
☐ 9	Ez 12	Sal 51
☐ 10	Ez 13	Sal 52-54
☐ 11	Ez 14	Sal 55
☐ 12	Ez 15	Sal 56,57
☐ 13	Ez 16	Sal 58,59
☐ 14	Ez 17	Sal 60,61
☐ 15	Ez 18	Sal 62,63
☐ 16	Ez 19	Sal 64,65
☐ 17	Ez 20	Sal 66,67
☐ 18	Ez 21	Sal 68
☐ 19	Ez 22	Sal 69
☐ 20	Ez 23	Sal 70,71
☐ 21	Ez 24	Sal 72
☐ 22	Ez 25	Sal 73
☐ 23	Ez 26	Sal 74
☐ 24	Ez 27	Sal 75,76
☐ 25	Ez 28	Sal 77
☐ 26	Ez 29	Sal 78v37
☐ 27	Ez 30	Sal 78v38

	28	2 S 24	Gá 4		28	Ez 31	Sal 79
☐	28	2 S 24	Gá 4	☐	28	Ez 31	Sal 79
☐	29	1 R 1	Gá 5	☐	29	Ez 32	Sal 80
☐	30	1 R 2	Gá 6	☐	30	Ez 33	Sal 81,82

OCTUBRE

¡Oh, cuánto amo yo tu ley! Todo el día es ella mi meditación.
Salmo 119:97

EN FAMILIA   EN PRIVADO

DÍA	LIBRO Y CAPÍTULO		DÍA	LIBRO Y CAPÍTULO	
☐ 1	1 R 3	Ef 1	☐ 1	Ez 34	Sal 83,84
☐ 2	1 R 4,5	Ef 2	☐ 2	Ez 35	Sal 85
☐ 3	1 R 6	Ef 3	☐ 3	Ez 36	Sal 86
☐ 4	1 R 7	Ef 4	☐ 4	Ez 37	Sal 87,88
☐ 5	1 R 8	Ef 5	☐ 5	Ez 38	Sal 89
☐ 6	1 R 9	Ef 6	☐ 6	Ez 39	Sal 90
☐ 7	1 R 10	Fil 1	☐ 7	Ez 40	Sal 91
☐ 8	1 R 11	Fil 2	☐ 8	Ez 41	Sal 92,93
☐ 9	1 R 12	Fil 3	☐ 9	Ez 42	Sal 94
☐ 10	1 R 13	Fil 4	☐ 10	Ez 43	Sal 95,96
☐ 11	1 R 14	Col 1	☐ 11	Ez 44	Sa197,98
☐ 12	1 R 15	Col 2	☐ 12	Ez 45	Sal 99-101
☐ 13	1 R 16	Col 3	☐ 13	Ez 46	Sal 102
☐ 14	1 R 17	Col 4	☐ 14	Ez 47	Sal 103
☐ 15	1 R 18	1 Ts 1	☐ 15	Ez 48	Sal 104
☐ 16	1 R 19	1 Ts 2	☐ 16	Dn 1	Sal 105
☐ 17	1 R 20	1 Ts 3	☐ 17	Dn 2	Sal 106
☐ 18	1 R 21	1 Ts 4	☐ 18	Dn 3	Sal 107
☐ 19	1 R 22	1 Ts 5	☐ 19	Dn 4	Sal 108,109
☐ 20	2 R 1	2 Ts 1	☐ 20	Dn 5	Sal 110,111
☐ 21	2R 2	2Ts2	☐ 21	Dn 6	Sal 112,113
☐ 22	2 R 3	2 Ts 3	☐ 22	Dn 7	Sal 114,115
☐ 23	2 R 4	1 Ti 1	☐ 23	Dn 8	Sal 116
☐ 24	2 R 5	1 Ti 2	☐ 24	Dn 9	Sal 117,118
☐ 25	2 R 6	1 Ti 3	☐ 25	Dn 10	Sal 119-v24
☐ 26	2 R 7	1 Ti 4	☐ 26	Dn 11	Sal v25-48
☐ 27	2 R 8	1 Ti 5	☐ 27	Dn 12	Sal v49-72
☐ 28	2 R 9	1 Ti 6	☐ 28	Os 1	Sal v73-96
☐ 29	2 R 10	2 Ti 1	☐ 29	Os 2	Salm v97-120
☐ 30	2 R 11,12	2 Ti 2	☐ 30	Os 3,4	Sal v 121-144
☐ 31	2 R 13	2 Ti 3	☐ 31	Os 5,6	Sal v145-176

NOVIEMBRE

Desead, como niños recién nacidos, la leche espiritual no adulterada, para que por ella crezcáis para salvación.
1 Pedro 2:2

EN FAMILIA

DÍA	LIBRO Y CAPÍTULO	
☐ 1	2 R 14	2 Ti 4
☐ 2	2 R 15	Tit 1
☐ 3	2 R 16	Tit 2
☐ 4	2 R 17	Tit 3
☐ 5	2 R 18	Flm 1
☐ 6	2 R 19	Heb 1
☐ 7	2 R 20	Heb 2
☐ 8	2 R 21	Heb 3
☐ 9	2 R 22	Heb 4
☐ 10	2 R 23	Heb 5
☐ 11	2 R 24	Heb 6
☐ 12	2 R 25	Heb 7
☐ 13	1 Cr 1,2	Heb 8
☐ 14	1 Cr 3,4	Heb 9
☐ 15	1 Cr 5,6	Heb 10
☐ 16	1 Cr 7,8	Heb 11
☐ 17	1 Cr 9,10	Heb 12
☐ 18	1 Cr 11,12	Heb 13
☐ 19	1 Cr 13,14	Stg 1
☐ 20	1 Cr 15	Stg 2
☐ 21	1 Cr 16	Stg 3
☐ 22	1 Cr 17	Stg 4
☐ 23	1 Cr 18	Stg 5
☐ 24	1 Cr 19,20	1 P 1
☐ 25	1 Cr 21	1 P 2
☐ 26	1 Cr 22	1 P 3
☐ 27	1 Cr 23	1 P 4
☐ 28	1 Cr 24,25	1 P 5
☐ 29	1 Cr 26,27	2 P 1
☐ 30	1 Cr 28	2 P 2

EN SECRETO

DÍA	LIBRO Y CAPÍTULO	
☐ 1	Os 7	Sal 120-122
☐ 2	Os 8	Sal 123-125
☐ 3	Os 9	Sal 126-128
☐ 4	Os 10	Sal 129-131
☐ 5	Os 11	Sal 132-134
☐ 6	Os 12	Sal 135,136
☐ 7	Os 13	Sal 137,138
☐ 8	Os 14	Sal 139
☐ 9	Jl 1	Sal 140,141
☐ 10	Jl 2	Sal 142
☐ 11	Jl 3	Sal 143
☐ 12	Am 1	Sal 144
☐ 13	Am 2	Sal 145
☐ 14	Am 3	Sal 146,147
☐ 15	Am 4	Sal 148-150
☐ 16	Am 5	Lc 1- 08
☐ 17	Am 6	Lc 1-v39
☐ 18	Am 7	Lc 2
☐ 19	Am 8	Lc 3
☐ 20	Am 10	Lc 4
☐ 21	Abd 1	Lc 5
☐ 22	Jon 1	Lc 6
☐ 23	Jon 2	Lc 7
☐ 24	Jon 3	Lc 8
☐ 25	Jon 4	Lc 9
☐ 26	Mi 1	Lc 10
☐ 27	Mi 2	Lc 11
☐ 28	Mi 3	Lc 12
☐ 29	Mi 4	Lc 13
☐ 30	Mi 5	Lc 14

DICIEMBRE

La ley de Jehová está en su corazón; por tanto, sus pies no resbalarán.
Salmo 37:31

EN FAMILIA

LIBRO Y CAPÍTULO	
1 Cr 29	2 Pe 3
2 Cr 1	1 Jn 1
2 Cr 2	1 Jn 2
2 Cr 3,4	1 Jn 3

EN PRIVADO

DÍA	LIBRO Y CAPÍTULO	
☐ 1	Mi 6	Lc 15
☐ 2	Mi 7	Lc 16
☐ 3	Nah 1	Lc 17
☐ 4	Nah 2	Lc 18

☐	5	2 Cr 5,6-v11	1 Jn 4	☐	5	Nah 3	Lc 19
☐	6	2 Cr 6 v12	1 Jn 5	☐	6	Hab 1	Lc 20
☐	7	2Cr7	2 Jn 1	☐	7	Hab 2	Lc 21
☐	8	2 Cr 8	3 Jn 1	☐	8	Hab 3	Lc 22
☐	9	2 Cr 9	Jud 1	☐	9	Sof 1	Lc 23
☐	10	2 Cr 10	Ap 1	☐	10	Sof 2	Lc 24
☐	11	2 Cr 11,12	Ap 2	☐	11	Sof 3	Jn 1
☐	12	2 Cr 13	Ap 3	☐	12	Hag 1	Jn 2
☐	13	2 Cr 14,15	Ap 4	☐	13	Hag 2	Jn 3
☐	14	2 Cr 16	Ap 5	☐	14	Zac 1	Jn 4
☐	15	2 Cr 17	Ap 6	☐	15	Zac 2	Jn 5
☐	16	2Cr18	Ap 7	☐	16	Zac 3	Jn 6
☐	17	2 Cr 19,20	Ap 8	☐	17	Zac 4	Jn 7
☐	18	2Cr21	Ap 9	☐	18	Zac5	Jn8
☐	19	2 Cr 22,23	Ap 10	☐	19	Zac 6	Jn 9
☐	20	2 Cr 24	Ap 11	☐	20	Zac 7	Jn 10
☐	21	2 Cr 25	Ap 12	☐	21	Zac 8	Jn 11
☐	22	2 Cr 26	Ap 13	☐	22	Zac 9	Jn 12
☐	23	2 Cr 27,28	Ap 14	☐	23	Zac 10	Jn 13
☐	24	2 Cr 29	Ap 15	☐	24	Zac 11	Jn 14
☐	25	2 Cr 30	Ap 16	☐	25	Zac 12,13v1	Jn 15
☐	26	2 Cr 31	Ap 17	☐	26	Zac 13v2	Jn 16
☐	27	2 Cr 32	Ap 18	☐	27	Zac 14	Jn 17
☐	28	2 Cr 33	Ap 19	☐	28	Mal 1	Jn 18
☐	29	2 Cr 34	Ap20	☐	29	Mal 2	Jn 19
☐	30	2 Cr 35	Ap 21	☐	30	Mal 3	in 20
☐	31	2 Cr 36	Ap 22	☐	31	Mal 4	Jn 21

C

Proverbios Selectos en Cuanto al Uso de la Lengua

10:11 - "Manantial de vida es la boca del justo; pero violencia cubrirá la boca de los impíos."
10:18 - "El que encubre el odio es de labios mentirosos; y el que propaga calumnia es necio."
10:19 - "En las muchas palabras no falta pecado; mas el que refrena sus labios es prudente."
10:20 - "Plata escogida es la lengua del justo; mas el corazón de los impíos es como nada."
10:21 - "Los labios del justo apacientan a muchos, mas los necios mueren por falta de entendimiento."
10:31 - "La boca del justo producirá sabiduría; mas la lengua perversa será cortada."
10:32 - "Los labios del justo saben hablar lo que agrada; mas la boca de los impíos habla perversidades."
11:9 - "El hipócrita con la boca daña a su prójimo; mas los justos son librados con la sabiduría."
11:11 - "Por la bendición de los rectos la ciudad será engrandecida; mas por la boca de los impíos será estorbada."
11:12 - "El que carece de entendimiento menosprecia a su prójimo; mas el hombre prudente calla."
11:13 - "El que anda en chismes descubre el secreto; mas el de espíritu fiel lo guarda todo."
12:6 - "Las palabras de los impíos son asechanzas para derramar sangre; mas la boca de los rectos los librará."
12:19 -"El labio veraz permanecerá para siempre; mas la lengua menti sólo por un momento."

12:22 - "Los labios mentirosos son abominables a Jehová; pero los que hacen realidad son su contentamiento."

13:3 - "El que guarda su boca guarda su alma; mas el que mucho abre sus labios tendrá calamidad."

14:3 - "En la boca del necio está la vara de la soberbia; mas los labios de los sabios los guardarán."

15:1- "La blanda respuesta quita la ira; mas la palabra áspera hace subir el furor."

15:2 - "La lengua de los sabios adornará la sabiduría; mas la boca de los necios hablará sandeces."

15:4 - "La lengua apacible es árbol de vida; mas la perversidad de ella es quebrantamiento de espíritu."

15:7 - "La boca de los sabios esparce sabiduría; no así el corazón de los necios."

15:14 - "El corazón entendido busca la sabiduría; mas la boca de los necios se alimenta de necedades."

15:23 - "El hombre se alegra con la respuesta de su boca; y la palabra a su tiempo, ¡cuán buena es!"

15:28 - "El corazón del justo piensa para responder; mas la boca de los impíos derrama malas cosas."

16:1 - "Del hombre son las disposiciones del corazón; mas de Jehová es la respuesta de la lengua."

16:13 - "Los labios justos son el contentamiento de los reyes, y éstos aman al que habla lo recto."

16:23 - "El corazón del sabio hace prudente su boca, y añade gracia a sus labios."

16:24 - "Panal de miel son los dichos suaves; suavidad al alma y medicina para los huesos."

16:27 - "El hombre perverso cava en busca del mal, y en sus labios hay como llama de fuego."

16:28 - "El hombre perverso levanta contienda, y el chismoso aparta a los mejores amigos."

17:4 - "El malo está atento al labio inicuo; y el mentiroso escucha la lengua detractora."

17:7 - "No conviene al necio la altilocuencia; ¡cuánto menos al príncipe el so!"

que cubre la falta busca amistad; mas el que la divulga, aparta al

El perverso de corazón nunca hallará el bien, y el que revuelve caerá en el mal."

17:27 - "El que ahorra sus palabras tiene sabiduría; de espíritu prudente es el hombre entendido."

17:28 - "Aun el necio, cuando calla, es contado por sabio; el que cierra sus labios es entendido."

18:2 - "No toma placer el necio en la inteligencia, sino en que su corazón se descubra."

18:4 - "Aguas profundas son las palabras de la boca del hombre; y arroyo que rebosa, la fuente de la sabiduría."

18:6 - "Los labios del necio traen contienda; y su boca los azotes llama."

18:7 - "La boca del necio es quebrantamiento para sí, y sus labios son lazos para su alma."

18:8 - "Las palabras del chismoso son como bocados suaves, y penetran hasta las entrañas."

18:13 - "Al que responde palabra antes de oír, le es fatuidad y oprobio."

18:20 - "Del fruto de la boca del hombre se llenará su vientre; se saciará del producto de sus labios."

18:21 - "La muerte y la vida están en poder de la lengua, y el que la ama comerá de sus frutos."

19:1 - "Mejor es el pobre que camina en integridad, que el de perversos labios y fatuo."

19:5 - "El testigo falso no quedará sin castigo, y el que habla mentiras no escapará."

19:28 - "El testigo perverso se burlará del juicio, y la boca de los impíos encubrirá la iniquidad."

20:15 - "Hay oro y multitud de piedras preciosas; mas los labios prudentes son joya preciosa."

20:19 - "El que anda en chismes descubre el secreto; no te entrometas, pues, con el suelto de lengua."

21:6 - "Amontonar tesoros con lengua mentirosa es alimento fugaz de aquellos que buscan la muerte."

21:23 - "El que guarda su boca y su lengua, su alma guarda de angustias."

21:28 - "El testigo mentiroso perecerá; mas el hombre que oye, permanecerá en su dicho."

23:9 - "No hables a oídos del necio, porque menospreciará la prudencia de tus razones."

24:1,2 - "No tengas envidia de los hombres malos, ni desees estar con ellos; porque su corazón piensa en robar, e iniquidad hablan sus labios."

24:26 - "Besados serán los labios del que responde palabras rectas."

24:28 - "No seas sin causa testigo contra tu prójimo, y no lisonjees tus labios."

25:11 - "Manzana de oro con figuras de plata es la palabra dicha como conviene."

25:15 - "Con larga paciencia se aplaca el príncipe, y la lengua blanda quebranta los huesos."

25:23 - "El viento del norte ahuyenta la lluvia, y el rostro airado la lengua detractora."

26:2 - "Como el gorrión en su vagar, y como la golondrina en su vuelo, así la maldición nunca vendrá sin causa."

26:7 -"Las piernas del cojo penden inútiles; así es el proverbio en la boca del necio."

26:9 - "Espinas hincadas en mano del embriagado, tal es el proverbio en la boca de los necios."

26:20 - "Sin leña se apaga el fuego, y donde no hay chismoso, cesa la contienda."

26:22 - "Las palabras del chismoso son como bocados suaves, y penetran hasta las entrañas."

26:23 - "Como escoria de plata echada sobre el tiesto son los labios lisonjeros y el corazón malo."

26:24,25 - "El que odia disimula con sus labios; mas en su interior maquina engaño. Cuando hablare amigablemente, no le creas; porque siete abominaciones hay en su corazón."

29:20 - "¿Has visto hombre ligero en sus palabras? más esperanza hay del necio que de él."

30:11,12 - "Hay generación que maldice a su padre y a su madre no bendice. Hay generación limpia en su propia opinión, si bien no se ha limpiado inmundicia."

31:26 - "Abre su boca con sabiduría, y la ley de clemencia está en su lengua."

D

Salmos de Alabanza Apropiados para la Adoración Personal

Salmo 8	Salmo 95:1-7
Salmo 9:1,2	Salmo 96
Salmo 16:7-11	Salmo 97
Salmo 18:1-3	Salmo 98
Salmo 19	Salmo 99
Salmo 23	Salmo 100
Salmo 24	Salmo 103
Salmo 29	Salmo 104
Salmo 33	Salmo 105:1-6
Salmo 34	Salmo 108:1-6
Salmo 40:1-5	Salmo 111
Salmo 46	Salmo 113
Salmo 47	Salmo 115
Salmo 63:1-7	Salmo 116
Salmo 65	Salmo 117
Salmo 66:1-8	Salmo 118
Salmo 67	Salmo 126
Salmo 68:4-6, 32-35	Salmo 134
Salmo 72:18,19	Salmo 135
Salmo 84	Salmo 136
Salmo 89:1,2	Salmo 138
Salmo 91	Salmo 144:1-10
Salmo 92:1-5	
Salmo 93	

NOTAS

CAPÍTULO 1: Disciplina para la santidad

1. Mike Singletary y Armen Keteyian, *Calling the Shots* (Chicago/New York: Contemporary Books, 1986), p.57.
2. Paul Johnson, *Intellectuals* (New York: Harper & Row, 1988), pp. 168,169.
3. Leland Ryken, *The Liberated Imagination* (Portland: Multnomah, 1989), p.76.
4. MD, "Scriveners' Stances",Vol. 13, No.7 (July 1969), pp. 245-254.
5. Ryken, *The Liberated Imagination*, p.76
6. Lane T. Dennis, ed., *Letters of Francis Schaeffer* (Wheaton, IL: Crossway Books, 1985), pp. 93,94.
7. William Manchester, *The Last Lion:Winston Spencer Churchill;Visions of Glory: 1874-1932* (Boston: Little, Brown and Company, 1983), pp. 32,33.
8. Gerhard Kittle, ed., *Theological Dictionary of the New Testament*,Vol. 1 (Grand Rapids, MI: Eerdmans, 1968), p.775
9. Correspondencia personal con Harold Smith, editor ejecutivo de la revista *Marriage Partnership*, 1 de febrero de 1991.
10. Bill Hendricks, de la Asociación de Libreros Cristianos, informó el 28 de febrero de 1991 que una encuesta reciente hecha en siete librerías cristianas de diferentes partes de los Estados Unidos mostró que de los clientes que adquirían literatura cristiana, tres de cada cuatro de ellos eran mujeres, de treinta y cinco años de edad promedio; y que el setenta por ciento de los clientes eran personas casadas. La encuesta indicó, además, que un poco menos de la mitad del total de los clientes (casados o no) tenían hijos viviendo con ellos; y que el sesenta por ciento de los clientes asistían a la iglesia más de una vez por semana.
11. Ibid.
12. Encuesta Gallup, *Emerging Trends*, publicación del Centro de Investigaciones Religiosas del Seminario de Princeton.
13. Revista *Leadership*, Invierno de 1991,Vol. 12, No. 1, p.17.
14. Ibid., p.18.

CAPÍTULO 2: *La disciplina de la pureza*

1. Barbara Lippert, "Talk on the Wild Side", Chicago Tribune, 3 de septiembre de 1990.
2. Robert H. Bork, *The Tempting of America* (New York: The Free Press, 1990), p. 212.
3. "How Common Is Pastoral Indiscretion?", Revista *Leadership*, Invierno de 1988, p. 12.

> "La encuesta investigó la frecuencia de conducta que los pastores mismos consideraban inapropiada, a través de la pregunta: `Desde que usted es pastor de su iglesia, ¿ha hecho algo (no con su esposa) que siente que fue sexualmente inapropiado?' Las respuestas fueron: veintitrés por ciento, sí; setenta y siete por ciento, no. La conducta "inapropiada" fue dejada sin definir, pudiendo abarcar desde una palabra hasta el flirteo y el adulterio. Las preguntas subsiguientes fueron más específicas: "¿Ha tenido usted alguna vez relación sexual con alguien aparte de su esposa, desde que es pastor de la iglesia? Sí: doce por ciento. No: ochenta y ocho por ciento. Y de ese ochenta y ocho por ciento, muchos señalaron que no les había resultado fácil resistir la tentación."

4. Ibid.:

> Para dar cierta perspectiva a estas cifras, los investigadores encuestaron a casi un millar de suscriptores de la revista Christianity Today que no son pastores. Los casos de inmoralidad fueron casi el doble: el cuarenta y cinco por ciento indicó haber hecho alguna vez algo que consideraban sexualmente inapropiado, el veintitrés por ciento dijo haber tenido relaciones sexuales, y el veintiocho por ciento reveló haber participado en otras formas de contacto sexual extramarital.

5. Dietrich Bonhoeffer, *Temptation* (London: SCM Press Ltd., 1961), p. 33.
6. J. Allan Peterson, *The Myth of the Greener Grass* (Wheaton, IL: Tyndale House, 1983), p. 29.
7. J. Oswald Sanders, *Bible Men of Faith* (Chicago: Moody Press, 1974), p. 13.
8. Leon Morris, *The First and Second Epistles to the Thessalonians* (Grand Rapids, MI: Eerdmans, 1959), p. 128.
9. Jerry B. Jenkins, "How to Love Your Marriage Enough to Protect It", *Marriage Partnership*, Verano de 1990, pp. 16, 17, que sugiere los cuatro barreras que siguen. Véase también su libro *Vallas protectoras del matrimonio*, (Editorial Vida, 1994).

CAPÍTULO 3: *La disciplina del matrimonio*

1. Mike Mason, *The Mystery of Marriage* (Portland: Multnomah, 1985), p. 52.
2. George Gilder, "Taming the Barbarians", in *Men and Marriage* (Gretna, LA: Pelican Publishing House, 1986), pp. 39-47.
3. Mason, The Mystery of Marriage, pp. 163, 164.
4. N.G.L. Hammond y H.H. Scullard, eds., *The Oxford Classical Dictionary* (London: Oxford University Press, 1978), p. 722.
5. William Shakespeare, *El comerciante de Venecia*, II, vi, 47.

"Señor, maldíceme pero la amo con ansias; porque es discreta, si creo conocerla y también hermosa, si mis ojos no mienten, y sincera es, como lo ha demostrado. Por tanto, por ser discreta, hermosa y sincera, la pondré en mi alma invariable."

6. Mason, *The Mystery of Marriage*, p.36.
7. Robert Seizer, *Mortal Lessons: Notes in the Art of Surgery* (New York: Simon and Schuster, 1976), pp. 45,46.
8. Walter Trobisch, *The Complete Works of Walter Trobisch* (Downers Grove, IL: InterVarsity Press, 1987), citado en *Marriage Partnership*, Invierno de 1989, p. 17.
9. William Alan Sadler, Jr., ed., *Master Sermons Through the Ages* (New York: Harper & Row, 1963), p. 116.
10. Conversación con Harold Smith, editor de la revista *Marriage Partnership*, 19 de febrero de 1991.
11. Eugene H. Peterson, *Working the Angles* (Grand Rapids, MI: Eerdmans, 1989), p. 62.
12. Howard Hendricks dijo esto en una conferencia dada en la iglesia del Seminario Evangélico de Wheaton, Illinois, Junio de 1984.
13. James Humes, Churchill, Speaker of the Century (Briarcliff Manor, NY: Stein and Day, Scarborough House, 1980), p. 291.
14. Dante Alighieri, *The Inferno*, traducción de John Ciardi (New York: New American Library, 1954), p.42, citando el Canto III, que dice:

"Soy el camino a la ciudad del dolor. Soy el camino a una gente olvidada. Soy el camino a la aflicción eterna. La sagrada justicia conmovió a mi arquitecto. La divina omnipotencia aquí me levantó. El amor del principio y el intelecto final. Sólo esos elementos que el tiempo no desgasta hechos fueron antes de mí, y más allá del tiempo permanezco. Abandonad toda esperanza, vosotros que entráis aquí."

15. Jeanette Lauer and Robert Lauer, "Marriage Made to Last", *Psychology Today*, Junio de 1985, p. 26.

CAPÍTULO 4: *La disciplina de la paternidad*

1. Lance Morrow, *The Chief, A Memoir of Fathers and Sons* (New York: Macmillan, 1984), pp. 6,7.
2. Elizabeth R. Moberly, *Homosexuality: A New Christian Ethic* (Cambridge: James Clarke & Co., 1986), p. 2 escribe:

"De un cenagal de detalles, un principio constante subyacente se sugiere: ...el déficit homosexual en la relación con el padre del mismo sexo; y que hay una tendencia correspondiente para subsanar este déficit mediante el medio del mismo sexo, o de las relaciones 'homosexuales'."

3. William Manchester, *The Last Lion: Winston Spencer Churchill; Visions of Glory: 1874-1932* (Boston: Little, Brown and Company, 1983), pp. 187, 188, citando a Churchill:

"Mejor me habría resultado haber sido colocado como un aprendiz de albañilería, o para hacer mandados como muchacho mensajero, o haber ayudado a mi padre a poner en orden las ventanas de una tienda de abarrotes. Esto habría sido real; habría sido natural; me habría enseñado más; y habría podido conocer a mi padre, lo cual me habría sido motivo de alegría."

4. Peter T. O'Brien, *Colossians, Philemon*, Word Biblical Commentary, Vol. 44 (Waco, TX: Word, 1982), p. 225.
5. Calvin's Commentaries: *The Epistles of Paul the Apostle to the Galatians, Ephesians, Philippians and Colossians*, traductor T.H.L. Parker (Grand Rrapids, MI: Eerdmans, 1974), p. 213.
6. Elton Trueblood y Pauline Trueblood, *The Recovery of Family Life* (New York: Harper & Brothers, 1953), p. 94.
7. James Dobson, *Hide or Seek* (Old Tappan, NJ: Revell, 1974), pp. 82, 83.

Se cita al doctor Stanley Coopersmith, profesor asociado de psicología de la Universidad de California, quien encuestó a 1.738 jóvenes de la clase media y a sus familias, comenzando con el período de preadolescencia hasta los primeros años de la adultez. Después de precisar a los jóvenes en su autoestima, comparó a sus hogares e influencias recibidas en la niñez con los de los muchachos que tenían una autoestima más baja. Descubrió tres características importantes que los diferenciaba. La segunda de éstas fue la siguiente:

"El grupo con una alta autoestima provenía de hogares cuyos padres habían sido mucho más estrictos en cuanto a la disciplina. Por el contrario, los padres del grupo de menor autoestima habían creado inseguridad y dependencia por la permisividad dada a sus hijos. Además, descubrió que los jóvenes que habían logrado mayor éxito e independencia al alcanzar la adultez, provenían de hogares que exigían de ellos mucha responsabilidad. Y, como era de esperar, los lazos familiares continuaban siendo muy sólidos …en los hogares donde la disciplina y el control propio habían sido lo normal."

8. Dorothy Walsorth, "General of the Army: Evangeline Booth", *Reader's Digest*, agosto de 1947, p.37.

CAPÍTULO 5: *La disciplina de la amistad*

1. James Wright, *Above the River: The Complete Poems* (Hanover, NH/New York: Wesleyan University Press/Farrar, Straus & Giroux, 1990), p. 122.

"Hay esta cueva
En el aire detrás de mi cuerpo
Que nadie va a tocar
Un claustro, un silencio
Rodeando a un capullo de fuego.
Cuando me pongo firme frente al viento
Mis huesos se transforman en negras esmeraldas."

2. Alan Loy McGinnis, *The Friendship Factor* (Minneapolis: Augsburg, 1979), p. 11.
3. Harold B. Smith, "Best Friend", *Marriage Partnership*, Verano de 1988, p. 126.
4. C.F. Keil y F. Delitzsch, *Biblical Commentary on the Books of Samuel* (Grand Rapids, MI: Eerdmans, 1967), p. 187.
5. MeGinnis, *The Friendship Factor*, pp. 60,61.
6. C.S. Lewis, *The Four Loves* (NewYork: Harcourt, Brace, Jovanovich. 1960), p. 126.

CAPÍTULO 6: La disciplina de la mente

1. Charles Malik, *The Two Tasks* (Grand Rapids, MI: Eerdmans, 1980), p. 32.
2. Harry Blamires, *The Chrisitian Mind* (Ann Arbor, MI: Servant Books, 1978), pp. 3,4.
3. Harry Blamires, *Recovering the Christian Mind* (Downers Grove, IL: InterVarsity Press, 1988), p. 9.
4. Charles Colson, *Who Speaks for God?* (Wheaton, IL: Crossway Books, 1985), pp. 129,130.
5. *Television* (Northbrook, IL: Nielsen Report, 1986), pp. 6-8.
6. George Barna y William Paul McKay, *Vital Signs* (Wheaton, IL: Crossway Books, 1984), p. 51.
7. Neil Postman, "TV's `Disastrous' Impact on Children", *U.S. News and World Report*, 19 de enero de 1981, p. 43.
8. Ibid., p. 44.
9. Ibid., p. 45.
10. Barna y McKay, *Vital Signs*, p.56, con referencia a Linda Lichter, S. Robert Lichter y Stanley Rothman, "Hollywood and America: The Old Couple", Public Opinion, enero de 1983, pp. 54-58.
11. A.T. Robertson, *Paul's Joy in Christ* (Grand Rapids, MI: Baker, 1979), p. 242.
12. Correspondencia personal con el Coronel William Waldrop, oficial jubilado de la Fuerza Aérea de los Estados Unidos, febrero de 1991.
13. Dennis Prager, "A Civilization That Believes in Nothing", *The Door*, noviembre/ diciembre de 1990, p. 15.
14. Bill Hendricks, Christian Booksellers Association, 28 de febrero de 1991, en cuanto a la reciente encuesta hecha en siete liberías cristianas en diferentes partes de los Estados Unidos.

CAPÍTULO 7: La disciplina de la vida devocional

1. E. Stanley Jones, *A Song of Ascents* (Nashvile: Abingdon, 1979), p. 383.
2. Dallas Willard, *The Spirit of the disciplines* (San Francisco: Harper & Row, 1988), p. 186.
3. George Gallup, Jr. y Sarah Jones, *100 Questions and Answers: Religion in America* (Princeton, NJ: Princeton Religion Research Center, 1989), p.39 dice: "Las más inclinadas a referirse a la importancia de la oración diaria son las mujeres (ochenta y dos por ciento) ...y los grupos menos inclinados a dar importancia a la oración diaria son los hombres (sesenta y nueve por ciento)."
4. Eugene Peterson, *Working the Angles* (Grand Rapids, MI: Eerdmans, 1989), p. 70.
5. Ibid.
6. Edmund P. Clowney, *CM★ Christian Meditation* (Nutley, NJ: Craig Press, 1978), p. 13.

7. C.H. Spurgeon, *The Treasury of David*, Vol. 1 (London: Passemore and Alabaster, 1884), p.6.
8. C.S. Lewis, Letters to Malcolm: *Chiefly on Prayer* (New York: Harcourt, Brace & World), p. 22.
9. George Arthur Buttrick, ed., *The Interpreter's Bible*, Vol.8 (New York: Abingdon Press, 1952), p. 725, cita a Fenelon, *Spiritual Letters to Man*, Carta LXXXVII, "To the Vidame D'Amiens: On Prayer and Meditation". Véase también Carta XXIV, "To One Who Had Recently Turned to God".
10. Roland Bainton, *Here I Stand* (Nashville: Abingdon, 1950), p. 41.
11. H.G. Haile, Luther, *An Experiment in Biography* (Garden City, NY: Doubleday, 1980), p. 56.
12. Annie Dillard, *Pilgrim at Tinker Creek* (New York: Bantam, 1978), p. 35.
13. C.S. Lewis "Footnote to All Prayers", en *Poems* (New York/London: Harcourt Brace Jovanovich, 1977), p. 129.
14. A.W. Tozer, *The Knowledge of the Holy* (New York: Harper & Row, 1961), p. 128.
15. John Piper, *Desiring God* (Portland: Multnomah, 1986), p.145, citando a "Personal Narrative", de Jonathan Edwards, C.H. Faust y T.H. Johnson, editores, (New York: Hill and Wang, 1962) p. 61.
16. Peterson, *Working the Angles*, pp. 35,36.
17. Richard J. Foster, *Celebration of discipline* (New York: Harper & Row, 1978), p. 106.

CAPÍTULO 8: *La disciplina de la oración*

1. John Bunyan, *The Pilgrim's Progress* (Philadelphia: Universal Book and Bible House, 1935), p. 66:

> "Estando más o menos en medio de este valle sentía que estaba a las puertas del infierno, y la misma furia sentía al costado del camino. Ahora - pensó Cristiano - ¿qué haré? Y de cuando en cuando el fuego y el humo salían con tal abundancia, con centellas y espantosos ruidos (cosas que no temían a la espada de Cristiano, como sí había ocurrido con Apolión antes) que Cristiano fue obligado a envainar su espada, y recurrir a otra arma, llamada "La oración incesante."

2. J. Oswald Sanders, *Spiritual Leadership* (Chicago: Moody Press, 1978), p. 83.
3. John Bunyan, Bedford Prison, 1662.
4. Thomas Kelly, *Testament of Devotion* (New York: Harper, 1941), p. 35.
5. Brother Lawrence, *The Practice of the Presence of God* (New York: Revell, 1958), pp. 30,31.
6. John Wesley, *Works*, VIII (Grand Rapids, MI: Zondervan, 1959), p. 343.
7. Alfred Lord Tennyson, "The Passing of Arthur" en *The Idylls of the King*, 1:26, citado en *The Oxford Dictionary of Quotations*, p. 535.
8. Michael Mott, *The Seven Mountains of Thomas Merton* (Boston: Houghton Mifflin, 1984), p. 216.
9. H.G. Haile, Luther, *An Experiment in Biography* (Garden City, NY: Doubleday, 1980), p. 56.
10. Elisabeth Elliot, *Notes on Prayer* (Wheaton, IL: Good News Publishers, 1982), escribe:

> "Las personas que esquian, supongo que son personas a las que les gusta esquiar, que tienen tiempo para esquiar, que pueden permitirse esquiar y que son buenas esquiando. Hace poco que descubrí que muy a menudo trato a la oración como si fuera un deporte como el esquiar, algo que uno hace si puede permitirse la molestia de hacerlo, algo que uno hace si es bueno para ello."

11. Extraído de la correspondencia personal del autor de este libro, con J. Sidlow Baxter, 8 de septiembre de 1987.

CAPÍTULO 9: *La disciplina de la adoración*

1. Paul Seabury, "Trendier Than Thou, The Many Temptations of the Episcopal Church", *Harper's Magazine*, Octubre de 1978, Vol. 257, No. 1541, pp. 39-52.
2. Ibid.
3. Robert G. Rayburn, *O Come, Let Us Worship* (Grand Rapids, MI: Baker, 1984), p. 15:

   > "En ninguna parte de la Biblia encontramos que Dios busque algo más de sus hijos. Uno escucha decir con frecuencia que los cristianos han sido 'salvados para servir', y en cierto sentido esto es cierto, ya que por toda la eternidad y también durante nuestra vida terrenal será nuestro gozo y privilegio servir a Dios nuestro Señor. Pero este servicio celestial consistirá principalmente en la adoración (véanse Hebreos 9:14; 12:28; Apocalipsis 22:3). En ninguna parte de la Biblia se nos dice que el Señor busca nuestro servicio. No son siervos los que Él busca, sino verdaderos adoradores."

4. A.J. Gordon, *How Christ Came to Church, The Pastor's Dream* (Philadelphia: American Baptist Publication Society, 1895), pp. 28-30.
5. Los siguientes panfletos, en inglés, pueden conseguirse en Chapel of the Air; No. 7245, Getting Ready for Sunday, por David y Karen Mains; No. 7451, Rules for the Sunday Search, por David R. Mains; No. 7454, Preparation for Sunday; No. 7462, The Sunday Search: A Guide to Better Church Experiences, por Steve Bell.
6. J. I. Packer, *A Quest for Godliness* (Wheaton, IL: Crossway Books, 1990), p. 257.
7. Rayburn, *O Come, Let Us Worship*, pp. 29, 30.
8. Annie Dillard, *Teaching a Stone to Talk* (New York: Harper & Row, 1982), pp. 40, 41.
9. Eugene H. Peterson, *A Long Obedience in the Same Direction* (Downers Grove, IL: InterVarsity Press, 1980), p. 49.
10. Lawrence C. Roff, *Let Us Sing* (Norcross, GA: Great Commission Publications, 1991), p. 27.
11. Packer, *A Quest for Godliness*, p. 254.
12. Preparation for Sunday.
13. Peterson, *A Long Obedience in the Same Direction*, p. 50.

CAPÍTULO 10: *La disciplina de la integridad*

1. James Patterson y Peter Kim, *The Day America Told the Truth* (New York: Prentice Hall, 1991), pp. 200, 201, 45, 48, 136, 154, 155, 65, 66.

2. Robert A. Caro, *The Years of Lyndon Johnson: Means of Ascent* (New York: Alfred A. Knopf, 1990), pp. 46-53.
3. Thomas Mallon, *Stolen Words: Forays into the Origin and Rauages of Plagiarism* (New York: Penguin Books, 1989), p. 90.
4. Doug Sherman y William Hendricks, *Keeping Your Ethical Edge Sharp* (Colorado Springs, CO: NavPress, 1990), p. 25, citando al Wall Street Journal, 31 de octubre de 1989, p. 33.
5. Patterson y Kim, *The Day America Told the Truth*, pp. 166, 167.
6. Sherman y Hendricks, *Keeping Your Ethical Edge Sharp*, p. 26.
7. Patterson y Kim, *The Day America Told the Truth*, pp. 157, 158.
8. Ibid., pp. 29-31.
9. Robert H. Bork, *The Tempting of America* (New York: The Free Press, 1990), p. 55.
10. Paul Johnson, *Intellectuals* (New York: Harper & Row, 1988), pp. 154,155.
11. Helmut Thielicke, *Life Can Begin Again* (Philadelphia: Westminster Press, 1980), p. 55.
12. Francis Brown, S.R. Driver, Charles A. Briggs, *A Hebrew and English Lexicon of the Old Testament* (London: Oxford University Press, 1974), pp. 1070, 1071.
13. Warren W. Wiersbe, *The Integrity Crisis* (Nashville: Thomas Nelson, 1988), p. 21.
14. Sherman y Hendricks, *Keeping Your Ethical Edge Sharp*, p.91.
15. Henry Fairlie, *The Seven Deadly Sins Today* (Notre Dame, IN: University of Notre Dame Press, 1979), p. 36.
16. Myrna Grant, ed., *Letters to Graduates* (Nashville: n.p., 1990), p. 82.
17. William James, *Principles of Psychology* (Chicago, London, Toronto: Encyclopedia Britannica, Inc. 1952), p. 83.
18. *The Oxford Dictionary of Quotations,* Second Edition (London: Oxford University Press, 1959), p. 405.

CAPÍTULO 11: La disciplina de la lengua

1. Paul Aurandt, ed., *More of Paul Harvey's the Rest of the Story* (New York: Bantam Books, 1981), pp. 136-138.
2. Douglas Moo, *The Letters of James* (Grand Rapids, MI: Eerdmans,1988), p. 125; cf. Martin, Word Biblical Commentary, James, Volume 8, p. 115, que dice:

> "...la frase, y las otras paralelas a ella, eran utilizadas en la religión órfica para describir el ciclo interminable de reencarnaciones a partir de las cuales se buscaba la liberación final. Pero hay suficientes pruebas para demostrar que lo que había sido originalmente una expresión técnica religiosa o filosófica se había 'popularizado' y era utilizada en los días de Santiago como una manera de referirse al curso de la existencia humana, quizás con un énfasis sobre los 'altibajos' de la vida."

3. John Calvin, *A Harmony of the Gospels* Matthew, Mark and Luke, Volume III, and the *Epistle of James and Jude*, traducido por A. W. Morrison (Grand Rapids, MI: Eerdmans, 1972), p. 291.
4. Walter Wangerin, Jr., *Ragman and Other Cries of Faith* (San Francisco: Harper & Row, 1984), p. 26.
5. James S. Hewitt, ed., *Illustrations Unlimited* (Wheaton, IL: Tyndale House, 1988), p. 475.

CAPÍTULO 12: La disciplina del trabajo

1. Studs Terkel, *Working: People Talk About What They Do All Day and How They Feel About What They Do* (New York: Pantheon, 1974), p. xi.
2. James Patterson y Peter Mm, *The Day America Told the Truth* (New York: Prentice Hall, 1991), p. 155.
3. Ibid.
4. Leland Ryken, *Work and Leisure in Christian Perspectives* (Portland: Multnomah, 1987), p. 44.
5. Douglas LaBier, *Modern Madness* (Reading, MA: Addison-Wesley, 1986), p. 25.
6. Doug Sherman y William Hendricks, *Your Work Matters to God* (Colorado Springs, CO: NavPress, 1987), p. 27, con referencia a Dennis Waitley, *Seeds of Greatness* (Old Tappan, NJ: Fleming H. Revell, 1983), p. 199.
7. Sherman y Hendricks, *Your Work Matters to God*, p. 18.
8. Tim Hansel, *When 1 Relax 1 Feel Guilty* (Elgin, IL: David C. Cook, 1981), p. 34.
9. F.F. Bruce, *The Epistle of the Ephesians* (London: Pickering & Inglis, 1973), p. 52.
10. Clyde E. Fant, Jr., y William M. Pinson, Jr., eds., *Twenty Centuries of Great Preaching*, Vol. 3 (Waco, TX: Word, 1976), p. 74, citando al sermón "God Glorified the Man's Dependence" de Jonathan Edward.
11. Ewald M. Plass, *What Luther Says*, Vol. 3 (Saint Louis: Concordia, 1959), p. 1493.
12. Ryken, *Work and Leisure in Christian Perspectives*, p. 174, who quotes Dorothy L. Sayers, *Creed of Chaos* (New York: Harcourt, Brace and Company, 1949), p. 57.

CAPÍTULO 13: La disciplina de la iglesia

1. Robert W. Patterson, "In Search of the Visible Church", *Christianity Today*, 11 de marzo de 1991, Vol. 34, No. 3, p. 36.
2. George Barna, *The Frog in the Kettle* (Ventura, CA: Regal Books, 1991), p. 133.
3. Alexander Roberts y James Donaldson, eds., *The Ante-Nicene Fathers*, Vol. 5 (Grand Rapids, MI: Eerdmans, 1951), p. 384.

> "Si el nombre del padre, que en el hombre hay la obligación de honrar, se viola con impunidad cuando se trata de Dios, ¿qué será de aquellos a quienes Cristo mismo denuncia en el evangelio, diciendo: 'El que maldiga al padre o a la madre, muere irremisiblemente'? Dios, que ordena que los que maldigan a sus padres según la carne sean castigados con la muerte, ¿que hará con quienes desprecian al Padre espiritual y celestial, y se muestran contrarios a la iglesia, la madre?"

4. Leadership, Invierno de 1991, Vol. 12, No. 1, p. 17.
5. Robert L. Saucy, *The Church in God's Program* (Chicago: Moody Press, 1972) p. 17, escribe:

> "En cuanto a la membresía en una iglesia universal sin el compañerismo de los demás creyentes en una congregación local, el concepto nunca aparece en el Nuevo Testamento. La iglesia universal era la comunión universal de los creyentes que se reunían en congregaciones locales."

6. Ernest Bevans, traductor, *Saint Augustine's Enchiridion* (London: S.P.C.K., 1953), p. 57; véase también a John T. McNeill, ed., *Calvin's Institutes of Christian Religion*, Vol. 2, traductor Ford Lewis Battles (Philadelphia: Westminster Press, 1975), p. 1016, n. 10.
7. John Burnaby, *Augustine: Later Works* (Philadelphia: Westminster Press, 1955), p. 368, citando el primer sermón de Agustín sobre 1 Juan 1:1-2:11.
8. Robert H. Fischer, ed., *Luther's Works*, Vol. 37 (Philadelphia: Mullenberg Press, 1961), p. 368.
9. McNeill, *Calvin Institutes of Christian Religion*, pp. 1011, 1012.
10. David W. Torrance y Thomas F. Torrance, eds., *Calvin's Commentaries, The Epistles of Paul the Apostle to the Galatians, Philippians and Colossians*, Volume 3, traductor T.H.L. Parker (Grand Rapids, MI: Eerdmans, 1974), p. 181.
11. John H. Leith, ed., *Creeds of the Churches* (Richmond, VA: John Knox, 1973), p. 147.
12. Ibíd., p. 222.
13. John Bunyan, *Grace Abounding to the Chief of Sinners* (Grand Rapids, MI: Zondervan, 1948), pp. 107, 108.
14. Harry Blamires, *The Christian Mind* (Ann Arbor, MI: Servant, 1963), p. 153.

CAPÍTULO 14: La disciplina del liderazgo

1. Warren Bennis y Burt Nanus, Leaders: *The Strategies for Taking Charge* (New York: Harper & Row, 1985), p. 1.
2. Harold Lindsell, *The New Paganism* (San Francisco: Harper & Row, 1987), p. 231:

   "El Nuevo Testamento testifica elocuentemente de la obra divina de Dios después de la resurrección. Pedro, Pablo y los demás apóstoles llevaron a cabo la obra de la evangelización con hechos portentosos a través del poder del Espíritu Santo. El período apostólico fue seguido por otro en el cual surgieron personas sumamente calificadas que dejaron su marca en la historia de la iglesia: Agustín, Aquino, Wycliffe, Hus, Calvino, Lutero, Melanchton, Zwinglio, Latimer, Ridley, Wesley, Spurgeon, Edwards, Moody, Fuller y Graham, para mencionar sólo unos pocos. En este punto de unión en la historia de la iglesia, cuando el liderazgo evangélico de la última generación está abandonando el escenario, hay la necesidad de un liderazgo nuevo y dinámico que sea evangélico y fiel a la Palabra de Dios."

3. Bennis y Nanus, *Leaders: The Strategies for Taking Charge*, pp. 4, 20.
4. Oswald Sanders, *Spiritual Leadership* (Chicago: Moody, 1967), pp. 11, 12 citando a E.M. Bounds, Prayer and Praying.
5. John Huffman, Jr. *Who's in Charge Here?* (Chappaqua, NY: Christian Herald Books, 1981), p. 63.
6. Sanders, *Spiritual Leadership*, p. 75.
7. John R. Claypool, *The Preaching Event* (Waco, TX: Word, 1980), p. 68.
8. Hugh Evan Hopkins, *Charles Simeon of Cambridge* (Grand Rapids, MI: Eerdmans, 1977), p. 111.
9. Sanders, *Spiritual Leadership*, p. 141.

CAPÍTULO 15: La disciplina de dar

1. Véase a John F. MacArthur, Jr., *Giving: God's* Way (Wheaton, IL: Tyndale House, 1979), pp. 60-73, donde el autor describe brevemente los tres diezmos obligatorios y los dos tipos de ofrenda voluntaria del Antiguo Testamento.
2. Kari Torjesen Malcolm, *We Signed Away Our Lives* (Downers Grove, IL: InterVarsity Press, 1990), p. 23.
3. C.S. Lewis, *Cristianismo y nada más* (Nueva York: Macmillan, 1976), pp. 81, 82.
4. MacArthur, *Giving: God's Way*, p. 92.

CAPÍTULO 16: La disciplina de testificar

1. William Barclay, *The Master's Man* (Nashville: Abingdon, 1978), p. 41.
2. Ibid., pp. 44-46 estudia ordenadamente a San Andrés como santo patrón de Rusia, Grecia y Escocia.
3. James Hastings, ed., *The Greater Men and Women of the Bible*, Vol. 5 (Edinburgh: T. & T. Clark, 1915), p. 122.
4. Arnold Dallimore, *George Whitefield*, Vol. 1 (Edinburgh: Banner of Truth, 1989), p. 77.
5. Arn, Win, *The Master's Plan for Making Disciples* (Monrovia, CA: Church Growth Press, 1982), p. 43.
6. *Heart for the Harvest Seminar Notebook and Study Guide* (Lutherville, MD: Search Ministries [P.O. Box 521, 21093]), p. 3.
7. Ibid., p. 9.
8. C.S. Lewis, *The Weight of Glory and Other Addresses* (Grand Rapids, MI: Eerdmans, 1965), pp. 14, 15.
9. *Heart for the Harvest*, p. 10.
10. Ibid., p. 11.

CAPÍTULO 17: La disciplina del servicio

1. Clyde E. Fant, Jr. y William M. Pinson, Jr., *50 Centuries of Great Preaching*, Vol. 8 (Waco, TX: Word, 1976), p. 76.
2. R.H. Strachan, *The Fourth Gospel* (London: SCM Press, 1943), p. 148 dice:
"Se sentó así. ¿Qué quiere decir 'así;'? No significa sobre un trono, ni sobre un sillón, sino simplemente 'se sentó así' sobre el suelo" (Crisóstomo).
3. Leon Morris, *The Gospel According to John* (Grand Rapids; MI: Eerdmans, 1971), p. 258.
4. Raymond Brown, *The Gospel According to John* (i-xii) (New York: Doubleday, 1966), p. 169 dice:

> iv 4. Le era necesario pasar. Esta no era una necesidad geográfica, ya que, aunque la ruta principal de Judea a Galilea era a través de Samaria (Josefo, Antigüedades XX, vi.l; No. 1 18), si Jesús estaba en el valle del Jordán (iii 22) podía fácilmente haberse dirigido hacia el norte a través del valle y después a Galilea a través de la hondonada de Betsán, evitando pasar por Samaria. En todas partes del Evangelio (iii 14), la expresión de "necesario" significa que está implícita la voluntad o el plan de Dios.

CAPÍTULO 18: La gracia de la disciplina

1. John Blanchard, *Truth for Life* (West Sussex, England: H.E. Walter Ltd., 1982), p. 239.